北京市中国特色社会主义理论体系研究中心项目成果

当代中国文化自信研究论纲

邹广文 等

著

中国青年出版社

目 录

第一章　文化自信的时代要求 …… 001
（一）文化发展：历时与共时的双重关切 …… 005
（二）文化自信：更基本、更深沉、更持久的力量 …… 011
（三）文化自信：未来何所为？ …… 021

第二章　文化自信的基础地位 …… 037
（一）文化自信是道路自信的深层价值根基 …… 040
（二）文化自信是理论自信的内在力量源泉 …… 053
（三）文化自信是制度自信的核心文化要素 …… 072

第三章　文化自信的文化资源 …… 093
（一）优秀传统文化与民族自觉 …… 098
（二）革命奋斗精神与民族自强 …… 112
（三）社会主义先进文化与民族复兴 …… 123

第四章　文化自信的价值甄别 …… 141
（一）深刻的文化自觉和价值认同 …… 143
（二）充分的文化批判和价值反省 …… 162
（三）坚定的文化自信和价值超越 …… 181

第五章　文化自信的动力系统 ············ 197
（一）中国革命的成功实践 ············ 200
（二）中国特色社会主义事业的持续推进 ············ 215
（三）全球文化交流中的中国话语表达 ············ 230

第六章　文化自信的路径选择 ············ 245
（一）不忘本来：在传承中激活传统文化 ············ 248
（二）吸收外来：在开放中完善现代文化 ············ 262
（三）着眼将来：在超越中创新中国文化 ············ 281

第七章　文化自信的实践原则 ············ 297
（一）确立多样文化共同发展的新思维 ············ 300
（二）弘扬优秀文化、坚守文化之本 ············ 322
（三）在交流互鉴中守护文化多样性 ············ 334

第八章　文化自信的制度设计 ············ 351
（一）以核心价值观增强公共文化体系建设 ············ 354
（二）以文化体制改革提升文化事业发展 ············ 370
（三）以创新创意引领文化产业转型升级 ············ 387

主要参考文献 ············ 405
后　记 ············ 409

第一章 文化自信的时代要求

人是文化的存在。对个体发展而言，文化即人化，是历史地凝结成的人的存在方式；对社会而言，文化表征着社会运作模式的内在机理；对国家和民族而言，文化是民族的血脉，是人民的精神家园，它深深地熔铸着这个民族独特的历史传统、价值观念和风俗习惯，标注着这个民族特有的总体性生存方式。一个民族只有在文化上站起来，才能真正屹立于世界民族之林。文化同国家命运和民族命运有着深层的关联性："文化是一个国家、一个民族的灵魂。文化兴国运兴，文化强民族强。"[①]文化是维系一个民族生存发展的精神纽带，这个民族的文化身份形成了这个民族独有的精神世界，构成了这个民族自我认同和他者认同的价值基础。

然而文化自信在中国特色社会主义文化实践中具有基础性，其中蕴含着中华民族发展最基本的力量，"没有高度的文化自信，没有文化的繁荣兴盛，就没有中华民族的伟大复兴"。党的十九大报告更是明确指出："文化自信是一个国家、一个民族发展中更基本、更深

---

① 习近平：《决胜全面建成小康社会 夺取新时代中国特色社会主义伟大胜利》，北京：人民出版社，2017年版，第41页。

沉、更持久的力量。"①这一系列重要论述都表明，文化自信是道路自信、理论自信、制度自信的基础，在中国特色社会主义理论体系中具有举足轻重的地位，构成了中国特色社会主义的精神内核。可见，文化自信是我们在国家独立、民族解放和改革开放的伟大历史实践中得出的基本结论，是对中国5000年优秀文化传承、近100年革命文化熏陶、70余年社会主义文化建设经验进行的深层历史回应。

新中国成立70年尤其是改革开放40余年的拼搏，使我们成功实现了跨越式发展，尤其是今天的中国经济已经成为全球经济发展的重要驱动力，我们正在实现中华民族伟大复兴的征程中昂首向前。而社会发展是一个综合的系统工程，我们要实现经济、政治、文化、社会、生态文明五位一体的协调发展。在文化已经上升为国家发展总体布局的新的历史发展时代，坚定文化自信就成为中国未来发展的核心课题。习近平总书记在2016年5月17日哲学社会科学工作座谈会中就明确强调："坚定中国特色社会主义道路自信、理论自信、制度自信，说到底是要坚定文化自信，文化自信是更基本、更深沉、更持久的力量。"可见，坚定文化自信，以文化作支撑来引领中国社会的协调发展、健康发展，进而助推中华民族的伟大复兴，这是我们从理论到实践所无法回避的必然选择。

---

① 习近平：《决胜全面建成小康社会 夺取新时代中国特色社会主义伟大胜利》，北京：人民出版社，2017年版，第23页。

（一）
文化发展：历时与共时的双重关切

我们知道"文化"是一个很难下定义的概念，据不完全统计，人类关于文化的定义有200多种。但其中重要一点，文化是人与自然相区别的重要标志，文化的本质就是人对自然的介入和参与，人通过实践这种对象化活动（即人与对象世界的相互作用）才使得文化在人类手中诞生。在西方的语境中文化强调的是人的自然改造，具有耕耘、培育、成长等含义。而在中国语境当中强调文化向人的生成，即"人文化成"，《易经》中讲"观乎天文，以察时变，观乎人文，以化成天下"。可见，无论是西方文化还是东方文化，都表明文化与自然相区别，文化都打上了人的印记。正是因为有了人的介入，自然才有了灵性，变得生动鲜活起来，对象世界成了属人的文化世界。因此从一定意义上说，文化是人本质的展开形式，是人的本质力量在精神层面的深层表达。

总之，文化的本质是在人与自然的相互作用中生成的，人的参与使得文化从自然当中产生。谈文化不能离开人，纯粹的自然不叫文化。文化与人具有"同构互塑"关系，文化和人之间具有一种内在的关联性——人在本质上是文化存在物，反过来文化的本质就是"人化"，正因为人是文化的存在，因此人需要不断地追求意义、创造价值，为自己设计未来、追求超越与发展。

文化也是一个民族的血脉和精神家园。文化对一个民族、国家发展的重要性不言而喻。在我们全面建成小康社会、实现中华民族伟大复兴的征程中，文化对经济、社会的发展起着重要的助力作用，而文化的建设与发展需要文化自信，也是我们需要着力加强的方面。何谓文化自信？文化自信是一个国家、一个民族以及一个政党对自身文化价值的充分肯定和积极践行，并对其文化的生命力持有坚定信心。正如习近平总书记曾多次强调的："5000多年文明史，源远流长。而且我们是没有断流的文化。"所以我们一定要自觉树立文化的自信、民族的自豪感。

从一般学理而言，"历时性"表达的是一个系统发展的历史性变化情况（如过去-现在-将来），而"共时性"即不同系统处在同一个发展时期集中呈现。我们这里用"历时性文化的共时性承受"这一命题来指称改革开放以来中国文化的发展现实，旨在准确描述中国当代文化矛盾的独特性：全球一体化进程使得本来在不同历史发展阶段生成的前现代文化、现代文化和后现代文化，同时呈现于当代中国的文化场景之中，从而使中国文化发展"本该"具有的历时性衍变为一种在多样性文化基座上寻求跨越发展的共时性态势，由此带来了诸如价值诉求失范以及文化生态紊乱等问题。这就需要我们立足全球化背景来反思并建构当代中国文化，进而探求文化价值的共识、凝聚与独特性、多样性之间的辩证关系。

从历时性角度考察，中国文化经历了从文化辉煌到失落自信再到回归自信的曲折过程。回顾中华民族5000年文明史，在人类文明的浩瀚星空下,中华文明光华夺目,博大厚重——从诸子百家,到秦腔汉赋;从敦煌飞天,到唐诗宋词;从元曲杂谈,到明清小说,这一幅幅辉煌画卷,无不展现了悠久的中华文化,散发着东方情韵和魅力。中华文化璀璨绚丽,不仅有精美的文学作品,更有儒、释、道三家博大精深的思想文化,在世界文明史上留下了光辉灿烂的篇章。而以儒家为代表的中国传统文化,更是人类取之不尽的思想源泉和精神宝库。中华民族的文明历史进程虽也经历了战乱频发朝代更迭,但总体上直到清中叶还是自信满满、居于世界中心的文化心态。1793年英使节来华觐见乾隆皇帝,进献了西方先进的天文仪器,并进行了火枪表演。但当时中国的统治者对此只是表示了新奇,并没有意识到这是需要学习的世界先进技术。当时的中华文化在自我优越感和天朝上国思想支配下,面对"他者"文化依然还是一副盲目自大的心态,更不会存在自卑的状况。也正是随着全球化进程,中国闭关锁国的大门被西方列强强行打开,在与"他者"文化的相遇中,中华民族表现出怀疑、震惊和不自信,开始了文化的自我反思。这一反思首先从器物层面(科技)开始的,清政府认为之所以不敌西方列强,主要问题在科技,应该"师夷长技"即学习西方先进的科技。当时洋务派就在学习西方的基础上,建立了亚洲第一吨位的北洋水师,但随后的甲午海战失败则打碎了中国的梦境。如何正视"自我"文化与"他者"文化成了当时中国人所必须面对的问题。在发展过程中,中国被迫卷入了西方列强主导的全球化进程,中国人首先反思到的是科技水平的不足,进而反思到的是政治制度的缺陷,最后则陷入文化整体不如人的失落。而对于文化的这种不自信，则意味着社会整体价值的坍塌。

马克思曾经指出："人的本质不是单个人所固有的抽象物，在其现实性上，它是一切社会关系的总和。"①文化的优劣是在比较之中呈现的，在与"他者"文化的对话中，才能确证"自我"文化的价值存在，并彰显出富有特色的"自我"。尤其是在21世纪的今天，已然不是西方列强在全球肆意侵略他国的时代，而是进入了各种文明形态频繁互动交往的全球化时代。在这一过程中不仅有着不同文明形态的交往，更多的时候可能是不同文明形态的碰撞。如何在与异质文化交往中做到和而不同，在与"他者"的互动中既不被同化为另一个扮演"他者"的"他者"，又不会重新退回到"自我"中心的躯壳，是每一种文明形态都必须面临的时代性课题。正如古巴领导人卡斯特罗所说，中国经济的飞速发展表明，中国"已成为所有第三世界国家最大的希望和最好的榜样"②，现如今的中国在成为经济大国之后，也在思考如何实现中华民族复兴，建立最根本的自信，成为文化大国文化强国的问题。孔子学院在世界范围的广受好评，文化产业、文化事业的蓬勃发展是中国树立文化自信，朝向文化自强方向努力的重要表现。但相对于单纯的器物文明的现代化发展之路，对于人的内心的需要，对"我是谁"的文化精神信仰的追寻，将是更高级别的关乎人的全面发展和民族振兴的根本性问题，也将是需要更加认真面对的未来发展课题。

---

① 马克思，恩格斯：《马克思恩格斯文集》第1卷，北京：人民出版社，2009年版，第501页。
② 殷勇建：《中国走出一条强国富民之路——古巴人看新中国60年》，《参考消息》2009年9月10日。

而从共时性角度考察，文化发展是文化强国战略与大国和平崛起的应然要求。文化兴则国运兴，文化是时代的先声。经济竞争的背后是科技与文化的竞争。在当今全球化时代，面对中国的和平崛起，西方的中国问题专家自信地对中国做了很多悲观的预测，但最后中国没有崩溃，而中国崩溃论却崩溃了。今天的中国非但没有崩溃，其大国和平崛起之路正日渐步入当代世界发展的视野。特别是2008年国际金融危机之后，发达资本主义国家纷纷陷入危机难以自拔，而中国不仅成功地减小了危机的冲击，而且迅速复苏，由此中国的发展更是成为世界瞩目的焦点，对中国发展的研究日益成为国际主流学界所认真关注的重大课题。诚然，当代中国的发展现实是复杂的多力共同作用的结果，这既需要先进合理的制度安排，更需要创新进步的科技、强大的民族凝聚力、先进开放的思想、雄厚的文化软实力以及足够的军事威慑力等，而这其中文化发展则是中国大国和平崛起应具备的必要条件。

首先，文化发展是全球化时代的必然要求。每一个国家在全球化进程中都要经历一个全方位多领域的层次融入过程，对于中国来说，我们只能主动适应、主动应对，这期间必然经历着文化的选择与创造的阵痛，特别是在以西方文明为主导话语权的全球化大背景下，西方价值观念无时无刻不在以各种方式、形式进行输出，时时刻刻对民族国家文化发展做出重要冲击。如美国肯德基、麦当劳、星巴克、迪斯尼的输出，在向全世界输出物质性消费的同时，更是在输出着文化性消费。在不同文明形态碰撞中，世界冲突的主要形式将会展现为文明冲突，特别是价值观念的冲突。因此对一个国家来说，在不同文明形态的冲突中，要思考如何保有自我价值自信，而不是处于文化失落困惑的状态，才能更好地实现民族现代价值重构，真正让文化在其现代性发展实践中发挥重要作用。

其次，文化发展是现实的应然要求。文化是综合国力竞争的重要一环，中国经济在高速发展中，文化发展却是相对滞后的。正如印第安人的古老习惯，在逐水而居的迁徙中需要不时在某地做一下停留，为的是等一等灵魂！文化的发展进步要跟得上经济发展的步伐，才能真正托起一个大国的强国梦。现在我们能看到近几年社会上兴起的国学热、经典诵读热，主流媒体上像"中国成语大会""汉字听写大会"等节目的热播。但同时还应看到，在圣诞节、情人节等西方节日受热捧的同时，中国的传统节日却在遭受着冷遇。中华文化源远流长，但在面对外来文化尤其是强势的西方文化时，却更多的是失语的状况，被认为保守落后，失去了文化自信。经济的发展需要民族品牌的支撑，而支撑民族品牌的实际上是在一定文化积淀下蕴含着特定文化价值的品牌文化，中国对外除了阿里巴巴、高铁等，还应有与经济发展相匹配的拥有创造活力的文化，还必须有自己足以为傲的文化和价值观念，只有这样才能带来经济的持续繁荣，才能带来经济真正的质的提升而不仅仅是量的扩张，才能避免"经济巨人文化矮子"的情形出现，真正拥有"乱云飞渡仍从容"的精气神。

再次，文化发展是主体的实然要求。相对于人来说，物是一种客观性存在。文化产品和服务作为独立于人又需要满足人的需求的存在，既有通过市场转换为经济利益，实现一定效益的属性；又有不同于其他物质性生产的突出属性，其承担了教育、审美，提升人的道德、信仰层次的功能。"人是一种文化的存在，信仰对于人生是不可或缺的，信仰划定了人性的圆周，表明人类所有的社会实践都是一种有目的的、追求意义的过程。"[1]但在生产高速发展的同时，文化的商品属性被有意无意放大，文化的社会效能被忽视弱化。在这种工具理性当道，生活被"物化""异化""符号化"的背景下，必然会产生人的主体性缺失，乃至于人的信仰危机、道德底线危机。德国16世纪的著名宗教改革家马丁·路德（Martin Luther，1483-1546）曾经说过："一个国家的兴盛，不在于国库的殷实、城堡的坚固或是公共设施的华丽，而在于公民的文明素养，也就是人民所受的教育、人民的远见卓识和品格的高尚。"[2]因此，人作为有意识有主观能动性的存在，需要文化的滋养浸润去厘定自身的信仰理想高度，真正明确"我是谁"，进而寻找到心泰身宁的精神家园。

（二）
文化自信：更基本、更深沉、更持久的力量

习近平总书记在山东考察时强调，"一个国家，一个民族的强盛，总是以文化兴盛为支撑的，中华民族伟大复兴需要以中华文化发展繁荣为条件。"作为一个国家、一个民族如果仅仅有经济的强盛，

---

[1] 邹广文：《任重而道远的文化强国之路》，《理论视野》2012年第12期，第15页。
[2] 转引自塞缪尔·斯迈尔斯：《品格的力量》，北京：北京图书馆出版社，1999年版，第1页。

则不能称其为强盛,只有民族精神的振奋才是真正的崛起。民族的复兴必定伴随着文化的发展繁荣。而文化实力的真正提升,必然要求文化自觉与文化自信。文化自觉,是对文化发展的清醒认识、高度觉悟、理性看待,是对传承发展责任的勇于担当;文化自信,则是对自身文化价值的充分肯定,是对自身文化生命力的坚定信念。这种自觉与自信源自国人百年的民族救亡和发展探索,是符合中国时代特征和实践要求的伟大抉择。在当今条件下,更是实现中华文化发展繁荣,中华民族伟大复兴的强大精神力量。

1 文化自信源于对民族文化的自我认知

文化自信的前提是对民族文化的自我认知。习近平指出,文化自信包含着三个层面的内容,即"在5000多年文明发展中孕育的中华优秀传统文化,在党和人民伟大斗争中孕育的革命文化和社会主义先进文化",这三个层面的文化积淀着中华民族最深层的精神追求,代表着中华民族独特的精神标识,当然,也构成了我们文化认知的基本对象。在此意义上可以说,文化自信归根到底是一种社会心理的时代呈现。不同文化形态间的交往需要建立在这种心理的成熟之上,只有这样,文化才能够真正成为一个民族的灵魂。正如习近平所指出的,"思想文化是一个国家、一个民族的灵魂。无论哪一个国家、哪一个民族,如果不珍惜自己的思想文化,丢掉了思想文化这个灵魂,这个国家、这个民族是立不起来的"①。同时需要说明的是，思想文化的灵魂应呈现出一个整体的形态。我们虽然强调传统文化、革命文化与社会主义先进文化三大支柱，但不应遗忘三大文化支柱之间一以贯之的文化基因。毕竟，文化自信不能停留在历史记忆中，而要以一个眺望的姿态向前看。

首先，是对于中国传统文化的自我认知。中国是一个历史悠久的文明古国，也是世界上少有的文化血脉从未中断的国家之一，这足以佐证中国传统文化具有强大的生命力。甚至在历史上的大多数时候，中国文化都是值得我们引以为豪的。虽然在某些年代，传统文化遭受打击，但并没有毁灭其根基，反倒成了它新生的催化剂。即便在当下，传统文化也深受群众认同。那么，传统文化对于我们何以具有如此深刻的亲和力？其实就在于它直接回答了"我们到底是谁"这个重大问题。正如习近平指出的，中国传统文化"其中最核心的内容已经成为中华民族最基本的文化基因。这些最基本的文化基因，是中华民族和中国人民……有别于其他民族的独特标识"。从这个意义上讲，传统文化从历史中为我们今天的"强大"提供根据，为"我们"这个概念奠定了底蕴，并以此声明，中国其实从未在世界历史的舞台上离场。

其次，是对于实现民族解放的革命文化的自我认知。近代以来，中国经历了从封建社会的瓦解，到亡国灭种的危机，再到艰苦斗争实

---

① 习近平：《在纪念孔子诞辰 2565 周年国际学术研讨会暨国际儒学联合会第五届会员大会开幕会上的讲话》，《人民日报》2014 年 9 月 24 日 01 版。

现解放的历史洗礼，这其中孕育出的以中国共产党为主体的革命文化，可以说是这一历史展开的文化浓缩。革命文化的内核是在马克思主义指引下，追求民族独立和国家解放这一宏大理想的奉献精神，如"井冈山精神""长征精神""延安精神""西柏坡精神"等红色文化表征。而这种奉献精神延伸至今，逐渐演变为社会主义建设时期的"雷锋精神""大庆精神""两弹一星精神"与改革开放以来的"载人航天精神""北京奥运精神""抗震救灾精神"等等。早在1980年邓小平就曾指出："在长期革命实践中，我们在正确的政治方向指导下，从分析实际情况出发，发扬革命和拼命精神，严守纪律和自我牺牲精神，大公无私和先人后己精神，压倒一切敌人、压倒一切困难的精神，坚持革命乐观主义、排除万难去争取胜利的精神，取得了伟大的胜利。搞社会主义建设，实现四个现代化，同样要在党中央的正确领导下，大大发扬这些精神。"①习近平指出："我们要沿着革命前辈的足迹继续前行，把红色江山世世代代传下去。革命传统教育要从娃娃抓起，既注重知识灌输，又加强情感培育，使红色基因渗进血液、浸入心扉。"回归当下，革命文化本身也成为广大党员不忘初心，历练党性，提高凝聚力的精神落脚点。

最后，是对于引领中国发展的中国特色社会主义文化的自我认知。中国特色社会主义是一种具有开创性的道路选择，这注定了其文化景观的与众不同。从根本上说，中国特色社会主义文化是对改革开

---

① 邓小平：《邓小平文选》第2卷，北京：人民出版社，1994年版，第367-368页。

放以来中国现代化建设实践的反映。由于改革开放的目的在于实现更好的发展，因此这种文化从主题上也就呈现为一种"发展的文化"。这其中，从解放思想、敢闯敢干，到以人为本、科学发展；从统筹兼顾、社会和谐，到"四个全面""五大理念"，当代中国发展的每一个脚印都以文化的形式渗透到社会的方方面面，从而诠释出了国家的发展、社会的发展与人的发展三大主题。正如习近平所说："30多年来，中国特色社会主义取得了巨大成就，加之新中国成立以后打下的基础，这是它得以站得住、行得远的重要基础。我们对社会主义的认识，对中国特色社会主义规律的把握，已经达到了一个前所未有的新的高度，这一点不容置疑。"①因此，我们自信中国特色社会主义文化是先进的，就在于它代表了当代中国的发展趋势。从这个角度说，社会主义的先进文化是一种超越式的文化，它意味着不断地探索与变革，从而拓展中国发展的更多可能性。反过来说，恰恰是这种文化内核中的开创性，注定了它的风险与代价，尤其在改革处于攻坚期与深水区时，必然会带来诸多的问题，甚至在短期内不可能得到彻底的解决，而这些因素也投射到文化图景中，留下了深刻的印迹，孕育了负面情绪。然而，作为一种正常的文化形态，这些负面因素非但不会影响文化自身的成长，反而是推动这种文化走向成熟的动力之一，值得我们去尊重。

---

① 习近平：《关于坚持和发展中国特色社会主义的几个问题》，《求是》2019年第7期。

当然，从一个国家主体或民族主体的视角，我们能够得到对于自身文化的一般认知，并据此形成对于自身文化的直观判断。然而，如果仅仅以这些判断为基础来讨论文化自信，其结果往往是经不住推敲的，容易导致一种自信的"错觉"。其表现在很多方面，例如，我们一方面对自己的传统文化十分认同，另一方面对于文化本身又不求甚解，或是把传统文化简单化、表面化、形式化，或是在具体的文化传承、文化保护等方面遭遇了很多困难，以致长久以来，传统文化的复兴大潮看起来愈演愈烈，而文化流失的遗憾反倒成为我们当代人的心头之痛。又如，我们曾经引以为豪的革命精神逐渐失去了"劲道"，人们对于这种精神的认识更加深刻、更加理性，也更加冷静，却在不知不觉中遗失了这种文化的热血情怀与行动张力，其结果是我们虽然依然崇敬这种文化，却无法从中得到行动的驱动力，革命文化正在成为一种口头上的"热销品"、行动上的"奢侈品"。再如，对于中国特色社会主义文化的先进性，很多人理解得并不准确，有人用西方世界传递的价值体系作为标准来质疑我们自己文化的先进性，有人将"中国特色"误用滥用以致将其妖魔化，有人说"中国特色是个筐，什么东西都可以往里装"，有人承认中国特色是成功的却否认它是先进的，有人强调中国的成功是"中国"的先进而非"社会主义"的先进，等等。这些问题的出现，意味着我们对自身文化认知并不系统、全面和深入。

2 坚定文化自信，有效应对国际国内复杂形势

当今世界正处在一个大变革、大发展与大调整时期，西方国家在经济方面取得绝对优势的情况下，也在通过各种方式手段寻求文化上的绝对优势。文化是制度之母。通过具有普遍价值的道德和文化理念的渗透，对一个国家的影响将是更为潜移默化，也是更为根本和持久的。无论世界风云如何变幻，我们应该坚信和平与发展是当今世界的主旋律。但同时我们也应看到一些西方国家面对中国快速发展感到不适应，进而把中国的发展看作对自身发展的重大威胁。为此，其不仅在贸易上对中国设卡，妄图通过南海等边界问题牵制中国，更在进一步加强对我国的文化渗透，更加注重运用巧实力、软实力发动"软战争"。文化之战、文化竞争是和平年代没有硝烟但也更为残酷的战场。正如西方传播学者曾公开发表的言论，西方世界寻求瓦解共产主义的方法，花费了亿万美元和近半个世纪的时间，却发现答案在电视新闻里。有数据表明，发达国家传向发展中国家的信息是发展中国家传出信息量的近百倍，在这样一种全球化时代，多样文化交流更加密切，交融更加深入，交锋更加激烈的国际大背景下，文化在国家竞争中的地位将更加突出，如何有效维护国家的文化利益，维护国家的文化安全将是更为紧迫也是更为艰巨的问题。为此，我国的文化发展实践需要跟上国际国内形势的新要求，解放思想，抢抓机遇，不断提高我国文化发展水平，努力有效促进文化生产力发展速度的提升，在向

世界各种先进文化学习借鉴的基础上，增强国家的文化软实力，增强国家抵御各类文化思潮不良价值观念冲击的能力，切实维护国家文化安全。要对当今时代文化发展变化的新趋势准确把握，以时不我待的紧迫感努力发展社会主义先进文化。这其中，我们更需要在面对国际国内文化发展变化大势时，始终保持清醒的头脑和坚定的文化自信，只有这样才能在没有硝烟的战场上把握大势，才能在文化的交锋中做到敢于亮剑，不辱国家发展使命，不负国家发展未来。

3 坚定文化自信，进一步推动中国的改革发展

随着40多年的改革开放，我国在取得巨大成就的同时，改革也在逐步进入深水区和攻坚区。在改革的前一个时期，面对百废待兴的国家经济和人民群众日益增长的物质文化生活需要，首要的是通过深化改革加大对外开放，进行社会主义市场经济转型，财税金融体系改革，社会保障体制完善，国民收入初次再次分配，有效协调公平与效率的关系，促进社会经济领域的公平正义的实现、人民物质需求的满足。但是一个社会物质上的满足，还只是生存层面的基本满足，只有文化上实现丰盈与充实，满足精神层面的需求，使人民群众真正得到文化滋养，才是真正的社会发展进步。党的十七届六中全会决议曾指出，物质贫乏不是社会主义，精神空虚也不是社会主义，没有社会主义文化繁荣发展，就没有社会主义现代化。文化相对于经济发展是更

高级的，关乎人的幸福指数和真正美好生活的存在。如恩格斯说："文化上的每一个进步，都是迈向自由的一步。"①我们讲改善民生，不仅指吃饱穿暖生活好，更要求有文化和人的内在精神需求的满足，这才是真正的通向人的自由而全面发展的共产主义理想的必然选择。并且相对政治、经济、科技等社会发展进步指标，文化既是目标，又是助力其他目标顺利高质量实现的有效保障。文化是其中发展的高层次也是轴心要素。文化是一种隐性的，同时也是持久性的具有强大主观能动性的力量，可以作用于现实的物质存在，深入影响经济社会的发展。文化影响着人们在经济社会中的关系，影响着人们的交往方式，影响着人们的价值认知、价值判断，坚定文化自信可以凝聚成巨大的物质力量，真正推动经济社会的发展进步。面对改革深水区和攻坚区利益格局深刻调整，社会结构深刻变化，经济体制深刻变革，国家统一大业任重道远的实际，文化自信将会变为巨大的创造力和凝聚力源泉，变成重要的战略资源，给经济社会发展无限的精神支持，激发起全党全国人民面对改革发展艰难险阻的无限热情和强大力量。

4 坚定文化自信，实现中华民族的伟大复兴

中华民族的伟大复兴，不仅是经济上的兴盛，更重要的是中华文

---

① 马克思，恩格斯：《马克思恩格斯文集》第9卷，北京：人民出版社，2009年版，第120页。

化的繁荣兴盛。随着中国经济的腾飞，中国在世界舞台的影响力日益增强，但是在很多国家眼中，中国还只是一个依靠资源、人口红利等因素实现发展的后发型发展中国家，是一个有着巨大商机可以淘金的市场，至于中国的文化他们既不完全了解，很多时候也不能做到完全认同。很多国家对中国可能还停留在文明古国的认识层次上，而并不认为中国还有引人注目的现代文化。

伟大的文化是伟大复兴的必要条件，是伟大复兴的重要保障。中国在实现民族复兴之路上，不仅要有以经济崛起为重要标识的硬实力，还要求道路、理论、制度的吸引力和感召力，特别是以民族精神重建为标识的文化的不断进步。回顾中华民族百年的奋斗史，无论是战火纷飞的年代还是和平建设时期，我们党始终以高度的文化自觉和自信，高举社会主义先进文化旗帜，根据不断发展变化的实际，阐明自己的路线、方针、政策，制定了国家社会发展策略。这种自觉自信，源自百年复兴道路的砥砺，体现了在当今时代中国共产党人的伟大战略抉择。

在今天中华民族伟大复兴的征途中，文化自觉和自信也必将是建设社会主义文化强国的重要保障。中华文化既是我们走向世界的强大精神动力，更是中国社会主义文化大发展大繁荣的重要资源。我们相信，伴随着中国未来现代化的步伐，文化将越来越成为综合国力竞争的重要因素，越来越成为一个国家一个民族复兴的重要支撑。正如鲁迅先生所说："此所为明哲之士，必洞达世界之大势，权衡较量，去其偏颇，得其神明，施之国中，翕合无间。外之既不后于世界之思潮，内之仍弗失固有之血脉，取今复古，别立新宗，人生意义，至之深邃，则国人之自觉至，个性张，沙聚之邦，由是转为人国。"①只有不断提升增强文化自觉与自信，对中国文化保有清醒认识与高度自觉，以理性的态度看待当代中华文化的机遇与挑战，以开放包容共赢心态积极融入世界，才能真正助推中华民族的伟大复兴。

（三）
文化自信：未来何所为？

处于伟大复兴征程中的中华民族，如何以坚定的文化自信，致力于中华文化的繁荣兴盛，这是时代赋予我们的艰巨使命。我们认为文化自信，应该是中华民族对于自身文化未来发展的自信，是中华民族从容走向世界的自信。越是民族的才越是世界的，"一种文化形态生生不息向前发展的最持久动力，莫过于体现该文化的内在精神及其个性"②，坚定文化自信，需要我们本着对民族的历史、现实、未来全面把握和认真负责的态度，去推进中国文化的发展与繁荣，在理论与实践上做出踏实而艰苦的努力。

---

① 鲁迅：《鲁迅文集》第1卷，长春：吉林大学出版社，2009年版，第160页。
② 邹广文：《全球化、文化个性与文化主权》，《贵州社会科学》2010年第1期，第9页。

1 确立多样文化 和谐发展的新思维

对当代中国文化现状的清醒认识是实现文化自信的前提。在现代社会，特别是随着全球化时代的到来，多样思维多样文化并存的状况正在替代传统的、相对闭塞的一元文化局面。在当代中国，随着改革开放的深化，文化也呈现出了多样化发展态势，总体来看存在着主流文化、大众文化、精英文化、传统文化这四种基本的文化形态。从中国社会发展的实际看，这四种文化形态将会长期存在，并对未来中国的现代性文化建构产生持续性影响。主流文化即是中国化的马克思主义文化，即中国特色社会主义文化。它是中国走向现代化未来的主导型文化。如何在多种文化形态并存的情况下引导其他文化形态健康发展，从根本上塑形其他文化的价值观念，并且通过其他文化形态在内的一切话语形式扩大其影响，获得广泛的价值认同，尚需在社会实践生活中进一步探索。精英文化即知识分子文化，在我国古代主要是以"士"阶层为代表，而在现代主要指以广大知识分子群体为代表的文化，在和平年代精英文化的作用也许并不突出，在社会转型大变革大发展时期，精英文化将发挥启迪民智、引领社会发展风向标的先导作用，在今天我们需要更好地发挥精英文化的作用，使精英文化以其品位和内涵担当起社会转型的先导。大众文化在当代主要指市场经济条件下为普通民众所接受的形式内容多样、更接近普通民众生产生活实际的，规模化、商业化运作并且可以批量传播消费的文化。这一文化形式在活跃普通民众精神文化生活的同时，也存在着价值诉求模糊甚至混乱的情况，以及因自身局限而片面追求经济利益、忽视道德引领的倾向。大众文化是对社会影响面较大的文化形式，在人们的世界观、价值观和生活方式等方面发挥着不可忽视的作用，对社会整体文化形态的运行有重要意义。如何引导大众文化的健康发展，促进大众文化在主流文化的引导下的积极走向，尚需进一步思考和实践。中国传统文化，指居住在中国地域内的中华民族及其祖先所创造的、为中华民族世代继承发展的、具有鲜明民族特色的各种思想文化、观念形态的总体表征。儒学乃是中国传统文化的思想主流。中国传统文化虽然历经无数战争频发、朝代更迭、文化思潮等的影响，但其价值主线却从未中断，一直是支撑中华民族精神世界的最深厚最本真的东西，是塑造中国人精神世界的重要文化养分。正所谓"周虽旧邦，其命维新"[①]，传统文化在经历中西文化、传统与现代等多样碰撞下，在当今社会随着文化回归、文化自觉和文化自信的逐步觉醒，正在形成新的流行之势。在传统文化日益被当代社会重视发扬的情况下，如何使中华民族优秀传统文化转化为具有世界意义的文化价值资源，为世界文明发展做出应有贡献，需要进一步思考和实践。

面对多样文化并存的局面，我们要保有文化自觉和自信，从本民族的文化传统和实际出发，努力实现当代社会主义核心价值观与上述文化形态的有机融合，创造适应当代社会发展的中华民族多样一体的新文化，致力于不同文化形态的和谐发展。

---

① 《诗经·大雅·文王》。

2 弘扬优秀传统文化
坚守文化之本

文化是渗透在一个民族骨髓里的DNA。从文化哲学的角度看，正是文化的内在精神气质，使得一种文化区别于另一种文化，并且通过差异展示出自身的独特魅力。中国传统文化以其独特的文化魅力屹立于世界民族之林，其中所呈现的处事原则、实践智慧等时至今日都闪耀着文明光芒。中国传统文化是我们的存在之根，从传统连接现在走向未来的中国文化，需要有着对过往传统文化成果的继承。历史上，中国知识分子有对传统文化优劣的激烈辩论，面对民族国家生死存亡，一些优秀知识分子开眼看世界，把学习的目光投向西方文化，从器物文明到政治制度再到文化理念，都试图以一种拿来主义的态度予以全盘照搬，认为只有"夷之文化"才能带来思想上的革命、观念上的更新，但结果是导致我们对于自身文化的不自信。中国的发展实践证明，一个国家、一个民族要崛起，必须有文化上的自觉与自信，没有自觉与自信只能是精神上的矮子。而真正的自觉自信只能来源于历史深处，来源于源远流长的民族记忆和圆融大气的中国智慧。只有源于历史深处的对中国优秀传统文化的信念基础上的传承与创新，才能有从容面对文化交流与碰撞的底气，才能有持久的强盛。

在此我们要避免两个误区：一个是把传统文化功利化的倾向。现在随着经济的发展社会的进步，社会整体上对传统文化是重视的。从传统文化书籍的热销，到对传统文化讲座的热捧，再到中国各地非物质文化遗产申遗热，中国大地上对传统文化的热情可见一斑。但这里需要注意的是，不能变成"文化搭台，经济唱戏"的表演，把能否拉动地方经济作为评判传统文化优劣的尺度，甚至出现一些违背道德伦理、社会价值的情况，比如一些地方对潘金莲、西门庆故里的争夺，便丢失了起码的社会道德底线，这牵涉的是价值导向问题。在传统文化面前应该有敬畏之心，更应该坚持道德伦理，真正弘扬适合现代社会发展进步需要的优秀传统文化。另一个是把传统文化标签化的倾向。文化属于上层建筑的范畴，是对一定时期生产力发展水平的反映和回应，生产力发展水平有高低之别，不能因此就把相应的文化判定为先进或落后，就此贴上标签，而是要进行理性审慎的分析。比如晚清时期，在西方文明都进入工业文明的社会条件下，中国却仍处在农业文明的晚期但并不能因此就对这一时期的文化做出绝对的否定性判断。人们对文化的相对能动性有所重视，但在实际操作层面，仍存在有意无意以"时代局限"概而论之的通用标签。这样就造成传统文化和当时的社会相粘连、被固化，只是表现特性而缺乏全面辩证性分析，对此种情况我们应予以避免。

3 在全球文化交往语境下的文化自信心理建构

对于文化的发展路径，从理论上一种是主张对外部保持警惕，保持特色的独立自主发展模式；一种则是主张融入其他文化形式进行沟通学习，淡化特性主张共性的发展模式。实际情况总比理论更为复杂，也更为真实。面对中国的逐步崛起，中华文化的伟大复兴，中华文化未来走向也将越来越为世人所关注。如习近平在2014年国际儒学联合会第五届会员大会开幕会上指出的：要"加强相互交流、相互学习、相互借鉴，而不应该相互隔膜、相互排斥、相互取代，这样世界文明之园才能万紫千红、生机盎然"。①现在是一个全球化的时代，全球化使得世界经济一体化的同时，也使得文化方面出现文化价值趋同和民族个性张扬之间的张力。全球化是一个历史过程，对发达国家而言由于具有发展的先发性，在全球化文化交往中往往处于和经济发展状况类似的主导地位，对文化交往往往采取积极主动投入的态度。而对于广大发展中国家来说，要在共时性条件下取得发达国家历时性进程的文明发展，那么如何在文化的世界性与民族性、共性与个性中达到一种平衡，在全球化交往互鉴中保有本土性特征，这是需要我们认真把握的重大时代课题。正如马克思在《评普鲁士最近的书报检查令》一文中所说："你们赞美大自然令人赏心悦目的千姿百态和无穷无尽的丰富宝藏，你们并不要求玫瑰花散发出和紫罗兰一样的芳香，但你们为什么却要求世界上最丰富的东西——精神只能有一种存在形式呢？"②中国文化是中国人民在长期的历史和实践中不懈探索的结果，是具有开创性的文明样态，世界上没有放之四海皆准的文明样

---

① 习近平：《在纪念孔子诞辰2565周年国际学术研讨会暨国际儒学联合会第五届会员大会开幕会上的讲话》，《人民日报》2014年9月24日01版。
② 马克思，恩格斯：《马克思恩格斯全集》第1卷，北京：人民出版社，1995年版，第111页。

态，也没有一成不变的文明样态，我们既不能把全球化的文化交流当作束缚自己思想和行为的教条，也不能把实践中已见成效的文化发展状况看成完美无缺的，而是要适应国内外形势的变化，顺应人民新期待，坚定文化自信，坚持文化多样性，以宽容的心态，倡导不同文明形态之间的平等基础上的对话，实现自身文化在交流互鉴中的创新发展。具体而言——

首先，树立文化危机意识，葆有民族文化认同与批判的张力。

一个拥有未来的民族首先要有文化忧患意识。我们甚至可以说，忧患意识是民族传统文化的底色和精髓，它来源于清醒而强烈的责任感和使命感，尤其是在社会发展转折的关键时期能够表现出深谋远虑、居安思危的意识，并能激发出坚韧不拔的意志和自强不息的精神。今天，我们培育一个民族文化的自信心必须树立文化危机感，这样可以"防患于未然"，为构建健康的文化社会心理奠定基础。而这种文化危机意识体现于社会心理层面，则是要处理好文化守护与文化批判之间的关系。我们一方面要对中华民族传统文化有一种自觉的认同，在历史的发展中守住文化民族之根，对传统文化充满自豪感，明晰自身的民族文化身份；另一方面我们也需要持有一种文化反省、文化批判的态度，只有在反省和批判中才能生成健康的社会文化心理。

我们必须自觉认同民族传统文化，增强文化自信的"底色"。传统文化是中国人安身立命的根据，我们必须从中华优秀传统文化中寻找中华民族的基因和血脉，才能增强民族自信心和凝聚力。习近平总书记强调，一定要通过学习树立对五千多年文明的自豪感，树立文的自信、民族的自豪感。我们必须将对传统文化的自信心自觉融入到文化实践当中，在实践过程中凸显民族文化的个性。中华文化的核心价值诉求是"贵和持中，自强不息"，"贵和持中"是中华文化绵延不绝从历史走到今天的重要条件，必须在复杂多变的现实实践中坚守中华传统文化的恒常价值。此外，不能将传统文化理解为是一成不变的、僵死的存在，传统文化在人们的历史实践中是不断生成的，并且处于流变的过程中，我们在解释过去的经历中了解自己，形成共同的文化体验和心理归属，并在此基础上自觉地形成对优秀传统文化的认同和依附，在动态地传承中使中华文化生生不息。中华民族优秀的传统文化是全体中国人在960万平方公里的土地上参与并创造的文化产品，它构成中华民族之魂，只有守住文化资本，人类安身立命的源泉才能充满生命力，人们才能在全球化的浪潮中找准自己的价值定位，确认并彰显自身独特的文化身份。文化身份认同作为一种文化建构，使中华民族不致迷失在多元的文化潮流之中，在传统与现代、本土化与全球化的张力中不断竞争发展。

我们需要确立自觉的文化反省和文化批判态度。一个民族只有在反省和批判中才能对民族文化的发展过程做出客观公正的判断，葆有的文化危机意识。必须在坚守传统文化的过程中进行文化反思，在反思中看到传统文化的精华和糟粕，取其精华并发掘传统文化中具有现代意义和价值的因素，才能避免文化的盲目性，建构起真正的文化自信。此外，我们应该认识到对传统文化的自信必须是指向中国未来的发展，把握未来必须不断反省传统文化，以实现传统文化的创造性转换。"创造性转化,就是要按照时代特点和要求,对那些至今仍有借鉴价值的内涵和陈旧的表现形式加以改造,赋予其新的时代内涵和现代表达形式,激活其生命力。创造性发展,就是要按照时代的新进步新进展,对中华优秀传统文化的内涵加以补充、拓展、完善,增强其影响力和感召力。"①在继承前人的文化创造的基础上主动构建新文化,传统文化的创造性转换是对传统文化中陈旧落后的元素的扬弃和对优秀文化元素选择的过程,即否定其中不合理的旧的因素,依据时代的要求,重估新文化元素的人文价值。中华传统文化在一代又一代的传承中不断延续,必须从全球化的视角出发并结合今天的社会发展现实,按照时代的新进步和新发展去不断丰富中华文化的内涵,实现中华民族传统的文化的民族性与时代性的统一,民族性使中华文化更具独特性的魅力,而时代性恰恰更能使文化走向世界。因此,只有树立文化危机意识,我们才能在继承民族文化传统的基础上提高警惕,使中华民族更能在未来的文化竞争中保持定力,赢得发展的优势。

其次,加强文化开放意识,在中国与世界的文化互动中强化民族文化认同感。

全球化带来了世界各国的普遍性交往,国家民族间的交流与合作成为未来世界发展的基本图景。世界各民族不但在经济上相互连接,文化交往也日益频繁。在此情形下中国未来的文化发展应如何对待他者文化?这是今天我们无法回避的重要问题。文化的背后是心理,不

---

① 中共中央宣传部:《习近平总书记系列重要讲话读本》,北京:人民出版社,2016年版,第203页。

同民族文化文化交流中既体现文化心理的普遍性，也体现差异性。这就要求我们必须以开阔的胸襟对待外来文化，在跨文化交流的过程中理解不同文化的差异，只有在理解差异的基础上，才能进一步增强民族文化认同感，形成"各美其美，美人之美，美美与共"的开放文化评价体系。

我们要尊重文化差异性和多样性，善于吸收世界不同文化的优秀成分。进入全球化时代，世界各民族都不同程度卷入世界历史的洪流之中，无法孤立的发展。文化也同样如此，世界已经成为相互影响的文化村落，在全球化时代没有文化孤岛，文化的时空距离大大缩小，客观上世界上各个民族的文化相互交流和碰撞，人类文化的交流融合变得更加频繁。任何一种文化想要获得自身更大的发展与进步，都离不开世界其他国家、民族精神文化的学习，因此必须克服二元对立的思维模式，辩证看待自己与相反的他者的身份的建构，使自我与他者处于相互促进的动态的辩证发展的过程中。从社会心理层面看，无论是文化自大或是文化自卑心理，都是将"我的文化"和"你的文化"做了泾渭分明的人为区分，这势必造成文化普遍性意识的缺失。文化之间的绝对对立使得文化被限定在一个封闭的圈子中而失去发展交流的可能性空间，国家之间也因价值观的绝对对立而产生文化冲突。塞缪尔·亨廷顿（Samuel P. Huntington, 1927-2008）认为未来的新的世界里最普遍的冲突不是社会阶级、经济集团划分的冲突，而是不同文化实体之间的冲突，"而最危险的文化冲突是沿着文明的断层线发生的那些冲突。"①这种思维方式是站在文化对立的角度看待世界文化交往，仅仅看到了非西方文明对欧洲中心文明的挑战，未能看到国家之间可以在文化差异性的角度实现求同存异。因此，认识自我必须借助他者的眼光，才能在对比之中获得自身文化存在的价值，形成对本民族文化的认同感。站在文化差异性的基础上，人们往往会借助文化比较对本土文化进行评价，并在比较的过程中达成对自身文化的确认并获得对本民族文化情感上的满足。在世界历史的层面扬弃狭隘与片面的地域性和民族性、自我与他者的关系，通过对他者文化的认知、批判和反思的过程，才能顺应时代的发展趋势，保持开放的文化生命力，更积极地融入全球化发展的浪潮中。

不同民族的文化必须平等互鉴，在交往中弘扬自身文化特色，提升中华民族文化认同感。文化自信是在经济全球化的进程中不同民族文化相互交流的产物，是中华民族文化在走向世界的过程中形成对中华民族自身认可的一种心理状态。当前我国积极构建文化自信，中华民族文化在走向世界的过程中必须构建正确的评价体系，一方面自我与他者的文化都同处于"人类命运共同体"之中，对自身文化的认知和发展离不开与他者的交往，因此每个民族都要积极培养共同价值。习近平总书记提出的人类命运共同体理念，是一种基于人类命运思考而形成的一种健康的未来发展意识。从人类命运共同体的整体关切出发，我们要美人之美，善于了解、欣赏别人的文化，了解世界上其他

---

① ［美］塞缪尔·亨廷顿：《文明的冲突与世界秩序的重建》，周琪、刘绯等译，北京：新华出版社，1998年版，第7页。

民族优秀的文明成果。在平等中寻求对话、合作和交流的契机，在交流中吸取其他民族的优秀文化成果，将优秀的外来文化融入中国文化之中，解决中国的实际问题，同时也要增强对中国文化的自信心，取长补短实现文化的共生和繁荣。而另一方面不同民族文化应避免文化霸权主义和保守主义的极端立场，在文化差异中自觉调整文化心态，形成一种开放、包容、成熟的文化心态，达到相互沟通了解、美美与共、共同发展的效果。未来的文化交流必须在多元的文化中建立和而不同、兼容并蓄的文化关系，而中国文化具有极大的包容性，面对全球化浪潮能够以博大的胸襟对待其他民族的文化，能够在寻求共性的基础上找准自我文化的发展方向，向全世界展示中华民族文化的独特魅力。

再次，增强文化自觉意识，涵养文化交往中的平常心。

在人类整个文化生活中，文化的变化是最为缓慢的，因而也具有相对稳定性。因此，我们应该端正文化心态，增强文化自觉意识，避免急功近利、急躁冒进的心理，应该尊重文化发展的内在规律，涵养文化建设实践的平常心，构建出一种绵实厚重、充满生机活力并体现时代精神的新文化。

文化自觉作为文化自信的基础，它是文化自信的心理关涉，表征着人们在文化上的觉悟和觉醒，以及对文化的地位、作用及其实践规律的深刻认识和准确把握。"文化自觉，只是指生活在一定文化中的人对其文化的'自知之明'，明白它的来历、形成过程，在生活各方面所起的作用，也就是它的意义和所受其他文化的影响及发展的方向。"①文化自觉意识的培养必须立足本民族的文化，明晰自身的文化身份。只有在认识自身文化并且理解所接触到的多种文化的基础上，才能在多元文化中找准自己的定位，通过主动地适应外部文化环境，与其他民族的文化取长补短，建立起真正的文化自信。

现时代，民族文化自觉需要在全球化的普遍交往中形成，21世纪的全新格局意味着中国自身也需要重新定位中华文化对世界的意义，中华民族必须基于悠久的历史文化传统，立足于优秀的传统文化，并在与世界文化的交往中形成弘扬自身优秀民族文化的自觉。每个文化都有自己的历史传统，在人类全球化历史开启之前，由于交通的阻滞以及生产力水平的限制，各个民族都处于传统的生产方式和离散时空发展的阶段，其文化也都是在相对闭塞的环境中形成的，各个国家的文化都呈现出鲜明的民族性色彩，都有其历史存在的合理性。因此从文化的民族性发展来看，每种文化并无高下优劣之分，不同的文化积淀使每个民族都形成具有自己特色的文化发展道路，世界上并无抽象的、超历史的抽象的文化形态。不同的民族文化为世界上多元的文化形态贡献出了独特的文化价值，这种价值是任何其他文化所无法取代的。

我们在各个民族对自身文化的认同的基础上既要看到中华文化具有独特的个性价值，也要看到世界各民族文化发展的普遍性，去进一步发现民族传统文化与世界其他文化之间所存在的共性价值。此外，

---

① 费孝通：《论文化自觉》，费宗惠、张荣华编，呼和浩特：内蒙古人民出版社，2009年版，第5页。

特殊性与普遍性之间的张力使得我们在文化的交流的过程中不能固守自身的文化传统，更不能盲从模仿其他民族文化。中华文化在跨民族的文化交往中要自省，运用自主地判断对照和反思不同民族文化，保证本民族的文化个性不被同化，在形成自己话语权的基础上继续本着发扬本民族文化的原则，与其它民族文化取长补短。增强文化自觉意识将有利于建构中华文化在世界文化交往中独立、自主的地位，使中华民族文化散发自身魅力，同时抓住文化发展的时代机遇，让民族文化真正赢得未来。

面向未来，中华民族文化复兴的任务具有长期性和艰巨性，坚定文化自信需要一个循序渐进的可持续过程，这就需要涵养文化建设的平常心。从个体层面看，平常心表征主体不被感性世界的欲望所束缚，而使主体达到超脱于感性世界之上的一种独立、自由的人格，为人处世不骄不躁。从社会心理层面看，坚守文化自信要葆有一颗平常心，即应避免急功近利的心态，面向人类发展未来在全社会树立平等、互鉴、对话、包容的文明观。2018年在中国青岛召开的上海合作组织成员国元首理事会第十八次会议上，习近平主席在讲话中强调要"以文明交流超越文明隔阂，以文明互鉴超越文明冲突，以文明共存超越文明优越。"①其实我们这里所说的平等、互鉴、对话与包容，正是文化交往平常心的系统展开：坚持文化平等，这是达成有效文化对话的前提，人类文明是以多样性呈现于世界的，唯其具有个性，文

---

① 习近平：《弘扬"上海精神" 构建命运共同体－在上海合作组织成员国元首理事会第十八次会议上的讲话》，《人民日报》2018年6月11日。

化间的对话才成为必要。这既是人类社会发展的客观事实，也是人类社会生生不息、得以发展的内在动力；坚持文化互鉴，文化才能够提升品质。所谓"互鉴"，就是互相鉴别、互为借鉴、取长补短。在全球化发展时代，一种文化只有不断吸收改造外来文化并使其成为自身文化体的有机部分，才能够生生不息；坚持文化对话，文化才会取长补短、葆有活力，要看到任何一个民族的文化都是个性和共性的统一；坚持文化包容，才能增进不同文化形态之间理解和信任，相互尊重彼此的文化价值关切，促进不同文明和谐共生，构建出各种文明兼容并蓄的和谐世界。

文化是一条河，从过去经现在流向未来。面向未来的中国文化发展，我们要通过鲜明的问题意识来培育民族文化自觉，以坚定的文化自信确证自身文化存在的意义，促进文化的发展繁荣，尤其要明确"中华文明对于未来人类文明发展的可能贡献是什么？中国可以向世界输出的主流价值观是什么？"以此来确立文化发展的未来意识，真正使中华文化成为有特色、有生命力的文化。从未来向度看，文化自信反映了中国共产党和中国人民对中国特色社会主义文化发展规律的准确把握，对文化使命的自觉担当，对未来文化趋向的深刻考量，形成了一套完备的文化价值系统，成为指引中华民族伟大复兴的航标。文化的全面繁荣兴盛是民族复兴的深刻价值旨趣，民族复兴既是历史的重托、现实的责任，也是未来的选择。文化自信承继历史先进文化、指导现实文化方向、引领未来文化发展，在对三重时空的价值对接中积淀起推动中华民族伟大复兴的深沉力量。

第二章 文化自信的基础地位

文化是熔铸在一个国家、一个民族生命中最深沉的力量，是一个国家、一个民族区别于其他国家、民族最鲜明的价值特质，更是一个国家、一个民族在世界全球化发展进程中走向繁荣兴盛的重要标尺。在庆祝中国共产党成立95周年纪念大会上，习近平总书记就曾特别强调："文化自信，是更基础、更广泛、更深厚的自信。"①

文化自信的基础性来源于文化本身的基础性，任何道路、理论、制度的生成和发展都离不开特定的文化土壤，都是历史积淀和文化传承的必然结果。习近平指出："中国特色社会主义不是从天上掉下来的，是党和人民历尽千辛万苦、付出巨大代价取得的根本成就。"②这个根本成就不仅是道路铺设、理论生成和制度建构的过程，更是一种深层文化选择的过程。文化自信的基础性，就在于文化自信构成了道路自信的文化积淀、理论自信的价值内核、制度自信的精神要旨，构成了中国道路、中国理论、中国制度的意义阐释系统，关涉到对中国特色社会主义核心意义世界的价值建构，关涉到人们对中国道路历史依据和现实研判的认知程度、对中国理论实践依据和发展指向的理解程度、对中国制度内生逻辑和价值机理的把握程度，关涉到人民能否

---

① 习近平：《习近平谈治国理政》第2卷，北京：外文出版社，2017年版，第36页。
② 习近平：《习近平谈治国理政》第2卷，北京：外文出版社，2017年版，第36页。

产生和保持对中国特色社会主义的思想认同、价值认同和情感认同。

纵观世界历史，没有一个文化贫瘠的民族自立于世界民族之林，也没有一个民族在对自身文化持怀疑、自卑甚至鄙视态度时能够实现振兴。只有对中国特色社会主义具有深度理解和高度认同，才能万众一心，众志成城，生成中华民族永续发展的基本力量。在中国特色社会主义实践探索中，文化自信既具有广泛性，汇聚着中华民族前进更持久的力量；又具有厚重性，沉淀着中华民族复兴更深沉的力量。文化自信不仅注重优秀传统文化与革命文化的创造性转化与创新性发展，而且注重社会主义先进文化的现实演进和升华，旨在实现以爱国主义为核心的伟大民族精神和以改革创新为特征的时代精神的深度对接。我们要积极倡导文化自信，注重以文化人、以文运牵动国运，以对现代人生存方式的塑造改变中华民族时代命运。

（一）
文化自信是道路自信的深层价值根基

中国道路本身就是基于中国历史、现实和未来的正确文化选择，蕴含着中华民族持续前进的深层价值机理。习近平主席在2013年就曾经鲜明地指出："实现中国梦必须走中国道路。这就是中国特色社会主义道路。这条道路来之不易，它是在改革开放30多年的伟大实践中走出来的，是在中华人民共和国成立60多年的持续探索中走出来的，是在对近代以来170多年中华民族发展历程的深刻总结中走出来的，是在对中华民族5000多年悠久文明的传承中走出来的，具有深厚的历史渊源和广泛的现实基础。"①这句话深刻表明了中国道路的实质、历史渊源和现实基础。正是中国5000多年优秀传统文化对中国道路的滋养，170多年来中华民族优秀革命文化对中国道路的精神支撑，改革开放以来形成的社会主义先进文化对中国道路的价值引领，才使得中国道路愈加坚定、有力、蹄疾步稳，中国道路才创造性"拓展了发展中国家走向现代化的途径"②。

作为中国共产党领导中国人民在改造社会的历史实践中做出的一种文化选择，中国道路的生成发展根源于合规律性与合目的性的文化机理。从合规律性意义上说，中国道路是顺应中国历史发展规律的文化选择，是对中国内在文化逻辑的本体论追问。中国道路发端于近代以来仁人志士对救亡图存的探索，从"器物不如人"到"制度不如人"再到"文化不如人"的历史追问，直至新文化运动才触及旧中国积贫积弱的源头，催生了马克思主义的传播和中国共产党的诞生。中国人民在革命和建设道路上几经磨难，苏联式的革命道路之所以不能完全移植到中国，是因为广大农民是中国历史的建构主体，农业文化的主导性塑造了中国以农村为中心的革命道路；西方式的现代化道路之所以不适合中国，是因为中国自古以来形成的集体主义情愫不适应

---

① 习近平：《习近平在十二届全国人大一次会议闭幕会上发表重要讲话》，《人民日报》2013年3月17日。

② 习近平：《决胜全面建成小康社会 夺取新时代中国特色社会主义伟大胜利》，北京：人民出版社，2017年版，第10页。

西方个人主义至上的价值逻辑，所以我们只能在中国特定的文化时空中把握中国道路的独特走向和行动逻辑，这符合中国社会发展的内在文化规律。从合目的性意义上说，中国道路符合人类解放的终极价值，展开了对人类文化发展前景的价值论求索。马克斯·韦伯曾做过一个社会学假说，认为中国没能走上资本主义道路的原因，在于中国的儒教和道教所孕育的保守主义的文化精神阻碍了社会理性化的进程。然而，从另一个角度看，中国传统的伦理本位社会所倡导的"天下为公"的公义理想、"先天下之忧而忧"的天下情怀、"民为贵，社稷次之，君为轻"的民本追求，客观上促进了中国传统文化与倡导人民性的马克思主义的契合，形成了中国独特的文化精神。这种文化精神不仅符合了人类解放的终极理想，而且顺应了世界全球化趋势下"类本位"的价值追求。① 就连"历史终结论"的提出者弗朗西斯·福山也不得不承认中国道路的现实生命力，从而展开对"历史终结论"的反思。中国道路"给那些既希望加快发展又希望保持自身独立性的国家和民族提供了全新选择，为解决人类问题贡献了中国智慧和中国方案"②，事实上实现了对"历史终结论"的终结。从中国道路合规律性与合目的性的文化选择中，我们可以看到道路自信与文化自信的互释效应：当中国国力衰微、道路迷茫、任人宰割时，中国文

---

① 张九童：《新时代文化自信：生成逻辑、价值定位、应然功能》，《长白学刊》2019年第4期，第142—148页。
② 习近平：《决胜全面建成小康社会 夺取新时代中国特色社会主义伟大胜利》，北京：人民出版社，2017年版，第10页。

化即使再有往日的辉煌，也会成为饱受诟病的精神遗产，中国人必然背上文化自卑的沉重心理包袱。当中国找到并沿着这条正确道路披荆斩棘、奋勇向前，不断昭示中国和世界发展的美好前景时，中国的传统文化将不断被激活和再造，中国现实创造的文化也将成为效仿的对象，而改革开放40多年来的成功实践也使中国在文化心理层面又找回了曾经的自信，积聚起自信、乐观、豁达、向上的精神状态。因此，中国道路正确的文化选择释放了文化自信，文化自信奠定了中国道路自信的深层价值根基。

1 文化自信蕴藏着中国道路的文化基因

与生物基因规定物种的生命遗传一样，任何一个民族的发展都有其特定的文化基因，规定着这个民族特有的社会遗传方式。中华民族在长期历史发展和文化积淀中形成了本民族特有的生活方式、风俗习惯、价值观念和文化传统，生成了中华民族历久弥坚的文化传承。中华文明之所以成为人类历史上唯一没有产生断层的文明，就在于中华民族的文化基因无比强大，它可以在改朝换代的历史淘洗中始终保留中华民族生生不息的精神密码。正如习近平总书记指出的："在5000多年文明发展中孕育的中华优秀传统文化，在党和人民伟大斗争中孕育的革命文化和社会主义先进文化，积淀着中华民族最深层的精神追求,代表着中华民族独特的精神标识。"①这种独特的精神标识就是中华民族区别于其他民族的本质特征,就是中华民族绵延不绝的文化基因。

第一,优秀传统文化是中国道路自信生成发展的历史渊源。在中国文化发展历程中,中国传统文化曾饱受质疑。自鸦片战争以来,中国逐步沦为西方列强瓜分的对象,在被迫卷入西方现代世界体系的进程中,中国人在接受西方文化的同时展开了同传统文化的深度决裂,将传统文化视为中国积贫积弱的总根源,从戊戌变法、辛亥革命直至新文化运动,全盘西化和完全抛弃传统文化的两大思潮同时达到顶峰。中国共产党人是中国优秀传统文化的继承者,但有人却认为作为共产党指导思想的马克思主义是异域文化的代表,与中国传统文化具有质性差别,由马克思主义及其中国化理论成果导引的中国现代化进程本身就是一个与中国传统文化渐行渐远的过程。其实,中国道路是马克思主义同中国具体实际相结合的道路,一切试图割断中国传统文化与中国道路关系的主张,都是不符合历史事实的,本身就是反马克思主义的。马克思指出:"人们自己创造自己的历史,但是他们并不是随心所欲地创造,并不是在他们自己选定的条件下创造,而是在直接碰到的、既定的、从过去承继下来的条件下创造。一切已死的先辈们的传统,像梦魇一样纠缠着活人的头脑。"②马克思主义向来主张

---

① 习近平:《习近平谈治国理政》第2卷,北京:外文出版社,2017年版,第36页。
② 马克思,恩格斯:《马克思恩格斯文集》第2卷,北京:人民出版社,2009年版,第470—471页。

革命的历史主义,反对将历史和文化传统相割裂。事实上,毛泽东早就指出:"今天的中国是历史的中国的一个发展;我们是马克思主义的历史主义者,我们不应当割断历史。从孔夫子到孙中山,我们应当给以总结,承继这一份珍贵的遗产。"①在《新民主主义论》这个标示中国新现代性启蒙的文献中,毛泽东再次指出:"中国的长期封建社会中,创造了灿烂的古代文化。清理古代文化的发展过程,剔除其封建性的糟粕,吸收其民主性的精华,是发展民族新文化提高民族自信心的必要条件;但是绝不能无批判地兼收并蓄。必须将古代封建统治阶级的一切腐朽的东西和古代优秀的人民文化即多少带有民主性和革命性的东西区别开来。"②今天,在坚定道路自信的进程中,我们必须细细品味中国优秀传统文化赋予中国道路的宝贵营养。中国优秀传统文化实质上从文化层面回答了"我们是谁"这个根本性的认同问题,融汇了每个人灵魂中最深刻的民族自我意识,成为中国人实现文化自信的独有精神资本。正如习近平总书记所说:"我们不是历史虚无主义者,也不是文化虚无主义者,不能数典忘祖、妄自菲薄。中华传统文化源远流长、博大精深,中华民族形成和发展过程中产生的各种思想文化,记载了中华民族在长期奋斗中开展的精神活动、进行的理性思维、创造的文化成果,反映了中华民族的精神追求,其中最核心的内容已经成为中华民族最基本的文化基因。"③在中华民族走向

---

① 毛泽东:《毛泽东选集》第2卷,北京:人民出版社,1991年版,第534页。
② 毛泽东:《毛泽东选集》第2卷,北京:人民出版社,1991年版,第707—708页。
③ 习近平:《习近平总书记关于文化自信重要论述摘录》,《中国纪检监察报》2016年第23期。

现代化的复兴道路上，这些独有精神资本以其独有的思维方式、价值理念和表达逻辑为中国走出一条不同于西方的现代化道路贡献了独到的智慧，成为树立道路自信的历史文化养分：例如"天人合一"的生态理想有利于化解中国现代化进程中的生态矛盾；"自强不息、厚德载物"的进取精神激励中国人民以不屈不挠的坚定意志投身现代化事业；"尊道守仁、兼济天下"的民族价值追求培育了中国现代化的共享精神和人民情怀；"多样一体、和合共生"的民族大同理想涵养了中华民族共同体乃至人类命运共同体的价值愿景。这些优秀的文化基因深植于中国道路中，增强了中国人民坚定道路自信的历史底蕴。

第二，优秀革命文化是中国道路自信生成发展的精神支撑。中国道路是在以中国共产党为统领的民族革命斗争中拼争出来的历史成果，时时处处受到优秀革命文化的滋养。无论是领导中国人民实现民族独立和解放的革命时期，还是领导中国人民推进社会主义现代化的建设时期，中国共产党始终坚守"为人民谋幸福、为民族谋复兴"的初心和使命。优秀革命文化正是在这种初心和使命的指引下，开启了更契合于和平年代社会生活的价值重构，实现了由"砸碎一个旧世界"到"建设一个新世界"的历史转型。面对新的时代使命，革命文化的精神火种始终保持着旺盛的生命力：革命理想高于天、对共产主义的坚定信念，在新的历史条件下成为坚持和发展中国道路的前进定力；把中华民族的利益看得高于一切的民族情怀，在新的历史条件下成为实现中华民族伟大复兴中国梦的坚强支撑；全心全意为人民服务的人民情怀，在新的历史条件下转化为以人民为中心的价值实践。我们对中国道路的自信,来源于革命斗争实践和革命文化的深厚底蕴,来源于中国革命文化所代表的历史发展的正确价值取向。长征精神、延安精神、西柏坡精神作为永恒的革命文化基因,融汇到中国人民的精神血脉中,不断激发当代中华儿女爱国情怀和奉献精神,催生了铁人精神、雷锋精神、载人航天精神、抗震救灾精神和北京奥运精神,为中国道路的开辟和发展注入了源源不断的红色营养。

第三,社会主义先进文化是中国道路自信生成发展的时代动能。社会主义先进文化对中国道路自信的影响可以从理性和价值双重层面来审视。理性层面诉诸生产力标准,指称着先进文化在塑造中国道路上对生产力和社会发展总水平的效用;价值层面诉诸人的发展标准,指称着先进文化在塑造中国道路上对人的发展与价值实现的效用。从理性层面看,改革开放孕育的以发展为核心的社会主义先进文化决定了实现跨越式、可持续发展是中国道路的时代主题。改革开放是为了实现更好地发展,摆脱新中国成立30年经济发展水平和人民生活水平依旧落后的面貌。从"发展是硬道理",到"发展是党执政兴国的第一要务";从"科学发展"到"四个全面"和"新发展理念",社会主义先进文化的发展主题决定了中国道路必须既追求跨越式发展,实现经济社会发展程度的飞跃,又要追求可持续发展,实现发展的永续性和稳定性,反映了改革开放鲜明的理性精神。从价值层面看,改革开放孕育了以人民为中心的社会主义现代性文化精神,决定了中国在实现现代化进程中必须秉承实现好、维护好、发展好广大人民的利益为最终目的。中国现代性文化精神区别于西方国家现代性的本质,就在于始终坚持以人民为中心的价值尺度,把是否满足广大人民的需要作为评价现代化成败的根本标准。①正因为如此,中国道路不仅创造了世界第二大经济体的辉煌,而且创造了7.4亿人脱贫的奇迹,使"忍饥挨饿、缺吃少穿、生活困顿这些几千年来困扰我国人民的问题总体上一去不复返了"②。中国道路把建成惠及十几亿人的全面小康社会、实现中华民族伟大复兴写在自己的旗帜上,社会主义先进文化的人民情怀为中国道路注入了强大的公共价值旨趣,成为我们坚持道路自信的价值根基。

2 文化自信凝结着中国道路的价值内核

我们倡导的文化自信,是以马克思主义为指导的社会主义文化自信,而不是别的什么文化自信;"社会主义"不是简单的修饰语,而是规定了文化自信的根本性质。文化自信的核心是对社会主义核心价值和本真精神的自信。在中国特色社会主义的伟大进程中,承担着艰巨的塑魂工程,只有做到立场坚定,旗帜鲜明,始终不忘初心,才能从容应对国际国内的种种大是大非问题,保证中国道路沿着正确的价值取向和发展方向不断前进。文化自信之所以凝结着中国道路的价值

---

① 邹广文,张九童:《改革开放孕育党从理论到实践的伟大创造》,《光明日报》2019年6月21日。

② 习近平:《在庆祝改革开放40周年大会上的讲话》,2018年12月18日。

内核，就在于文化自信的核心与灵魂就是核心价值观自信；核心价值观决定了一个民族文化选择的标准、文化传承的取向和文化发展的归宿。"核心价值观是文化软实力的灵魂、文化软实力建设的重点。这是决定文化性质和方向的最深层次要素。一个国家的文化软实力，从根本上说，取决于其核心价值观的生命力、凝聚力、感召力。"①社会主义核心价值观从国家层面倡导"富强、民主、文明、和谐"的价值目标，指明了"建设什么样的国家"；从社会层面倡导"自由、平等、公正、法治"的价值取向，指明了"追求什么样的社会"；从个人层面倡导"爱国、敬业、诚信、友善"，指明了"培育什么样的公民"。其还从价值观层面系统回答了"什么是中国特色社会主义""怎样建设中国特色社会主义"的一系列重大的、基础性的、全局性的问题，解读了中国道路根本性的价值取向、价值标准和价值选择，明确规定了中国道路自信的价值逻辑。

在这个全球化时代，世界政治经济秩序深度变革，思想文化领域的交锋深刻复杂，社会主义制度与资本主义制度长期共存，两种制度间的斗争由显性武力比拼、军备竞赛转化为意识形态和价值观念上的深度较量。谁拥有更加完备的社会价值系统，谁的核心价值观对它选择的发展道路更具有阐释力，谁的文化价值理念对其他国家更具有说服力，谁就能赢得本国人民的拥护，就能在国际竞争舞台上占据主动地位。以美国为首的西方势力从未放弃通过思想文化和价值观念渗透

---

① 习近平：《习近平谈治国理政》第 2 卷，北京：外文出版社，2017 年版，第 163 页。

实现其西化分化图谋，他们借助公共舆论平台，通过宣扬"普世价值"诱导中国人特别是青年一代尊崇西方的生活方式、社会制度、价值观念，向往西方现代化发展道路，也借此矮化、污化甚至试图颠覆中国道路，抽离支撑中国道路的文化价值系统，试图使中国在多重思潮的价值混乱中失去道路选择的主动权。习近平总书记指出："一个政权的瓦解往往是从思想领域开始的，政治动荡、政权更迭可能在一夜之间发生，但思想演化是个长期过程。思想防线被攻破了，其他防线就很难守得住。我们必须把意识形态工作的领导权、管理权、话语权牢牢掌握在手中，任何时候都不能旁落。"[①]我们大力倡导中国特色社会主义文化自信，就是要建构中国特色社会主义的价值阐释系统，旗帜鲜明地指出中国道路应坚持的方向，牢牢掌握意识形态主动权，以坚定的文化自信和价值观自信推动中国道路披荆斩棘、行稳致远。

3 文化自信构成
中国道路持续推进的精神动力

文化自信归根到底是一种民族文化心理的积极建构，它折射出中华民族深远的理想追求，有利于激发中国人民昂扬向上的精神风貌，是中国人在中国道路上持续前进的精神动力。其一，文化自信引领中国人实现文化精神层面的自我觉解，进而实现对中国道路的自我肯

---

① 转引自本刊评论员：《一刻也不能放松和削弱意识形态工作——认真学习贯彻全国宣传思想工作会议精神》，《求是》2013年第17期，第9页。

定。罗素曾经指出:"中国的问题不仅仅是政治独立的问题,文化独立在某种程度上同样重要。"①自鸦片战争至新中国成立,中国谋求政治独立的过程也是谋求文化独立的过程,而且文化独立比政治独立更艰难、更长远。改革开放以来,中国道路呈现蓬勃生机,中国人开始科学评价自身的历史和文化,以自豪的心态实现民族文化自觉,在实现文化独立基础上逐步确立了文化自信。进一步说,文化自信又是文化独立的升华,它指引中国人正确认识自身的民族文化身份,增强道路选择的坚定性,树立沿着中国道路持续前进的信心和希望,并逐步以自身独立的价值文化系统阐释中国道路的历史合法性与时代合理性。其二,文化自信激发了积极、平和的文化发展心态,进而塑造了中国人走好中国道路的精气神。正如陈晋指出的:"文化自信是走好中国道路应有的精气神。它的作用在于:树立方向引导、凝聚民族精神、提供思想资源、倡领道德新风、激发向上力量、促进道路拓展、彰显中国故事等。"②精气神本是中医专业用语,泛指通过激发人的生命体的内在活力,调整我们的这种生命活动自动控制系统,使之接近更加健康的境界。在这里,精气神指由对文化深度认同、肯定、坚守而带来的对于中国道路实践开展的昂扬精神面貌。从历史上看,当一个国家的国民对本民族文化充分认可、对国家未来发展充满希望的时候,其积极向上的精神面貌就会转化成实践创造的巨大力量。比如

---

① [英]罗伯特·罗素:《中国问题》,秦悦译,上海:学林出版社,1996年版,第191页。
② 陈晋:《从文化自信看中国道路》,《中国井冈山干部学院学报》2016年第6期,第13页。

新中国成立初期，人民以翻身当家做主的豪情与建设新国家的热忱创造了数不胜数的建设奇迹；再比如，改革开放以来，中国之所以能展示"中国速度"，创造"中国奇迹"，是因为改革开放极大地解放了人民的思想枷锁，迸发了人民的创造活力。今天，在这个经济全球化、文化多样化的新时代，中国的经济发展和文化认同深受西方的影响与冲击，传统文化与现代文化、西方文化与东方文化在同一历史时空中碰撞和激荡，文化交流的不对等性和损益的不可知性，增强了国人的文化焦虑感，产生了文化碰撞焦虑症，成为抑制中国道路持续推进的瓶颈。文化自信的深厚力量，就在于通过对优秀传统文化、革命文化、社会主义先进文化的价值澄明，牢牢掌握多样文化碰撞中的中国主流文化话语权，逐步破解人们在心理层面产生的文化焦虑，重塑人民的精神信仰，以文化力量赋予人们昂扬的奋斗热情和勤勉的工作精神。就像习近平所说："站立在960多万平方公里的广袤土地上，吸吮着5000多年中华民族漫长奋斗积累的文化养分，拥有13亿多中国人民聚合的磅礴之力，我们走中国特色社会主义道路，具有无比广阔的时代舞台，具有无比深厚的历史底蕴，具有无比强大的前进定力。"①以高度的文化自信滋养坚定的道路自信，我们才能以昂扬的精神状态持续投身到对中国道路的探索和践行当中，不断谱写中国道路发展的新辉煌。

---

① 习近平：《习近平谈治国理政》，北京：外文出版社，2014年版，第29页。

（二）
文化自信是理论自信的内在力量源泉

习近平总书记2016年在全国哲学社会科学工作座谈会上指出："这是一个需要理论而且一定能够产生理论的时代，这是一个需要思想而且一定能够产生思想的时代。我们不能辜负了这个时代。"[①]我们这个时代最根本的理论成就就是中国特色社会主义理论体系。我们今天讲的理论自信就是对不断发展着的中国特色社会主义理论体系的自信，就是对马克思主义及其中国化理论成果的自信，这种自信根本上来源于我们对马克思主义文化精神的自信。

任何一种理论的生成发展都有其特定的文化渊源。理论形态本质上就是一种特定的文化形态，反映了一种体系化的文化共识，是结合时代条件进行文化选择的结果。毛泽东曾说："十月革命一声炮响，给中国送来了马克思列宁主义。十月革命帮助了全世界的也帮助了中国的先进分子，用无产阶级的宇宙观作为观察国家命运的工具，重新考虑自己的问题。"[②]自马克思主义传入中国，并与中国的工人运动相结合，就成为近代中国先进知识分子和工农群众改造中国社会的强大理论武器。五四新文化运动从文化层面实现了近代中国的深层启

---

① 习近平：《习近平主持召开哲学社会科学工作座谈会强调：结合中国特色社会主义伟大实践，加快构建中国特色哲学社会科学》，《人民日报》2016年5月18日。
② 毛泽东：《毛泽东选集》第4卷，北京：人民出版社，1991年版，第1471页。

蒙,成为中国走向现代性的重要标识。应当说,新文化运动的文化启蒙为共产党的诞生与马克思主义的传播创造了条件,但并未真正实现中国人对马克思主义的文化选择。正如艾思奇所说:"旧的启蒙运动没有把它所要做的事完成。五四新文化运动所提出来的任务:反对迷信愚昧,建立科学的民主的思想等,都在极不彻底的状态之下停滞了。新的文化完全说不上建立,所有的只是片段零碎的成绩,并且也只是保存在极少数人的手里,没有能够达到普遍化、大众化的地步。"①因此,中国共产党在成立初期以马克思主义为指导展开了一段新的启蒙叙事,确立了马克思主义主体文化,在长期的中国革命和建设实践中,始终坚持以马克思主义为指导,中国化马克思主义的理论成果——毛泽东思想和中国特色社会主义理论体系相继应运而生,成为我们今天树立理论自信的核心要素。

理论自信之所以可能,是因为中国化马克思主义理论指引我们建立了社会主义新中国,取得了改革开放和现代化建设的伟大成就,完成了近代以来国家独立、民族解放和人民自由幸福的历史性任务。正如习近平指出:"一个国家实行什么样的主义,关键要看这个主义能否解决这个国家面临的历史性课题。"②马克思主义及其中国化的理论成果不但解决了中国面对的历史性课题,而且实现了同中国文化的有机融合。为什么近代以来若干理论思潮都在历史淘洗中湮没,唯有马克思主义屹立不倒?根本原因在于其他理论思潮脱离了中国土壤,

---

① 艾思奇:《艾思奇全书》第2卷,北京:人民出版社,2006年版,第414页。
② 习近平:《习近平谈治国理政》,北京:外文出版社,2014年版,第22页。

甚至出现了与中国传统文化的决裂；而马克思主义作为一种外来理论，非但没有隔断绵延几千年的中华文脉，而且在实践中不断与中国本土文化精神深度融合，并在中国大地上展现出强大的生命力。毛泽东指出："离开中国特点来谈马克思主义，只是抽象的空洞的马克思主义。因此，使马克思主义在中国具体化，使之在其每一表现中带着必须有的中国的特性，即是说，按照中国的特点去应用它，成为全党亟待了解并亟须解决的问题。"① 根据时代需要不断做出新的文化选择，是马克思主义及其中国化理论成果的重要特征，对文化的自信成为理论自信的内在力量源泉。

1 文化自信赋予了中国人民创立中国理论的历史主动性

在马克思主义传入中国之前，中国先进知识分子为实现救亡图存和民族振兴的宏愿，尝试过各种各样的主义和思潮，改良主义、自由主义、社会达尔文主义、无政府主义、实用主义、民粹主义、工团主义等都是"你方唱罢我登场"，均未能挽救近代中国之危局。究其原因，是因为在近代那个事关民族存亡的危急关头，在传统向现代转型的历史节点上，随着西方的坚船利炮打碎了中国人的黄粱美梦，中国人感受到中西巨大的文化势差，中华文明毋庸置疑的优越性在中国人

---

① 毛泽东：《毛泽东选集》第2卷，北京：人民出版社，1991年版，第534页。

的民族心理中逐渐崩塌，中国人引以为豪的文化中心论发生了根本性置换，由文化自负转向文化自卑，在对西方文明的盲目崇拜中，开始对传统文化嗤之以鼻，"甚至产生了对民族文化的罪恶感和'赎罪'意识"①，把传统文化的优秀成果和文化糟粕以文化反思的名义一起扫进了历史的垃圾堆。中国人所尝试的这些主义和思潮，试图在与传统决裂的文化氛围中找寻通往中国未来的现实道路，实际上造成了对中国传统文化的摒弃。这种建基于传统文化清理之上的理论选择，由于抛弃了中国传统文化的根脉，不得不匍匐于对西方理论的模仿，自然难以实现对中国实际问题的特殊性价值观照，只能在对"主义"的尝试中展开一次又一次的"主义"批判，反复的理论否定使中国人陷入深刻的理论自卑当中，渐渐失去了理论创造的历史主动性。

在中华民族生死存亡的危急关头，马克思主义担起了重塑中国文化精神的历史使命。毛泽东曾说："自从中国人学会了马克思列宁主义以后，中国人在精神上就由被动转入主动。从这时起，近代世界历史上那种看不起中国人，看不起中国文化的时代应当完结了。伟大的胜利的中国人民解放战争和人民大革命，已经复兴了并正在复兴着伟大的中国人民的文化。"②这段话深刻表明了马克思主义对中国文化的巨大引领和促进效应，可以说马克思主义的传播和运用实现了对中国传统文化的再造。"在'五四'以后，中国产生了完全崭新的

---

① 封海清：《从文化自卑到文化自觉——20 世纪 20～30 年代中国文化走向的转变》，《云南社会科学》2006 年第 5 期，第 36 页。

② 毛泽东：《毛泽东选集》第 4 卷，北京：人民出版社，1991 年版，第 1516 页。

文化生力军，这就是中国共产党人所领导的共产主义的文化思想，即共产主义的宇宙观和社会革命论。"①中国化马克思主义理论的不断创新，不是马克思主义对中国文化"取代"的结果，而是马克思主义与中国优秀传统文化融合的结果。马克思主义之所以能终结西方看不起中国文化的历史，正是因为马克思主义实现了对中国文化的辩证扬弃，在否定中国传统文化糟粕的同时将中国传统文化的优秀果实保留和传承了下来。事实上，马克思主义和中国文化实现了价值互促：马克思主义的传播和实践复兴了伟大的中国文化，中国人也在中国文化的复兴中不断成功推进着马克思主义中国化的进程，创造出符合中国实际的中国理论。在马克思主义中国化过程中，中国人的文化自信日益增强，在更高层次上实现了对中国文化的价值肯定和情感认同，不断释放出强大的精神动能，生成了中国人民创造中国理论的历史主动性。

马克思主义公共性精神与中国优秀传统文化大同精神的深度融合成为调动人民创造中国理论的价值基础。中国优秀传统文化始终秉承"天下为公"的大同理想和"民贵君轻"的民本追求。马克思主义自诞生之日起，始终指向共产主义这一人类公共价值目标。共产主义既体现了马克思主义意识形态的理想公设，也体现了一种制度上的公共安排，显示了马克思主义意识形态对全人类解放价值目标的自觉追求。两者的深度融合，反映了深刻的人民性本质和公共性追求。马克

---

① 毛泽东：《毛泽东选集》第2卷，北京：人民出版社，1991年版，第697页。

思主义顺应了中国历史发展的规律，迎合了中国文化集体至上的价值旨趣，最终转化为可供人民群众自觉掌握、自主参与的人民性理论样态。正如马克思所说："理论只要说服人，就能掌握群众；而理论只要彻底，就能说服人。"①马克思主义理论之所以能说服人，就在于它本身就是源自人民、代表人民、造福人民的理论，涵养了以人民为中心的主体文化。以人民为中心成为中国文化自信的价值根底，最大限度地调动了人民群众的历史主动精神，激发了人民群众自觉追求的生命热忱，使中国理论在广大人民的自主参与和创造中落地生根，结出丰硕果实。

2 文化自信提升了中国人民发展中国理论的时代创造性

我们今天的文化自信，主要是对优秀传统文化、革命文化和社会主义先进文化的价值认同与精神弘扬。如果没有对一脉相承的文化精神的自信，就不可能获得真正的文化自信。中国文化精神既蕴藏了中国理论基本的价值取向，又激发了中国理论根据时代条件变化而不断发展的创新精神，赋予了中国理论旺盛的创造活力。

第一，中国优秀传统文化中的求新图变与和合包容精神构成了中国理论不断发展的文化底蕴。自近代以来，基于中国在现代化事业

---

① 马克思，恩格斯：《马克思恩格斯文集》第1卷，北京：人民出版社，2009年版，第11页。

上远远落后于西方国家的历史事实,中国传统文化也冠以"抱残守缺""因循守旧"的价值估判。的确,不可否认,中国传统文化安于守成的怠惰心理、抑制个性的伦理纲常文化很大程度上阻滞了中国迈向现代化的历史进程,给近代以来中国的现代性文化转型带来了许多负面影响。但我们也不能忽视,中国传统文化中也包含着优秀的文化内核,积淀着革故鼎新、变法图强的文化精神,孕育了和合包容的文化品格。在对中国传统文化进行反思的同时,坚守对中国传统文化的自信成为中国人民创造中国理论的文化动力。《礼记》有云:"苟日新,日日新,又日新。"①《周易》中说:"穷则变,变则通,通则久。"②这种人文日新的创新精神、求变图强的进取品格催生了中国历史上一次又一次改革图强,使民族火种生生不息。这种创新精神与马克思主义与时俱进的理论品性深度融合,构成马克思主义中国化文化创新的内在基础。恩格斯在100多年前就曾指出:"马克思的整个世界观不是教义,而是方法。它提供的不是现成的教条,而是进一步研究的出发点和供这种研究使用的方法。"③这充分证明,马克思主义本身就是一个面向实践开敞的理论,只有立足中国传统、朝向时代需要、与中国具体实际相结合,才能真正实现马克思主义中国化。中国传统文化的和合包容品格也成为中国理论不断发展的文化积淀,构成了马克思主义中国化何以可能的文化基础。任何一个理论要成为一

---

① 《礼记·大学》。
② 《周易·系辞下》。
③ 马克思,恩格斯:《马克思恩格斯文集》第10卷,北京:人民出版社,2009年版,第691页。

个国家的主导理论形态，都必须实现与这个国家历史文脉的深度融合。马克思主义根植于西方文化体系中的理论形态，之所以能够在中国结出丰厚的理论果实和实践果实，并具有持续创新的时代生命力，既得益于马克思主义的深度开放性，又得益于中国文化的深度包容性。纵观人类文明史，四大文明古国中，古印度文明、古埃及文明、古巴比伦文明都相继在外族文化侵扰中日渐衰微，只留下历史的残垣断壁；来自基督教的希伯来文明、来自佛教的印度文明、来自伊斯兰教的伊斯兰文明虽然都以宗教精神作为文化根脉，但由于这三大宗教的彼此排斥甚至敌对而始终未能走向融合。中华文明作为人类历史上从未出现断层的文明，其绵延不绝的根由就在于无与伦比的包容性，能在各类文明往来、对话乃至交锋中实现文化互鉴，最终实现对其他文明的自然同化。从历史文化思潮的交流碰撞看，中国百家争鸣的局面虽被"罢黜百家、独尊儒术"所终止，但那时被独尊的"儒术"已是融合了儒、墨、道、法各家精髓所致。自东汉以来，起源于印度的佛教在中国传播开来，与中国的儒教、道教合流，呈现三方融合的文化盛景，堪称中国文化包容异质文化的典范。从汉民族文明与少数民族文明的关系看，虽然少数民族会在一定时期内于军事硬实力上实现对汉民族的征服，但最终都在文化软实力上被汉民族所同化。在曾经的中西文明的交锋碰撞中，中华文明坚守住了自己的独立性，即使是八国联军曾一度瓜分了中国，也没有从文化上真正征服中华民族。时至今日，越来越自信的中华民族显示了更大的开放包容气魄，"独立自主"和"洋为中用"已经成为中西文化交流的基本方针。正因为中国文化强大的包容性,才使得马克思主义能与中国文化深度融合,被赋予中国风格、中国气派。毛泽东明确指出:"马克思主义必须和我国的具体特点相结合并通过一定的民族形式才能实现。"①这种"具体结合"关键是要把马克思主义深植中华民族文化的土壤中,顺应中华民族文化的发展基因,在不断发展中国特色马克思主义中树立起理论自信的旗帜。

第二,中国革命文化中承继和弘扬的实事求是精神构成了中国理论不断发展的思想指南。实事求是是马克思主义中国化的思想基础,它承继了传统文化中的经世务实传统,经毛泽东为代表的中国共产党人在革命实践中发扬光大,逐渐作为一种成熟的精神文化体系指引着中国理论的不断发展。"实事求是"最早语出《汉书》:"修学好古,实事求是。"②后经湘学发扬光大。船山学派创始人王船山说:"欲尽废古今虚妙之说而返之实。"③洋务派代表人物左宗棠、维新派代表人物谭嗣同是优秀传承者,毛泽东恩师杨昌济更是实事求是文化精神的推崇者:"知则必行,不行则为徒知,言则必行,不行则为空言。"④这种行胜于言的务实精神深深影响了青年毛泽东的文化性格。毛泽东早年为探寻救亡图存的革命真理,虽极力主张和组织留洋运动,但自己却留在国内,他坚称:"吾人如果要在现今的世界稍

---

① 毛泽东:《毛泽东选集》第2卷,北京:人民出版社,1991年版,第534页。
② 《汉书·河间献王传》。
③ 王船山:《船山全书》第16册,长沙:岳麓书社,1996年版,第73页。
④ 杨昌济:《达化斋日记》,湖南:湖南人民出版社,1978年版,第365—366页。

微尽一点力,当然脱不开'中国'这个地盘。关于这地盘内的情形,似不可不加以实地的调查及研究。"①这也成为中国革命文化中的一个基本指导精神,成为马克思主义中国化的早期文化基础。在中国革命实践中,毛泽东通过深入基层,考察风起云涌的农民运动,写出了影响深远的《中国社会各阶级分析》和《湖南农民运动考察报告》,实事求是地指出了中国革命的对象、任务、领导力量、依靠力量等,在文化层面形成了实事求是精神的雏形,在实践层面指明了中国革命的基本方向。在随后的革命实践中,毛泽东从根本上批判了"左倾"冒险主义(超越客观实际地盲目政治空想和军事冒险)和右倾投降主义(认识滞后于客观实际的片面退缩),确立了实事求是的革命文化精神。在延安整风中,毛泽东指出了实事求是的科学内涵:"'实事'就是客观存在着的一切事物,'是'就是客观事物的内部联系,即规律性,'求'就是我们去研究。"②这也形成了马克思主义中国化的文化基因。正是在对实事求是文化精神的自信中,中国共产党才能冲破把马克思主义教条化、把苏联经验和共产国际经验神圣化的理论窠臼,形成中国马克思主义的理论命题,正如毛泽东所说:"离开中国特点来谈马克思主义,只是抽象的空洞的马克思主义。因此,使马克思主义在中国具体化,使之在每一表现中带着必须有的中国的特性。"③中国共产党坚持实事求是,夺取了新民主主义革命的伟大胜

---

① 毛泽东:《毛泽东早期文稿》,湖南:湖南出版社,1990年版,第474页。
② 毛泽东:《毛泽东选集》第2卷,北京:人民出版社,1991年版,第801页。
③ 毛泽东:《毛泽东选集》第2卷,北京:人民出版社,1991年版,第534页。

利，实现了马克思主义与中国实际相结合的第一次理论飞跃——毛泽东思想；中国共产党坚持实事求是，开启了改革开放和现代化建设的新征程，在对毛泽东思想的继承中形成并不断发展着中国特色社会主义理论体系。毛泽东思想和中国特色社会主义理论体系是实事求是的理论体系，是不断面向未来实践开敞的理论体系，是由实事求是文化精神不断丰满的理论体系。正如邓小平所指出："一个党，一个国家，一个民族，如果一切从本本出发，思想僵化，迷信盛行，那它就不能前进，它的生机就停止了，就要亡党亡国。这是毛泽东同志在整风运动中反复讲过的。只有解放思想，坚持实事求是，一切从实际出发，理论联系实际，我们的社会主义现代化建设才能顺利进行，我们党的马列主义、毛泽东思想的理论也才能顺利发展。"①实事求是已经成为发展中国理论的文化基础，对实事求是文化精神的自信与践行程度标示着中国共产党人的成熟程度，也决定着中国理论的发展质量和水平。

第三，社会主义先进文化中蕴含的改革创新精神成为中国理论不断发展的动力源泉。改革创新精神，是自党的十一届三中全会以来，党团结带领人民在改革开放和社会主义现代化建设实践中形成的一种伟大时代精神，是社会主义先进文化最集中的写照。习近平总书记曾说："我们要大力弘扬与时俱进、锐意进取、勤于探索、勇于实践的改革创新精神。"②这段话指出了改革创新精神的核心内涵。时

---

① 邓小平：《邓小平文选》第2卷，北京：人民出版社，1994年版，第143页。
② 习近平：《在全国政协新年茶话会上的讲话》，《人民日报》2014年1月1日。

代是思想之母,实践是理论之源,改革开放实践涵育的改革创新精神构成了中国理论不断发展的文化旨趣。与时俱进的文化精神是社会主义先进文化的精神内核,也是马克思主义最重要的理论品质。邓小平指出,马克思主义是在实际斗争中发展的,发展马克思主义在于"研究新情况,解决新问题"①。在改革开放实践中,党带领中国人民在具体实践中先后创立并发展了邓小平理论、"三个代表"重要思想、科学发展观、习近平新时代中国特色社会主义思想,先后回答了"什么是社会主义,怎样建设社会主义""建设一个什么样的党,怎样建设党""实现什么样的发展,怎样实现发展""什么是新时代中国特色社会主义,怎样建设新时代中国特色社会主义"这一系列事关中国特色社会主义根本性、总体性、全局性的问题,完成了中国马克思主义理论一次次的与时俱进,形成了中国特色社会主义理论体系。锐意进取、勤于探索、勇于实践宣示改革创新精神蕴含的尊重规律的务实精神、不惧艰险的前进勇气和久久为功的实干情怀,它赋予中国理论发展始终坚守的实践精神,赋予中国人民不断根据实践要求提出新思想、新观点、新论断的理论勇气,成为中国理论发展源源不竭的精神力量。正因为我们每一次的理论回应、理论创建和理论发展都是秉承改革创新的文化精神诉求,都在回应实践本身的需要中把改革实践推向新的高度,在对共产党执政规律、社会主义建设规律、人类社会发展规律日益深化的认识中阔步前进,才使得我们的理论自信更加坚

---

① 邓小平:《邓小平文选》第 2 卷,北京:人民出版社,1994 年版,第 179 页。

定，对改革创新精神愈加坚守，实现了文化自信与理论自信在实践基础上的深度价值互促。

3 文化自信增强了中国人民传播中国理论的价值坚定性

在全球化时代，尽管不同意识形态、社会制度和价值观念的国家、民族之间加强了交流融合，在一定程度和范围内实现了共存共荣，但这并没有消弭资本主义和社会主义两种社会制度和意识形态之间的对抗和冲突，意识形态之间的激烈交锋愈演愈烈，呈现常态性、隐蔽性、渗透性、颠覆性的特点。某位西方大国的总统曾说："进入21世纪，武力侵略的代价将会更加高昂，而经济力量和意识形态的号召力将成为决定性的因素，通过文化扩张和渗透播下思想的种子，这些种子有朝一日会变成'和平演变'的花蕾。"①我们必须清醒地认识到，由于历史的原因，中国在现代化进程中仍然处于追赶地位，中西文化势差尚未得到根本扭转，即使西方金融危机和社会矛盾的突显使马克思主义的科学性得以印证，西方资本主义依然以其文化优越感向后发国家渗透自己的价值观念、生活方式和社会制度，凭借西方现代性的文化优势压制多样现代性文化精神的崛起，甚至一度造成了马克思主义在学科中"失语"、教材中"失踪"、论坛上"失声"。

---

① ［美］尼克松：《真正的和平》，北京：世界知识出版社，1984年版，第92页。

"落后就要挨打,贫穷就要挨饿,失语就要挨骂"①,面对强劲的西方文化话语,许多媒体不敢理直气壮地表达我们的主流价值取向,导致西方文化深刻制约着国人特别是青少年对本民族主流意识形态的认同。自党的十八大以来,随着我们对中国优秀传统文化、革命文化和社会主义先进文化的自信日益深入人心,我们增强了与西方现代性文化精神展开理论博弈的底气,有针对性地抵制西方文化和理论思潮的污化与干扰,充满自信地向全世界讲好中国故事、传播中国理论、推介中国方案,在世界各地响起了雄壮的中国声音。

在经济领域,文化自信激励我们在驳斥新自由主义思潮中传播社会主义市场经济理论的先进性。新自由主义的基本主张是完全私有化、全面自由化和绝对市场化。所谓完全私有化,就是国家全部的经济所有权,包括银行、交通运输、基础设施、能源等各领域全部出售给私人,反对公有制。所谓全面自由化,就是在私有制基础上,市场主体可以完全按照自己的意愿从事生产经营活动。所谓绝对市场化,就是让市场在资源配置中发挥绝对意义上的决定性作用,把政府干预因素从市场中全部清除。西方新自由主义对中国理论的干扰主要表现为:一是把中国从计划经济向市场经济的转变说成是向资本主义的转变。二是对中国经济体制改革中"非公有制经济也是市场经济的重要组成部分"的表述刻意进行片面误读,称为试图完全私有化的"前兆",却闭口不谈中国始终在强调的公有制的主体地位和国有经济的

---

① 习近平:《在全国党校工作会议上的讲话》,《求是》2016年第9期。

主导作用，企图煽动中国社会对公有制的不满情绪。三是对中国经济体制改革中"市场在资源配置中起决定性作用"的表述和"更好发挥政府作用"任意割裂开来，试图动摇中国特色经济理论的根基。社会主义市场经济理论首次把社会主义和市场经济有机结合起来，堪称前无古人的经济理论样态，对此我们也曾迟疑彷徨，这种迟疑彷徨的根由在于：一方面西方现代性的历史成功及这种成功产生了巨大文化优势；另一方面，西方现代性的私有化本质给社会带来了各种危机，令我们不得不考量西方文化是否具有合理性。40年改革开放的实践证明，诞生于中国文化土壤上的中国特色社会主义经济体制创造了中国经济发展的奇迹，印证了社会主义市场经济的生命力，印证了中国集体主义文化逻辑与市场手段结合的合理性。在"中国崩溃论"不断"崩溃"的同时，周期性金融危机把中国人曾经的迟疑彷徨还给了新自由主义，马克思主义政治经济学在中国文化高地上重回理性和价值的制高点。中国人用自己的自信有力回击了新自由主义，并且在金砖国家峰会、亚非峰会、G20峰会等多边场合，理直气壮地宣扬社会主义市场经济理论的精神要义，中国故事的经济篇章令世人神往。

在政治领域，文化自信鼓舞我们在抵制宪政民主思潮的同时传播社会主义民主政治的优越性。西方宪政民主本质上是资产阶级宪政，其基本要素有三点：一是多党制。实行两党或多党轮流执政，以党团背后的经济实力保证在选举中获胜。二是三权分立。实行立法权、司法权、行政权相互制约和平衡，在一定程度上对权力有制约作用，但也容易导致各利益集团出于自身利益而罔顾公共利益，互相推诿扯皮。三是资产阶级专政。宪政民主表面上捍卫了民主，实际上不过是资产阶级内部的权力和利益平衡机制。西方宪政民主思潮对中国理论的干扰重点在两个方面：其一，曲解中国的一党执政与民主的关系，以多党制误导人民质疑中国共产党的执政合法性。其二，以三权分立动摇党的领导、人民当家做主和依法治国的有机统一。美国亚裔学者福山认为"自由民主国家在现实中正在成为人类问题的最好解决方案"，并把西方的自由民主称为"历史的终结"。福山之所以敢以"自由民主制"终结历史，就是因为西方在由传统转向现代的历史转型中掌握了先机，取得了比其他国家毋庸置疑的领先地位，因此他们形成的政治文化就成为引以为傲的资本和任意评判他国民主程度的标准。虽然作为后发国家，我们在近代远远落后于西方，但中国共产党带领中国人民却在不到百年的时间里走出了一条比西方更接近人类社会发展前景的政治道路，创造了中国特色的政治文化底蕴。这种政治文化是在进行西方政治道路尝试失败的苦果中凝练而成的，是用无数革命先烈的鲜血拼杀而成的，是人民自觉选择的结果。人民之所以选择这种政治文化，是因为共产党来自人民、为了人民，代表了历史发展的潮流和趋势，这种对人民主体政治文化的笃信是西方无可比拟的政治优势。改革开放40多年来，中国政治实践所展现的生机与活力，恰恰证明了中国政治文化的先进性以及建基于这种文化之上的中国特色社会主义政治理论的优越性，以至福山本人都不得不修正自己的观点："'中国模式'的有效性证明，西方自由民主并非人类历史进化的终点。人类思想宝库要为中国传统留有一席之地。"①当前，中国政治与社会的长期稳定同西方国家的周期性民主混乱形成了鲜明对比，中国政治文化不断确认和发展着中国政治理论的自信，中国的民主理论日益成为亚非拉国家民主改革考虑和效仿的对象，马克思的民主理论与中国政治实际有机结合的中国特色政治理论正展现出前所未有的生命力。

在思想文化领域，文化自信引领我们在认清普世价值真面目中传播人类共同价值理论的公共合理性。所谓的西方普世价值，就是根植于西方历史实践，反映着垄断资本的利益和意志，以"普遍适用性"为自我包装，以思想观念渗透为切入点，企图在全球公共生存境遇下实现意识形态同化，进而谋求全球霸权统治的一整套意识形态和价值观念。普世价值从抽象人性论出发，夸大人性的普遍性，追求抽象的价值普遍性和价值永恒性，刻意混淆价值和真理的区别，诱导人们把任何一种具体价值当作普遍真理并予以接受，其实质是打着"普遍性"的幌子输出其资本主义的意识形态和价值观念，以达到称霸世界的政治目的。普世价值本质上是西方文化同化的产物，以"普世"作为外包装，争取道义制高点，刻意淡化马克思主义意识形态，妄图使我们再度陷入民族文化自卑和对西方文化的盲从中，直接威胁到我们"举什么旗""走什么路"的根本性问题。事实上，中国的开放进程，始终伴随着与西方资本主义文化的博弈、吸纳与扬弃，一方面以

---

① 转引自徐觉哉：《中国模式质问"历史终结论"》，《社会科学报》2009年11月26日。

高度的警惕性抵制西方意识形态的渗透，另一方面以高度的责任感寻求着人类共同的价值寓所。2015年9月，习近平在第70届联合国大会上指出："和平、发展、公平、正义、民主、自由，是全人类的共同价值，也是联合国的崇高目标。目标远未完成，我们仍须努力。当今世界，各国相互依存、休戚与共。我们要继承和弘扬联合国宪章的宗旨和原则，构建以合作共赢为核心的新型国际关系，打造人类命运共同体。"[1]共同价值是构成人类命运共同体的思想基础，也是中国共产党人基于对人类共同的利益关切做出的重大理论创新。共同价值理论的核心要义是在尊重世界文化价值多样性基础上，基于人类面对的共同生存发展问题而形成的价值共识，它尊重各国各民族多样化的文化价值选择，旨在追求多样价值间的最大公约数。正像习近平指出的那样："我们既要让自己过得好，也要让别人过得好。"[2]这是共同价值理论与西方以霸凌为目的的普世价值理论的本质区别。对中国传统文化和马克思主义文化精神的自信是创建共同价值理论和抵制普世价值思潮的文化根基。中国传统文化提倡"和而不同""和合共生""协和万邦"，核心要旨就是要在尊重差异的基础上谋求和平与合作，要在"多"中谋"一"，而不是以"一"统"多"，反对各种价值强制与文化暴力。党的十九大报告指出："要尊重世界文明多样性，以文明交流超越文明隔阂、文明互鉴超越文明冲突、文明共存超越文明优

---

[1] 习近平：《携手构建合作共赢新伙伴 同心打造人类命运共同体——在第七十届联合国大会一般性辩论时的讲话》，《人民日报》2015年9月29日。

[2] 习近平：《弘扬丝路精神，深化中阿合作》，《人民日报》2014年6月5日。

越。"①这充分表明,中国人以传统文化的和合智慧实现对西方现代性的文化超越,创设了中国现代性的世界文化理想。马克思主义的文化精神立足于"人类社会或社会的人类"②,以"类本位"基础建立"自由人的联合体"、促进每个人的全面发展和人类解放是马克思主义的价值理性公设。作为马克思主义执政党,中国共产党的理论建构不能仅仅停留在民族国家的范畴,而是要展示对人类的公共关怀。党的十九大指出,"中国共产党始终把为人类做出新的更大的贡献作为自己的使命"③,这决定了中国共产党必须把为中国人民谋幸福、为中华民族谋复兴的民族使命与为世界人民谋和平与发展的人类使命高度统一起来。正是对马克思主义关怀人类的文化精神的高度自信与深度信仰,提出并践行共同价值、构建人类命运共同体才成为中国特色社会主义理论和实践不可或缺的组成部分。也正因为马克思主义关怀人类文化精神代表了人类文化价值发展的公共取向,中国提出的共同价值理论和构建人类命运共同体的呼吁才得到愈来愈多国家和人民的真挚响应,成为中国理论在传播世界和影响世界中最动人的回响。我们没有理由不理直气壮地传播中国理论、讲好中国故事,因为世界对中国充满了期望,中国一定能在新时代谱写人类新的壮丽篇章。

---

① 习近平:《决胜全面建成小康社会 夺取新时代中国特色社会主义伟大胜利》,北京:人民出版社,2017年版,第59页。
② 马克思,恩格斯:《马克思恩格斯文集》第1卷,北京:人民出版社,2009年版,第502页。
③ 习近平:《决胜全面建成小康社会 夺取新时代中国特色社会主义伟大胜利》,北京:人民出版社,2017年版,第57-58页。

（三）
文化自信是制度自信的核心文化要素

马克思、恩格斯指出：制度"只不过是各个个人之间迄今为止的交往的产物"①。美国社会学家伊恩·罗伯逊这样描述制度："制度是稳定地组合在一起的一套价值标准、规范、地位、角色和群体，它是围绕着一种基本的社会需要而形成的，它提供了一种固定的思想和行动范型，提出了解决反复出现的问题和满足社会生活需要的方法。"②这两个关于制度内涵的界定都指明了一点：制度是基于人的社会交往需要而设定的，制度的存在是为了满足人的交往规范化诉求。因此，我们可以从社会交往维度给出关于制度的理解：制度是指人在社会交往中基于维护公共秩序、化解公共矛盾和实现共同利益的需要而形成和发展的由社会成员普遍认同和遵行的一系列价值准则和行为规范的总和。制度是文化发展的结果，文化的发展水平决定了制度的健全完善程度。著名学者梁漱溟从精神生活层面、社会生活层面和物质生活层面对文化进行了广义的界定。我国文化哲学界也汲取了梁先生的这个界定，把文化理解为人化，包含了人的一切物质实践、社会实践和精神实践创造的文明成果，相应地分为物质文化、制度文化和精神文化三种类型。制度文化是指人在其特有的社会交往实践中为保持个人与群体、群体与群体间关系的确定性而形成和发展的一切

---

① 马克思，恩格斯：《马克思恩格斯文集》第1卷，北京：人民出版社，2009年版，第574页。
② ［美］伊恩·罗伯逊：《社会学》，黄育馥译，北京：商务印书馆，1994年版，第109页。

制度文明成果。

制度是属人的产物，只有人的交往才有自觉的行为预期，才追求特定的行为规范和理性设计。从某种意义上讲，人的生存发展史就是人类制度演化史，人的行为总是受到各种不同层次的制度规范影响和制约。总体来说，制度分为三个层次：最高层次表证着不同社会形态，即原始社会制度、奴隶社会制度、封建社会制度、资本主义社会制度、社会主义和共产主义社会制度；中间层次表证着各自活动领域的行为规范，如经济制度、政治制度、文化制度、科技制度等；最低层次表证着各种社会群体的行为规范，如各种具体体制、公约等。这些不同层面的制度都是人的社会实践的产物，它们在一定的文化世界中生成，又在对人们行为的规范中构建着一定的文化世界，在制度执行中形成和传播出特定的文化价值理念，形成特定的文化风尚。也就是说，什么样的文化生态产生什么样的制度生态，一定的制度生态又反作用于文化生态。因此说，文化和制度本身就有难以分割的亲缘关系，文化构成了制度生成发展的价值内核，各种制度间相互区分的本质就在于制度文化的差异，对制度的自信说到底就是对影响制度生成和发展的文化的自信。这也就回答了文化自信作为制度自信核心文化要素何以可能这个基础性问题。

任何制度的生成、运行、发展乃至消亡都有其内在的文化基础，没有核心文化要素的制度只能成为空壳。正如马克斯·韦伯所说："每个国家都有它自己的社会制度和内在精神，前者是一个社会有效运行所要求的一套经济社会伦理规范和法律体系，而后者则包括人们的行为规范、价值目标、奋斗目的等文化观念。"①我们现在所说的制度自信，本质上是对中国特色社会主义制度蕴含的文化价值的自信，是对中国特色社会主义制度背后赖以生长的文化的自信，因此制度自信的建构必须诉诸文化自信的考量。我们为什么强调制度自信？正是因为当前中国人对中国特色社会主义制度尚存在许多不够自信和疑虑的地方，产生这种不自信和疑虑的根由就是自近代以来中国人在中西比照中始终处于文化自卑状态，基于这种自卑性文化心理而展开的现代化制度设计自然而然带有"技不如人"的因素。改革开放以来，中国特色社会主义事业作为一种开创性事业，在日益剧烈的中西文化交锋中，面对西方建筑于文化优势话语之上的制度话语冲击，中国的制度设计和文化价值都面临严峻考验。我们必须从实际出发，着眼于中国特色社会主义制度展现出的前所未有的活力，认真总结我们自身的制度文化优势，不断增强发展完善中国特色社会主义制度的信心和力量，以坚定的文化自信打造坚定的制度自信。

所谓制度自信，是指主体在准确把握制度要义基础上，充分认可制度及其内在精神，在制度选择、制度实施、制度评价和制度创新各方面始终保持肯定性评价，对制度效能及其发展前景怀有积极乐观的心理状态。从逻辑上讲，文化是制度之母，没有无文化支撑的制度；从一般意义上讲，对文化的自信制约着制度自信的全要素和全过程，影响着制度选择、制度实施、制度评价的自信程度。

---

① ［德］马克斯·韦伯：《新教伦理与资本主义精神》，于晓，陈维刚译，北京：生活·读书·新知三联书店，1987年版，第114页。

文化自信决定制度选择的自信。马克思指出："人们自己创造自己的历史，但是他们并不是随心所欲地创造，并不是在他们自己选定的条件下创造，而是在直接碰到的、既定的、从过去承继下来的条件下创造。一切已死的先辈们的传统，像梦魇一样纠缠着活人的头脑。"① 作为文化存在物，人无时无刻不生活在前人实践造就的文化传统中，人在创造历史时的制度选择无不受到这个国家和民族既有文化世界的影响。唯有尊重、认同优秀文化传统并对此保持自信，我们才能在实践中做出正确的制度选择。在资产阶级开拓世界历史之前，由于视野的封闭使各民族自然而然地将本民族文化看成全部的文化世界，因而在制度选择上往往都忠实于各自的文化传统。然而，在全球化时代，文化世界的民族视野向全球视野跃迁，特别是鉴于在现代转型中的优先地位，西方制度成为世界许多国家理所当然的首选。由于非西方国家的制度选择往往建立在对本民族文化自卑基础上，对西方制度的模仿也未必能够适应本民族的国情，片面制度移植后的混乱局面比比皆是。比如，苏联解体后，俄罗斯不顾长期沿袭下来的东正教传统和社会主义文化基因，照抄照搬西方制度模式导致国力大幅衰退；拉美国家罔顾本国实际需要，对西方制度文化邯郸学步，造成了令人扼腕叹息的"逝去的十年"。这些制度选择的失败皆因对本民族文化缺乏正确的认知和应有的信心。其实，各个西方国家在制度选择历程中，虽然进行了相互借鉴，但并没有片面模仿，而是时刻立足于

---

① 马克思，恩格斯：《马克思恩格斯文集》第 2 卷，北京：人民出版社，2009 年版，第 470—471 页。

本民族的实际文化传统。英国贵族和王权矛盾导致的妥协中立的民族文化心理，构成了英国国王和资产阶级新贵族并存的君主立宪制政体；法国自古承袭"革命到底"的法兰西精神，他们即便经历多少反复，也要彻底割除封建制度因素，建立起符合资产阶级利益的共和政体。正反两方面的历史事实启示我们，在制度选择中切忌盲目效仿他人，既要注重学习其他国家和民族先进的东西，更要充分考量本民族的文化心理与历史传统，以科学的文化自信确保制度选择的自信。正如习近平总书记所指出："必须以本民族文化传承作为核心要素考量开展制度选择实践，各国国情不同，每个国家的政治制度都是独特的，都是由这个国家的人民决定的，都是在这个国家历史传承、文化传统、经济社会发展的基础上长期发展、渐进改进、内生性演化的结果。"①

　　文化自信影响制度实施的自信。制度由目标系统、规则系统、组织系统和设备系统四种基本要素构成。②目标系统规定着制度的宗旨和价值取向，决定制度的性质；规则系统规定制度的基本行为规范；组织系统是指制度贯彻、执行的主体组成的系统；设备系统指制度执行和评价所需的物质条件。其中，组织系统蕴含着制度各系统中人的因素，构成了目标系统落实、规则系统实行、设备系统利用的主体条

---

① 习近平：《在庆祝全国人民代表大会成立60周年大会上的讲话》，《人民日报》2014年9月5日。
② 贺培育：《制度学：走向理性与文明的必然审视》，长沙：湖南人民出版社，2004年版，第17页。

件。制度是由人制定和实施的，而人不是孤立存在的，总是在历史传承和文化塑造中不断生成和发展，历史文化环境决定了制度执行主体的民族文化心理，继而影响着制度的实施。一些拉美国家之所以在实施"西式民主"中走样而造成社会混乱，就是因为西式民主的价值取向、实施方式难以适应他们长期以来形成的民族文化心理，故而难以落到实处。中国特色社会主义政党制度虽然经受一些西方人诟病，但它顺应了中国在民族革命斗争中共产党和民主党派形成的团结奋进的友党关系，顺应了中国自古以来形成的肝胆相照、荣辱与共、和合统一的文化价值传统，因而在实施过程中充满自信与从容。文化自信是对民族文化心理的确认和重塑，正是通过对既往民族文化心理的顺应和对当下民族文化心理的塑造，不断培育制度实施主体的感召力和执行力，在制度的有效实施中促进制度自信的生成。

文化自信制约制度评价的自信。任何制度都有特定的价值评价系统，这个价值评价系统离不开特定的文化语境，如果用此种文化语境中的价值评价系统对生成于彼种文化语境中的制度进行评价，恐怕会得到适得其反的结论。习近平指出："要尊重各国自主选择的社会制度和发展道路，尊重彼此核心利益和重大关切，客观理性看待别国发展壮大和政策理念，努力求同存异、聚同化异。"① 就是要尊重不同社会制度赖以存续的历史文化传统，坚持适合性、尊重多样性、凝聚共识性，方能"求同存异、聚同化异"，对不同文化背景下生成

---

① 习近平：《迈向命运共同体 开创亚洲新未来》，《人民日报》2015年3月29日。

的文化制度给予正确的评价。西方国家提倡"普世价值",就是妄图用"同一化"标准裁剪各民族丰富多样的历史文化实践,就是变相地输出西方民族的社会制度和意识形态,就是将适合西方本民族价值评价的标准用于评价其他民族建基于不同文化之上的制度选择。这种唯我独尊的制度自信,背后并非真正的文化自信,而是充斥霸凌色彩的"文化自负"。我们要坚决抵制这种"文化自负"和建筑于这种文化自负之上的制度"评价自负",坚守适合本民族历史文化传统的制度选择,客观公正地评价自己的制度,在取长补短中促进本国制度的创新和完善。一个国家、一个民族,只有对自己的制度文化保持自信,才能持之以恒地推进自己的制度不断发展。因此,在制度评价过程中,要善于从本国制度的成功实践中找寻自身文化自信的基因,培育我们的民族文化自信,塑造成熟的民族文化心理,树立起既符合民族文化范式、又符合人类社会发展方向的制度评价系统。

中国特色社会主义制度是中国人民在170多年近现代求索中,在新中国成立70多年的执政实践中,在改革开放40多年的砥砺创造中形成的符合中国实际的制度设计。这个制度设计既符合以实现现代化为主题的制度建构原则,又深植于中国优秀历史文化传统,还汲取了人类300余年现代化进程中积淀下来的制度文明精粹。在中国特色社会主义制度的具体建构中,中国优秀传统文化成为其广阔的历史背景,马克思主义文化精神成为其深厚的文化价值源泉,并且从文化上回答了我们不能照抄照搬西方社会制度的根由。

1 中国特色社会主义制度
深受中国优秀传统文化的价值滋养

美国学者布莱特利·沃马克和詹姆斯·R.汤森指出:"影响中国现状的首要根源是其传统政治体制的恒久性和至高无上的大中华中心主义。像这样一个持续如此长久并具如此高度自主性的体系,其影响力不可能仅限于自身制度在形式上存在的那段时期。甚至在新体制超出旧类型时,传统价值和行为也可无限长久地持续下去。"[1]历史文化的影响的恒久性既表明中国特色社会主义制度的生成和发展离不开传统文化的给养,也客观上决定了中国在制度建构上完全西化的不可能性。因为不管时间多么恒久,中国制度建构始终无法摆脱中国历史传统积淀下来的特定文化时空。纵使中国传统文化都是从属于封建社会的价值系统,但其中的一些带有公共性指向的文化价值经过现代的创造性转化和创新性发展,依旧能为我们今天的制度建构提供有益启迪,还能在制度文化层面镌刻下属于中华文明范式的文化标识,增进我们对制度文化传承的历史认同。

中国传统文化"天下为公"的治道理想深刻影响着中国特色社会主义制度的价值目标。《礼记·礼运》篇有云:"大道之行也,天下为公,选贤与能,讲信修睦。故人不独亲其亲,不独子其子,使老有所终,壮有所用,幼有所长,鳏、寡、孤、独、废疾者皆有所养,男

---

[1] [美]布莱特利·沃马克,詹姆斯·R.汤森:《中国政治》,董方,顾速译,南京:江苏人民出版社,2010年版,第23页。

有分，女有归。货恶其弃于地也，不必藏于己；力恶其不出于身也，不必为己。是故谋闭而不兴，盗窃乱贼而不作，故外户而不闭，是谓大同。"①天下为公，始终是经典儒家文化坚守的政治理想，其提出的一系列王道政治方案都是基于"天下为公"的价值理念而生的。所谓天下为"公"，从经济视角看，体现了原始公有制的雏形，这一经济制度理想也成为中国特色社会主义公有制的原始根据。从政治视角看，天下为公更体现了对原始社会禅让制和政治权力公共性的推崇，郑玄注："公犹共也。禅位授圣，不家之。"②孔颖达疏："'天下为公'，谓天子位也。'为公'，谓揖让而授圣德，不私传子孙，即废朱均而用舜禹也。"③体现了原始社会朴素的治道理想。由于天下为公家所有，因此治理天下也必须"选贤任能"，这就与中国古代对君子"内圣外王"的理想人格道德塑造结合起来，即选拔的人才必须内有高尚人格（唯"贤"才能成王成圣），外有出众才能。这深刻影响了当代中国社会人才选拔制度的推广，特别是以"德才兼备"为主要标准，秉承将公共权力"禅让"于贤能之士的原则，选拔各级政治接班人。中国的这种政治体制就意味着唯有在各个层面上符合理想人格标准，才能获得执掌公共权力的可能。中国"天下为公"的治道理想蕴含着古代先人对"天下"的理解，虽然古人的"天下"意涵的指代也没有超出中华大地的范畴，但他们是在一个个分封而成的诸侯国的

---

① 《礼记·礼运》。
② 《四库家藏·礼记正义》，济南：山东画报出版社，2004 年版，第 711 页。
③ 《四库家藏·礼记正义》，济南：山东画报出版社，2004 年版，第 712 页。

视野去审视天下的。也就是说,中国古代的"王道政治"就已超越了"国家"的狭隘概念。这种"天下为公"的情怀给现代中国的外交理念和制度的确立提供了深厚启迪。我们在奉行独立自主和平外交政策基础上,以心系天下为己任,积极倡建人类命运共同体,正如习近平总书记通过援引"天下为公"理念所指出:"大道之行也,天下为公,和平、发展、公平、正义、民主、自由,是全人类的共同价值……。当今世界,各国相互依存、休戚与共。我们要继承和弘扬联合国宪章的宗旨和原则,构建以合作共赢为核心的新型国际关系,打造人类命运共同体。"①习近平总书记所讲的"大道",已经被赋予了"和平、发展、公平、正义、民主、自由"的现代内涵,这恰恰成为我们参与构建国际治理体系、倡建人类命运共同体制度实现机制的文化基石。由此可见,"天下为公"的治道理想不仅深刻影响中国内政层面的制度设计,也深刻贯穿于中国外交层面国际担当的制度倡议,正在通过"中国声音"成为全世界的制度文化共识,成为涵养我们制度自信的精神资本。

中国"贵和持中"的传统文化精神深刻塑造着中国特色社会主义制度的思维方式。"贵和""持中"是中国优秀传统文化中紧密联系的两重文化价值。"贵和"就是强调"和谐有序",万事万物殊异有致,应当注重眼前与长远、局部与整体的内在关联,善于挖掘不同事物的共通之处,促进不同事物之间的融合、协调与平衡,即便是相互

---

① 习近平:《携手构建合作共赢新伙伴 同心打造人类命运共同体——在第七十届联合国大会一般性辩论时的讲话》,《人民日报》2015年9月29日。

对抗的事物也要努力实现二者间的矛盾转化,这就是中国传统文化"尚和合"的文化精义。"持中"就是强调应秉承中庸态度审视和评价万事万物,尊重差异,追求协同。二者的有机结合,构成求同存异、聚同化异的文化基础,成为根植于中国人血液中的审视世界的文化态度。这种文化态度深刻塑造着我们看待世界的思维方式,这种思维方式也深深熔铸于中国特色社会主义制度的建构中。无论是我们公有制为主体、多种所有制共同发展的基本经济制度,还是强调党的领导、人民当家做主、依法治国有机统一的政治制度,抑或是党委领导、政府负责、社会协调、公众参与的社会治理制度,等等,都在制度设计中有一个共同特征,即注重多样主体、多重方式的协调配合,强调"主要与次要""一元与多样"的有机统一。党的十八届三中全会强调指出:"全面深化改革的总目标是完善和发展中国特色社会主义制度,推进国家治理体系和治理能力现代化。必须更加注重改革的系统性、整体性、协同性。"①系统性、整体性、协同性这"三性"的改革和制度建构要求,是吸收中国传统文化尊重整体、强调系统、注重协同的"贵和持中"精神的鲜明写照。改革开放40多年来,中国特色社会主义制度建构逐步摆脱以往存在的"左倾"或"右倾"的偏执型思维,在"中和"之道上不断向前发展。

中国传统文化"民惟邦本"的民本价值追求深刻滋养着中国特色社会主义制度的主题主线。儒家文化主张仁者爱人,反映在政治建

---

① 《中共中央关于全面深化改革若干重大问题的决定》,北京:人民出版社,2013年版,第3页。

构上就是推行仁政,反对苛政滥刑,阐明了民众对于国家的基础性意义。《古文尚书·五子之歌》中就明确提出:"民惟邦本,本固邦宁。"①东汉的儒学继承人荀悦则指出:"民存则社稷存,民亡则社稷亡。"②《淮南子》中有云:"民者,国之本也。"③荀子则提出:"君者,舟也;庶人,水也。水则载舟,水则覆舟。"④"君舟民水"的典故多为历代统治者居安思危、自我警醒之用。亚圣孟子提出:"民为贵,社稷次之,君为轻。"⑤指出民众居于民、社稷、君这一价值序列的首位,因此他主张在制度设计中关怀民生,主张"藏富于民",使百姓"养生丧死无憾""黎民不饥不寒"⑥。中国传统文化的民本思想虽然在封建制度建构上没有摆脱"官-民"等级统治秩序,依旧是封建统治者为调和阶级矛盾而贴上的道德面纱,但以民本思想为指导的制度建构也在一定程度上扩大了人民的利益。中国特色社会主义制度深得民本文化的价值滋养,并对民本文化进行了创造性转化,在现代制度体系下打破"官-民"统治秩序,按照共产党的宗旨,把实现好、维护好、发展好人民的根本利益作为制度建构的首要价值取向。中国共产党"决胜全面建成小康社会"的制度设计,全面提升了中国传统民本文化的内涵,在人民共同富裕的旗帜下,既注

---

① 《古文尚书·五子之歌》。
② 《申鉴·杂言》。
③ 《淮南子·主术训》。
④ 《荀子·王制》。
⑤ 《孟子·尽心下》。
⑥ 《孟子·梁惠王上》。

重民生的普遍性，又注重民生的特殊性，在脱贫攻坚的制度安排中，瞄准了最困难群众的实际需要，对这些贫困群众给予"扶贫""扶智"，在物质生活满足的基础上，推动他们接受教育和享受民主权利，感受人民当家做主的尊严和价值。在中国特色社会主义制度的设计和实施过程中，由于广大人民群众既是制度的服务主体，又是制度的建构主体，为制度自信的不断增强打下了坚实的群众基础。

2 中国特色社会主义制度深受马克思主义的价值塑造

马克思主义文化精神与中国具体实际相结合，在反抗内外敌人的斗争中形成了革命文化，在新中国建设和改革开放实践中形成了社会主义先进文化，这些文化都深深熔铸在中国特色社会主义制度设计当中。作为中国特色社会主义制度文化的核心，马克思主义文化精神深刻塑造着中国特色社会主义制度的发展主题、发展动力和发展目标。中国特色社会主义制度自信，本质上就是对中国特色社会主义蕴含的马克思主义文化精神的自信。

从发展主题看，马克思主义的人民性文化主题塑造了中国特色社会主义制度的本质特征。马克思主义始终把人民群众视为历史发展的主体——"历史活动是群众的活动，随着历史活动的深入，必将是群众队伍的扩大"①。马克思在其早期著作中指出："如果说新教把德

---

① 马克思，恩格斯：《马克思恩格斯文集》第1卷，北京：人民出版社，2009年版，第287页。

国世俗人转变为僧侣，就是解放了世俗教皇……那么哲学把受僧侣精神影响的德国人转变为人，这就是解放人民。"①马克思公开宣誓了自己理论的人民性本质，把解放人民的哲学转化为解放人民的革命实践，终其一生都在探索实现人民解放的社会制度，并在理论和实践的结合中培育出马克思主义人民性的文化主题。在马克思主义中国化进程中，中国共产党人不断发展了这一人民性文化主题。人民是一个政治概念，在不同的历史时期、不同性质的社会生活中，"人民"的内涵是不同的。在无产阶级领导的革命政权的价值视野中，人民是指不同历史时期反对阻挠、破坏革命事业的侵略者和反动派的一切个人、群体和党派的总和。在人民民主专政的社会主义国家中，人民是指有别于极个别敌对势力的广大群众。马克思说："过去的一切运动都是少数人的或者为少数人谋利益的运动。无产阶级的运动是绝大多数人的、为绝大多数人谋利益的独立的运动。"②中国共产党人把人民文化主题转化为中国特色社会主义制度文化主旨，构成了中国特色社会主义制度建构的本质特征。其一，为人民服务是中国特色社会主义制度建构的根本原则。"全心全意为人民服务"既是中国共产党的执政宗旨，也是马克思主义政党区别于人类历史上一切政党的本质特征，是社会主义制度自信建构的文化基础。人类自封建时代起就有"人民"这一概念，但在封建国家和资本主义国家中，人民是被统治的对象，即便是把民主写在旗帜上的资产阶级，也只是"口头民主派"，

---

① 马克思，恩格斯：《马克思恩格斯文集》第1卷，北京：人民出版社，2009年版，第12页。
② 马克思，恩格斯：《马克思恩格斯文集》第2卷，北京：人民出版社，2009年版，第42页。

"资产阶级口头上标榜是民主阶级,而实际上并不想成为民主阶级,它承认原则的正确性,但是从来不在实践中实现这种原则"①。就像毛泽东所说:"国民党也需要老百姓,也讲'爱民'。不论是中国还是外国,古代还是现在,剥削阶级的生活都离不了老百姓。他们讲'爱民'是为了剥削,为了从老百姓身上榨取东西……我们不同,我们自己就是人民的一部分,我们的党是人民的代表,我们要使人民觉悟,使人民团结起来。在这个问题上,我们同国民党是对立的,一个要人民,一个脱离人民。"②全心全意为人民服务,既把人民当成服务对象,又在实际制度建构中把人民当成价值主体。中国的人民代表大会制度、共产党领导的多党合作和政治协商制度、民族区域自治制度、基层群众自治制度等都有一个共同主题,即一切国家权力属于人民。这种对人民主体文化的自信和践行就是我们制度自信的源泉。人民之所以对这个制度产生自信,就在于这个制度切实把实现、维护和发展人民利益放在核心地位,能够为人民行使权力、共享福利创造最基本的制度保障。其二,人民评价标准是中国特色社会主义制度的根本评价标准。邓小平在继承"为人民服务"的制度文化内核基础上提出了制度的人民评价标准,把人民"拥护不拥护,赞成不赞成,高兴不高兴,满意不满意"视为衡量中国特色社会主义各项制度优劣的根本标准。邓小平进一步指出:"判断的标准,应该主要看是否有利于发展社会主义社会的生产力,是否有利于增强社会主义国家的综合国

---

① 马克思,恩格斯:《马克思恩格斯全集》第7卷,北京:人民出版社,1959年版,第589页。
② 毛泽东:《毛泽东文集》第3卷,北京:人民出版社,1996年版,第57—58页。

力,是否有利于提高人民的生活水平。"①所谓的"一切工作"当然包括中国特色社会主义制度建构。把人民对制度的满意程度视为评价制度的根本尺度,自然搭建起了从人民性文化自信到制度自信的桥梁。其三,以人民为中心是中国特色社会主义制度的核心发展理念。"以人民为中心"是新时代中国特色社会主义制度发展的价值主线,它继承了中国共产党人人民性文化主题,吸收了中国民本思想的精髓,同时又赋予了"人民中心"的主旨文化新的阐释:它根本超越了封建社会"官-民"的统治型结构,而是诉诸"人民公仆(人民勤务员)-人民"的服务型结构。社会主义公职人员本身是人民的一员,作为制度执行者又是人民的公仆,他们对制度的履行过程就是落实以人民性为主题的制度文化的过程。在这一过程中,公职人员时刻把人民的利益置于核心地位,不断激发人民对中国特色社会主义各项制度的认同与自信,充分体现中国特色社会主义制度的价值优越性。事实证明,马克思主义人民性文化主题塑造了中国特色社会主义制度区别于人类历史上其他社会制度的本质特征。

从发展动力看,马克思主义的创新精神构成了中国特色社会主义制度不断创新的主导精神。制度自信不仅包括对现行制度或制度执行现状的信心,而且还包括对制度未来发展走向的信心,因为只有具有创新活力的制度才值得自信。"只有大多数社会成员对社会制度的未来发展走向表现出积极看法和充满信心时,即相信社会制度具有自我

---

① 邓小平:《邓小平文选》第3卷,北京:人民出版社,1993年版,第372页。

发展和创新能力,即使社会制度在未来运行时会出现这样或那样的问题,甚至是危机,但是仍相信社会制度具有自我调整、自我完善的能力,能够通过自我修复、自我革新加以解决,这才表明社会成员具有较高程度的制度自信。"① 中国特色社会主义制度的创新活力,来源于马克思主义创新精神的支撑。始终面向实践不断创新的文化精神,保证了马克思主义永久的生命力。恩格斯在1890年就指出:"所谓'社会主义社会'不是一种一成不变的东西,而应当和任何其他社会制度一样,把它看成是经常变化和改革的社会。"② 这表明,尽管社会主义制度代表历史发展方向,但其先进性也必须在顺应实践的制度创新中才能不断展现出来。制度创新是制度自信的应有之义,制度自信内在地包含着制度创新的自信。正如习近平总书记所言:"中国特色社会主义制度是特色鲜明、富有效率的,但还不是尽善尽美、成熟定型的。中国特色社会主义事业不断发展,中国特色社会主义制度也需要不断完善。"③ 马克思主义的创新精神赋予中国特色社会主义制度创新的文化助推力,深度塑造了"与时俱进、锐意进取、勤于探索、勇于实践"④的改革创新精神。中国特色社会主义制度顺应实践诉求和时代需要,不断进行新的探索,汲取人类一切文明成果以完善自身,随时做出符合现代化发展需要的制度安排,在创新中积极推动

---

① 张帆:《关于制度自信的理论思考》,《求实》2015年第9期,第74页。
② 马克思,恩格斯:《马克思恩格斯文集》第10卷,北京:人民出版社,2009年版,第588页。
③ 习近平:《习近平谈治国理政》,北京:外文出版社,2014年版,第10页。
④ 习近平:《在全国政协新年茶话会上的讲话》,《人民日报》2014年1月1日。

国家治理体系和治理能力现代化水平的提升。马克思主义的文化精神确保了中国特色社会主义制度创新的社会主义方向，保持了中国特色社会主义制度创新的前进定力，赋予了中国特色社会主义制度沿着正确轨道创新发展的永恒动力。

从发展目标看，马克思主义对人类自由的文化追索决定了中国特色社会主义制度始终把保障和实现人的自由作为最高理想。制度是工具理性和价值理性的有机统一体，制度的工具理性在于通过外在规约维护社会公共秩序，制度的价值理性在于通过对社会秩序的维护最大限度保证和促进人的自由。自由是人类理想制度建构的应有之义。马克思指出："一个种的整体特性、种的类特性就在于生命活动的性质，而自由的、有意识的活动恰恰就是人的类特性。"[1]自由是人的类特性，人民自由是人类社会发展的最高境界，也是制度建构的最高理想。马克思主义文化精神脱胎于西方文化传统，但又超越西方文化传统，它第一次把自由的实现建筑于对历史规律的科学研判基础上，把自由的权利由少数人专利归还给多数人，并找到了实现人民自由的现实路径。马克思、恩格斯在共产党宣言中指出："代替那存在着阶级和阶级对立的资产阶级旧社会的，将是这样一个联合体，在那里，每个人的自由发展是一切人自由发展的条件。"[2]作为把实现共产主义作为最高理想的中国特色社会主义，自然要把保证和实现人的自由作为其制度建构的首要文化追求。当然，自由的实现总是与一定的社会历史条件相联系，历史发展到什么程

---

[1] 马克思，恩格斯：《马克思恩格斯文集》第1卷，北京：人民出版社，2009年版，第162页。
[2] 马克思，恩格斯：《马克思恩格斯文集》第2卷，北京：人民出版社，2009年版，第53页。

度，自由就实现到什么程度。中国共产党是具有高度战略定位和战略定力的政党，在国内层面，通过不断推进国家治理体系和治理能力现代化，实现各种制度的成熟和定型，在制度公共合理性的建构中寻求人的自由实现机制；在国际层面，积极倡建人类命运共同体，推动建立公正合理的国际秩序，以自由文化理想浸染国际秩序建构。我们之所以有制度自信，就在于我们制度的目标是高尚的，方向是明确的，设计是科学的，实施是有力的，能够始终按照代表历史发展方向的自由价值取向实现制度完善，能够始终坚持不断优化对人的合理自由的价值观照，通过制度公共合理性建构持续确证和实现越来越多的人的自由本质，推动人的自由全面发展。

3 中国的文化价值立场决定了我们绝不能照搬西方模式

在这个全球化时代，由于资本主义制度和社会主义制度长期共存，各种思想文化相互交织，西方资本主义国家利用其现代性发展积累下来的文化心理优势，向其他国家特别是向社会主义国家和发展中国家的双重代表——中国兜售其社会制度和价值观念，试图以其文化和制度的"民主"外衣干扰中国人特别是中国青少年的价值选择，让中国青年因文化自卑转向对本国制度评价的自卑，向往西方发达国家的社会制度，甚至起到逐步颠覆社会主义政权的目的。在这种价值博弈日渐激烈的时刻，我们更要深挖中国特色社会主义制度背后的核心文化要素。其实，中国优秀传统文化和马克思主义文化精神对中国制度建构的价值滋养已经启示我们：中国优秀传统文化决定了我们与西方不属于同一文明价值体系，构成了中国完全西化的不可能性；马克思主义文化精神虽然脱胎于西方文化传统，但又超越于西方文化价值选择，实现了从"个体本位"到"类群本位"的价值飞跃，旨在把自由发展的权利归还给每个价值个体的过程中实现对人类解放的价值观照，书写了一种与私有制文化决裂的共产主义的文化叙事。而在长期的文化传播、交流与选择中，中国优秀传统文化与马克思主义文化深度契合，形成了中国化马克思主义崇尚统一、强调大同、尊重集体、重视人民、实现人类解放的文化价值立场，构筑起适合中国国情的中国特色社会主义制度体系的文化根基。

"'橘生淮南则为橘，生于淮北则为枳。'我们需要借鉴国外政治文明有益成果，但绝不能放弃中国政治制度的根本。中国有960多万平方公里土地、56个民族，我们能照谁的模式办？谁又能指手画脚告诉我们该怎么办？对丰富多彩的世界，我们应该秉持兼容并蓄的态度，虚心学习他人的好东西，在独立自主的立场上把他人的好东西加以消化吸收，化成我们自己的好东西，但决不能囫囵吞枣、决不能邯郸学步。照抄照搬他国的政治制度行不通，会水土不服，会画虎不成反类犬，甚至会把国家前途命运葬送掉。只有扎根本国土壤、汲取充沛养分的制度，才最可靠、也最管用。"[①]历史和现实均已雄辩地证

---

① 习近平：《在庆祝全国人民代表大会成立60周年大会上的讲话》，《人民日报》2014年9月5日。

明：由于缺乏必要的文化基因，照抄照搬西方制度模式只能走向死胡同；中国特殊文明体系和复杂万千的民族生态构成决定了任何的制度层面的生搬硬套都将走向失败，甚至走向文明的反面。正如十九大报告中所说："世界上没有完全相同的政治制度模式，政治制度不能脱离特定社会政治条件和历史文化传统来抽象评判，不能定于一尊，不能生搬硬套外国政治制度模式。"①在世界多样化的制度模式面前，中国制度理应自信，因为我们制度的建构体系、实施方式和评价标准，不仅遵循了现代化规律和历史发展取向，而且符合民族的文化特质和基本国情，既是国家治理体系和治理能力现代化的重要依托，也是人类文明发展史的智慧结晶。

---

① 习近平：《决胜全面建成小康社会 夺取新时代中国特色社会主义伟大胜利》，北京：人民出版社，2017年版，第36页。

第三章 文化自信的文化资源

文化是历史生成中的有机整体,是生活于特定社会历史文化条件下的人对其文化来源、文化历程、文化特色和文化未来发展方向的整体认知和判断①。民族文化承载了民族的文化基因和创造力,是扎根于民族的历史发展进程,与民族命运和发展前途息息相关。作为民族文化的生命力的民族文化主体意识,便是承载民族发展和前途命运的文化土壤。从历史唯物主义的立场出发,民族文化主体意识不能脱离社会历史进程而单独地、抽象地存在,而是在社会历史的发展运动中展开和生成,形成民族文化的可靠历史资源和现实发展动力,凝聚成民族自觉发展、民族独立自强、民族复兴繁荣的文化自信。在这个意义上,"文化自信问题是一个既历史性又具现实性的问题,它潜藏于中国历史的发展之中"②。文化自信是在传统与当代、历史与时代的辩证关系中生成和发展的;文化自信是民族团结、发展和复兴的价值内核和精神力量,"一个没有精神力量的民族难以自立自强,一项没

---

① 参见费孝通先生对于文化自觉的界定:文化自觉,是指生活在既定文化中的人对其文化有"自知之明",明白它的来历、形成的过程、所具有的特色和它的发展的趋向。费孝通:《文化和文化自觉》,北京:群言出版社,2016年版,第5页。
② 陈先达:《文化自信与中华民族伟大复兴》,北京:人民出版社,2017年版,第1页。

有文化支撑的事业难以持续长久"①。文化自信是历史文明、物质文明、精神文明的综合体现，中华民族的文化自信有着丰富文化资源和源远流长的发展过程，呈现出既坚守本根又与时俱进的民族性和时代性，"使中华民族保持了坚定的民族自信和强大的修复能力，培育了共同的情感和价值、共同的理想和精神"②，就是中华民族发展的文化创造力和文化推动力。

"文化是民族生存和发展的重要力量"③，中华民族的生存与发展离不开民族文化的支撑和推动，正是中华民族深厚的历史传统文化、民族奋斗自强的革命文化、砥砺创新的社会主义先进文化，成为中华民族奋进新时代的发展动力，构成中国特色社会主义现代化发展道路的文化资源和精神支撑。习近平指出，"在几千年的历史流变中，中华民族从来不是一帆风顺的，遇到了无数艰难困苦，但我们都挺过来、走过来了，其中一个很重要的原因就是世世代代的中华儿女培育和发展了独具特色、博大精深的中华文化，为中华民族克服困难、生生不息提供了强大精神支撑"④。中华民族的千年发展历史和奋进百年的现代化道路，充分说明了中国智慧、中国道路的文化自信来自中

---

① 中共中央文献研究室：《十八大以来重要文献选编》上册，北京：中央文献出版社，2014年版，第280页。

② 中共中央文献研究室：《十八大以来重要文献选编》中册，北京：中央文献出版社，2016年版，第121页。

③ 中共中央文献研究室：《十八大以来重要文献选编》中册，北京：中央文献出版社，2016年版，第119页。

④ 中共中央文献研究室：《十八大以来重要文献选编》中册，北京：中央文献出版社，2016年版，第119页。

华民族优秀传统文化的历史文化精神、来自谋求民族独立自强的革命奋斗精神、来自追求民族复兴与建设中国特色社会主义现代化的创新拼搏精神。源于优秀传统文化、革命文化与社会主义先进文化汇聚于中国特色社会主义现代化建设的内在精神与发展动力，共同组成了中国道路发展的文化自信资源。因此，继承和发扬中华民族文化自信，不仅是延续中华民族文化基因的传承使命，更是承担中华民族文化自信的文化资源、文化生命力和文化创造力的时代使命，"深入挖掘中华民族优秀传统文化蕴含的思想观念、人文精神、道德规范，结合时代要求继承创新，让中华文化展现出永久魅力和时代风采"[①]。

我们知道，中国特色社会主义现代化建设的重要理论指导，是扎根于中国历史与现实的历史唯物主义立场，是在社会主义现代化建设中树立社会主义核心价值观的科学判断，体现出社会主义文化自信的历史性、科学性和先进性。历史地认识和科学地探索中国道路文化自信的理论资源、现实挑战、创新发展，是对我们民族历史规律和革命斗争经验的总结和反思。十九大报告提到，中国共产党人的初心和使命，就是为中国人民谋幸福，为中华民族谋复兴；初心和使命是激励中国共产党人不断前进的根本动力。文化自信的初心和使命根本指向了中华民族的发展复兴、中国人民的根本利益、中国特色社会主义的发展道路和对人类文明的贡献。因此，文化自信是基于文化主体意识的历史反思、批判超越和时代创新，需要在社会历史的文化视角之下

---

① 习近平：《决胜全面建成小康社会 夺取新时代中国特色社会主义伟大胜利——在中国共产党第十九次全国代表大会上的报告》，2017年10月18日。

构建中华民族文化主体意识，把握中华民族文化自信高度发展、陷入低谷和重建文化自信的历史发展脉络和思想演变，探讨中华民族的优秀传统文化、革命文化和社会主义先进文化之间的继承和发展关系，反思中国传统与现代的继承发展、革命文化传统与和平年代的需求转变、中西文化差异辨析，从历史唯物主义视域说明中国道路的文化自信的必要性和重要性。

（一）
优秀传统文化与民族自觉

中华民族文化的形成不是无源之水、无本之木，而是来源于几千年历史文化传承的优秀传统文化，在自然发展和人为建设的共同合力推动下，凝聚成为中国整个民族所共同拥有的文化认同，并历经世代相传成为优秀传统文化、中华民族的文化之魂。中国传统文化表现为家风、乡规、民俗、道德规范等多种文化形式，运用于人际交往、政治外交与社会制度建设等多个领域，涵盖了个人到集体、家庭小共同体到社会国家大共同体，体现了中华民族"齐家治国平天下"的文化信仰与文化自信。优秀传统文化经过历代相传，凝聚了中国人民智慧的优秀传统文化，塑造了中国社会的日常道德规范，成为现代社会道德规范的重要文化来源，成熟悠久的文化发展历程赋予了民族文化的自觉与自信的基础。

文化塑造了一个民族、一个国家的灵魂，文化自信与民族文化繁荣兴盛息息相关。在古代文明世界，中华民族以独特的语言、文化、历史成为以农业生产方式为主体的古代世界强国，奠定了拥有灿烂文化的辉煌成就，在全世界范围内形成强大的感召力和吸引力。古代中国的文化自信表现为经济领域的发达农业和手工业、思想文化领域出现众多优秀的思想家和丰富的文化典籍，因此对周边各国、各民族乃至于古代西方世界都产生了强烈的吸引力，成为古代世界物质与文化交流的中心之一。

当西方社会开始进入工业革命和资本主义经济时代，世界历史拉开了近代化进程的帷幕，停留于农业文明时代的中国遭受了殖民侵略战争的侵害，但是中华文明并没有因外来侵略力量而被迫中断或是被同化，而是以独特的方式和强烈的生命力继续传承发展，造就历史悠久的民族文化传统。因此，中华民族优秀传统文化的连续性、包容性、以道德为核心的独特性与价值观，不仅使之成为古代农业文明的明珠，更在现代化的当代世界中继续传承发展，成为中华民族共同的文化主体意识和民族认同感。

1 中国优秀传统文化的特征
——连续性与包容性

中华民族文化作为整体性的文化，历经不同时期的社会生活方式、生产方式的变更，凝聚成为超越时代发展的智慧与精神，成为具有连续性、整体性的文化有机体。

作为整体性的文化，中国传统文化中包含诸多可变的内容，随着生产生活方式的变化产生了特定历史时期内的社会文化独特性，包括不同历史时期的道德观念、风俗约定、行为习惯。这些可变的文化内容随着社会生产方式的变化而变化，具有社会性和时代性的特征。因此，中国传统文化的内容不是一成不变的，在特定历史时期内呈现出与当时社会生产水平相适应的文化精神、文化价值和文化力量，作为民族文化的一部分而折射出时代精神与价值追求。

在民族文化整体性力量推动下，于多样化的文化内容之中形成稳定的、具有传承性的传统，传统以深刻的力量存在于"思维方式、价值观念、文化道德、风俗习惯中……被保存在民族中绵延不断并为后代运用继承的一种稳定结构"[①]，因此也成为民族长期发展中稳定传承的民族传统，并随着民族的发展而丰富发展。一个民族的传统是可变的文化内容中凝聚出不变的文化传承形式，是具有超越性的可传承的智慧，以众多思想文化经典的文字载体得以流传几千年，成为不断传承颂扬的优秀传统文化。文化传统是中华民族文化的内在实体和精神特质，凝聚着中华民族文化有机体存在的内在核心，展现了中华民族的精神归属与民族认同感，例如各种文化节日传统、爱国传统、崇尚道德教化传统。因此，优秀传统文化是中华民族在经历不同社会生产方式变更与挑战中保持不变、连续传承的智慧支柱，优秀传统文化具有时代超越性，是国家和民族发展的精神支柱，奠定中国文化自古

---

① 陈先达：《文化自信与中华民族伟大复兴》，北京：人民出版社，2017年版，第59页。

以来的文化自信的智慧内核。

中国优秀传统文化的连续性得益于传统的传承与发展，在不变与可变的辩证有机关系中衍生出独特的包容性特征。从应对自然挑战从而保存人类生命而言，可追溯至5000余年前，中华民族自古就在刀耕火种、耕田凿井的自然挑战中求取民族繁衍和发展的生机；而面对文化生存挑战时，中华民族文化在不同文化的冲击挑战中展现出独具一格的智慧和格局——不主张一家独大、文化霸权，而是有容乃大、和而不同的文化包容性，从而能够在应对不同民族、不同文化的冲击与挑战中，以独特的包容性吸收异质文化，将文化挑战转化为自身文化发展的动力，因此中国优秀传统文化能够不断绝而传承发展。在众多古代文明形式中，古希腊文化在基督教文化的冲击下只能在文艺复兴中以文化艺术形式寻求往日的遗迹；而在东方世界中，古代中国文化吸收印度佛教文化，形成以儒家为核心、儒释道三家融合的文化发展形式。正是由于中华民族文化的包容性，在应对异质文化挑战时能够吸收其优秀部分，并将之内化为本民族文化的发展基因，成就了儒家文化注重礼仪人伦、佛家注重内在修养、道家崇尚自然；即便在古代历史上曾出现儒释道三足鼎立的文化格局，也非互相排斥而是相互融合，形成中国古代文化的灿烂与辉煌。中国优秀传统文化的包容性，既形成汉民族与其他各族和谐共存、共荣共生的中华多民族文化共融发展的整体性民族文化氛围；又促使本民族积极吸收、学习其他文明的优秀成分，崇尚百花齐放的多样文明共荣。

一方面，中国优秀传统文化的连续性使中华文明能够传承千年而不中断，保持本民族文化的历史延续，奠定中华民族文化的根基和正源，成为中华民族团结、生存和发展的内在制动力；另一方面，中华文明的包容性使之崇尚和谐共荣的多样文明，积极吸收和学习先进文明的优秀成果，不断内化、不专霸权，经历古代世界朝代更替、世代兴衰依然能够屹立于世界民族之林，并不断丰富本民族自身的内涵。

中国优秀传统文化的智慧传统具有时代更替的超越性，成为凝聚本民族的生存发展的文化根基；优秀传统文化的历史传承和连续发展，支撑了中华文明基因的历史性与丰富性；优秀传统文化崇尚多样文明共同发展，使中华文明具有追赶时代发展的生命力。超越性、历史性、时代性的中华优秀传统文化，使文化自信的基因内化于中华民族开化期、发展期、辉煌期，成为中华民族文明复兴的历史根基和复兴动力来源。

2 中国传统文化的核心价值
——德性伦理与天人合一

中华民族文化的连续传承与发展，具有不同于西方文化的特点。就哲学特点而言，西方文化自古希腊时期便专注于自然哲学的探究，注重抽象和形而上学的思辨；中华民族文化从原始氏族群体的祭祀礼仪衍生出共同体的行为道德规范，以儒家文化为主要代表的优秀传统文化更以道德与人伦为社会文化的核心。在西方文明，古代社会是神权高于人权，启蒙主义主张恢复人权的理性主义传统，塑造了现代性的理性主义特征和崇尚独立的个体意志；而中华文明始终注重以道德伦理为核心，由人伦关系上升为人与自然的"天人合一"关系，形成中国优秀传统文化的人文主义的核心价值追求和注重人伦的社会群体价值观。

中国传统文化注重规范人的德性行为，强调以道德构筑社会伦理，由此构筑稳固的社会群体秩序。不同于西方中世纪以神权为核心社会秩序，以道德伦理而非神权为核心价值追求的文化传统，使中国古代社会注重人的伦理行为典范和经验总结；道德规范细化为人们的日常行为规范，通过人们的经验生活而不断传承和发展，从而将传统文化的道德规约化为人们伦理生活的文化自觉。以儒家伦理道德为主要代表的传统文化，进一步将伦理道德规划学术化为"四书""五经"，以文化经典形式颂扬和教诲个人德性与群体伦理规范、对于家国的责任与义务，成为古代社会个人与群体的共同行为道德典范。

以道德伦理建立的社会群体不易因为政权或神政合一的权力者更替而造成社会制度的解体和文化基因的消失，而是在社会共同体的日常生活层面中积极追求伦理道德、自觉在人际关系中践行运用伦理道德规范，形成尚德、敬贤、建立社会伦理秩序为核心的美德传统。因此，尽管古代中国社会存在时局动荡的社会剧变时期，但是稳固的、自觉崇尚的道德行为规范始终是人们追求和践行的美德规范，其内涵的价值与思想不断延续传承，更成就了中华民族"礼仪之邦"的美名。注重礼仪的伦理共同体要求是"每个人都清楚自己的身份、地位、责任和义务；人与人之间相互尊重，理解包容，礼貌恭敬，从而形成一个良好的生存环境"①。由此形成尊重道德行为规范，进而尊重社会规则的人之本性要求，以尊重人的本性高举传统文化的人文精神。在人文精神照耀之下，以道德和伦理规范为传统社会的价值追求，由此将个人与社会由伦理秩序、道德规范凝聚起来，形成共同发展的古代伦理共同体，通过道德行为规范维系伦理共同体的传承发展。

中国传统文化始终关注人与自然的和谐发展，从自然秩序中寻求人类社会的和谐秩序，追求人与自然的"天人合一"。通过道德行为规范熏陶人的本性，凸显人之为人的价值追求与主动性；人既是主动的，更是能动的，他将追求平衡、和谐的观念运用在善待万物、平衡一体的自然观念，追求人与自然天地万物的一体和谐性，崇尚"自然无为，因势利导"。这种追求平衡和谐的自然观念不同于西方探索万物本源与规律的自然哲学、自然科学，中国传统文化中的天人合一观念尊重万物之间的矛盾与个体的差异性，而自然哲学与科学则是强调普遍适用性的本质与规律。相较于以科学原理的方式追求事物的本质，中国优秀传统文化更追求在面对不同事物的差异性、面对各种矛盾的现实情境中如何实现相对平衡、天人合一的道德实践。

中国优秀传统文化是以人为本、追求成人之道的道德伦理实践。中国古代伦理道德不以追问事物本原的抽象思考与逻辑关系为首要追求，但却崇尚内在道德修养的精神反思；尊重人性和万物，追求人与

---

① 楼宇烈：《中国的品格》，海口：南海出版社公司，2011年版，第3页。

自然的统一是朴素的唯物主义与发挥人的主观能动性的有机体现；以人文精神为内核的伦理道德实践和社会群体规范，能够不受外在物欲吸引而专注于超越性的精神与内在德行，在当代社会更具有对抗物化和消费主义的价值与意义。

在优秀传统文化中，以儒家文化为代表体现了中国传统文化的人文精神样貌，构成中国传统文化主要内涵与外在体现。儒家文化长期主导中国传统文化的生成和发展，使中国传统文化呈现出以儒学为宗的特色。儒家文化是"内圣外王"的综合性、系统化思想，对内是修身养性的个人道德品行学问，对外则是王道仁政的治国理念。儒家文化的"内圣"体现为注重礼乐教化，而不是崇尚武力征服，从而建立和谐稳定的理想的社会发展环境。提倡礼教要修习"六艺"——从身体强健、骑射技术精湛再到通晓道德义理，是现代意义上的"德智体美劳"全面发展的健全人格。从个人的"内圣"修养推广到家国天下的治理，要求以"仁政"治天下、以礼教吸引外宾来朝，使天下之人都接受仁政和礼乐教化，构建有伦理道德秩序的社会，最终实现大同社会。大同社会也是古代意义上的"小康社会"，强调以仁德教育民众、人们各司其职、社会和谐的理想社会，体现了古代儒家思想的以人为本、重视人的内在修养、包容和谐的古代价值观、人生观和世界观。当然，这样的设计带有超越性、空想性，尤其是在封建社会并不具备实现的物质基础和制度基础，其社会历史狭隘性更体现在"外王"理念中将古代中国作为天下核心、唯吾独尊的狭隘世界观，君臣父子伦理纲常加重了社会等级对立。

以儒家文化思想为代表的中国优秀传统文化强调道德修养是个人的自觉修养和自律修养的过程，并且要将个人修养推己及人，由个人德性推广到社会伦理秩序。具备这样德性的修养的人便能够修身养性、安身立命，"从心所欲而不逾矩"，领悟仁德之道和"天人合一"的境界，不为外在的事物和欲望所迷惑，成为自由自在的人；儒家文化"舍生取义"的价值观，强调个人为了仁义道德是可以牺牲奉献的，真正实现个人的价值和意义。德性文化的价值观和理想信念，彰显了具有仁义道德的个人和社会的文化自觉和文化自信，凝聚成中国优秀传统文化的主体意识。

3 优秀传统文化的当代发展
——民族文化主体意识的自觉

中国优秀传统文化注重人的道德修养、精神生活，在社会伦理道德实践中提升人的价值，追求人与自然万物的"天人合一"的和谐平衡，体现了古代农业文明的以人为本、注重德性修养的人文精神理念。这种人文精神的中国传统文化成为中华民族生存与发展的文化基因，塑造本国文化的主体意识，是现当代文化发展的文化根源。优秀传统文化既是我们文化自信的精神命脉，也是当代精神文明继承和发展的基础，更是构建中国特色精神文化建设的文化主体意识的前提和坚实根基。

只有确立本民族文化存在和发展的主体意识，才能在多样文化的交流与碰撞中保留自身特色、明确自身优劣势、学习和吸收其他文化的长处，既不妄自菲薄而陷入历史虚无主义，也不会妄自尊大落入文化霸权控制，更不会在时代潮流裹挟中失去中国文明的根基和特色。任何文化的发展首先是扎根于本民族历史文化的发展源流，若无视民族文化的发展历史和自身独特性，追求无视民族文化具体情况、具体特点的统一化的普世性文化，就是无源之水的历史虚无主义；若是一味强调自身文明的普适性，以自身文化发展经验适用于任何地区、任何文明，就是非辩证的霸权和文化控制。尤其是在应对全球化、现代化的机遇和挑战，我国面临中国特色社会主义现代化建设的历史重任，我们更应当明确本民族的文化主体意识，以此审视和应对优秀传统文化在当代的继承与发展，尤其是应对当代文化对于传统文化的挑战。

中国现代精神文明要建立在民族性根基之上，传承优秀传统文化不是静态地、线性地发展，而是在应对挑战西方文化冲击、传统与现代对抗的动态发展中奠定民族文化的自觉与自信。中西文化不仅发源地域不同、文化类型不同，而且价值观念、思维习惯、生产方式皆不太相同。中西文化代表着各自民族长期以来形成的地区特色、民族精神与性格特征，"深刻地影响着不同地区、国家文化发展的总体方向和特点"[①]。因此，中华民族发端之初扎下的优秀传统文化根源是动态形成和发展的，不能以西方文化的标准评判中国传统文化的优劣，

---

① 楼宇烈：《中国的品格》，海口：南海出版社公司，2011年版，第27页。

也不能以中国传统文化否定西方文化的长短。

　　从中国传统文化的历史发展来看，曾经历多次中西方文化的交流与对抗。中西方文化的冲击对立自古就有，如何确立本民族在中西文化对立交流中的定位和文化自信，深刻影响着民族发展的前途命运。自戊戌变法开始，政治改良派和洋务派主张"中学为体、西学为用"，学习和利用西方强国的发展方法以缩小封建王朝与西方列强的实力差距，但是本质上不改变农业文明的生产方式和封建制的社会关系是无法实现社会的进步和发展的，因此固守旧体制而不从根本上改造社会生产力，使中国传统文化在西方工业生产力裹挟下显示出时代的局限性，封建中国也开始沦陷为西方列强殖民侵略的对象，中华民族也面临着发展危机。自辛亥革命以后，中国学习建立西方民主共和制度，传统文化依然是在"中学为体"的范围之内，但是学习西学成为进步文化的代表。20世纪初期的新文化运动时期，中国传统文化被视为阻碍学习西方文化的障碍，以"打倒孔家店"为口号为传播西方文化扫清道路，试图从传统文化根源中清除中国近代化的落后因素，传统文化更是在这种清理中失去文化生命力，本民族的文化主体性也面临被解构的风险。因此，在现代化和全球化发展趋势的时代潮流中，发展中国传统文化，首先，要以坚守本民族特色与根源的民族性为发展前提，充分发扬中国优秀传统文化的包容性与学习性，必须维护本民族特性以应对西方文化的冲击与挑战，否则本民族文化将失去其延续与发展的历史正当性，尤其是在面临西方列国的经济、政治、文化霸权时，爱国主义和民族自立自强的优秀传统是维护本民族生存和发展的重要支柱；其次，中国优秀传统文化以坚守自身民族性为前提，以开放包容的眼光而非民族主义的狭隘目光，积极学习其他文化的先进经验、先进做法，鼓励多样文明共荣发展；再次，中西方文化的交流与碰撞不应局限于中西方文化的政治、经济异质性，而是要从文明共荣发展的人类命运的高度出发，发挥中国传统文化的和而不同的包容精神，求同存异，和平发展。

除了中西方文化的冲击与对抗，中国优秀传统文化的发展也要解决好传统文化与现代文化的关系、传统与中国现代化的关系，既不能将现代文化直接等同于西方文化、将现代化等同于西方化，这种直接等同是将问题根源简单地归于中西文化根本对立；也不能将传统文化排斥于现代化进程之外，使传统与现代在民族历史与文化源流上断裂和分离。自五四运动起，传统文化被认为是与现代化相对立，是不融于现代文化的社会潮流的守旧因素，是不适应培育西方民主与科学发展的文化土壤。回顾中国近代历史，简单地将传统文化视为阻碍现代化的做法，是剥离现代化发展的历史根基的做法，是历史观上的唯心主义。从中国传统文化中也能找到现代文明成果的雏形，例如被视为西方近代文明成果的民主与法制精神，在中国古代文明中都能找到"民为贵、君为轻"的民本思想，古代法制是建立在伦理制度上的赏罚制度。无论是西方或是东方，发源于西方的世界现代化进程，都是在优秀传统文化的民族基因上发展而来的，"西方在走向近代、走向现代的过程中，不仅从自己的传统文化里汲取了营养，还从外来的文化汲取了大量的营养。它的近代文明并不是古已有之的，而是在汲取了这两方面的营养后,再创造的。它并没有割断自己的历史,也没有抛弃自己的传统"①。因此,传统文化与中国现代化不仅不是互相对立,反而是有文化的、社会的历史关联,中国现代化进程是根源于优秀传统文化的基因,优秀传统文化是各民族、各地区现代化的历史前提,继承和发展优秀传统文化是构建文化主体意识的必要条件。另外,中国优秀传统文化崇尚道德与天人合一的人文精神,在应对现代化的精神困境挑战中具有独特的智慧贡献。现代化的一大表现是人类对自然的控制与攫取能力,由此带来人与自然的紧张矛盾的关系;而传统与现代的撕裂对抗中被丢弃的优秀传统文化与道德规范,使人崇尚物质和金钱欲望不断膨胀,给人类带来物化和金钱拜物教的道德困境,带来重建传统文化与现代文化的历史关联的时代课题,回答这一问题尤其需要发扬中国优秀传统文化与道德伦理规范,以历史唯物主义的精神发扬传统文化的时代生命力,让传统文化在现代化建设中成为重要的推动力量。

民族文化主体意识一方面是通过内在德性修养,提升个人道德素养和理想追求,由个体层面推广到社会的整体德性修养和文化主体意识;另一方面,文化主体意识是在不同文化的交流碰撞之中不断生成和发展的。内在的德性修养构筑了中华民族文化主体意识的德性特征,而外在的多样文化交流碰撞则使文化主体意识具有存在论的开阔视野。由于文化不是单一的、静止的成果,而是在社会历史运动中发

---

① 楼宇烈:《中国的品格》,海口:南海出版社公司,2011年版,第34页。

展变换的，因此文化主体意识必然会受到不同文化的影响，从其他文化中吸收和借鉴有益的文化成果，从而丰富和发展自己的文化。中国古代文化中多次出现文化交流、百花齐放的盛况，尤其是印度佛教文化对根源于中国本土的儒家、道家文化的影响，儒释道三家相互影响，丰富了中国优秀传统文化的内涵和表现形式，塑造了民族文化的整体性和包容性，更强化了文化主体意识的地位，在文化交流碰撞中坚持本民族文化的主体性和文化自信，避免沦为其他文化的附庸。从古代的儒释道文化交流，到现代的全球化多样文化，文化主体主动交流和吸收借鉴的学习、创新能力能推动传统文化的与时俱进，只有具有时代创新性的文化才能保持自身的生命力，才能实现继承和发展，从而塑造自觉自信的文化主体意识。因此，传统文化既要传承其内在的道德信仰和人生智慧，更要发挥文化主体意识的能动性和创造性，吸收和借鉴优秀文化的经验，拒绝历史虚无主义和文化复古主义，推动传统文化在社会主义现代化中创新发展，焕发新的文化生命力。

中国优秀传统文化是建立本民族文化主体意识的前提和基础，不仅是在古代文明社会中发挥重要作用的文化推动力，更是现代社会文明发展的起点和精神支柱。"中华优秀传统文化是中华民族的精神命脉，是涵养社会主义核心价值观的重要源泉，也是我们在世界文化激荡中站稳脚跟的坚实根基。"[①]因此，一方面，中国优秀传统文化在当代的继承发展必须处理好中西文化、传统文化与现代文化的关联，

---

① 习近平：《习近平在文艺工作座谈会上的讲话》，2014年10月15日。

以历史唯物主义的精神赋予中国优秀传统文化应有的历史地位和贡献，将中国优秀传统文化作为构建民族文化主体性的重要历史前提；另一方面，理性把握现代化与西方文化的关系，不能照搬照抄地将西方文化的标准、做法作为中国文化发展、中国现代化建设的现成模板，而是在立足本民族特性和发展现实基础上，吸收和利用适合本民族、本国发展的优秀经验和做法，使优秀传统文化在现代化的发展中焕发新的生命力。

中国优秀传统文化在生活经验层面规范了人们的日常道德伦理行为，在理想价值层面要求人们注重内在修养与价值追求。传统文化的传承与积淀具有历史性和时代性特征，在历史沉淀中凝练了超越性的智慧和精神境界，文化代际相承的优秀传统文化构成了民族的文化记忆、文化历史和思想遗产，是中华民族屹立于世界民族之林的文化印记和文化自信来源。

（二）
革命奋斗精神与民族自强

民族文化与民族命运密切关联，民族命运的兴衰决定着民族文化的前途命运；反之，独立自强的民族文化自信亦是民族复兴的强大推动力。古代中国曾长期占据世界农业文明的高峰，因而中国传统文化在很长时间内拥有着辉煌的成就，居于世界大国的文化自信高峰。但是，当西方社会开始进入工业革命时代，资本主义的全球扩张与坚船利炮打开了闭关锁国的封建王朝，使中国陷入半殖民地半封建社会的危机，民族文化发展被迫套上了帝国主义强势文化的枷锁和被动吸收普适性价值观的民族文化迷失、文化不自信。中华民族面临列强瓜分与侵略的民族生死存亡危机，中华民族的文化自信陷入前所未有的低谷。中国传统文化在帝国主义文化、殖民文化的侵袭下，陷入前所未有的危机。近代中国历史的主题和时代使命是捍卫民族独立与再续中华民族文化自信、重建民族文化主体意识，再续优秀传统文化的民族自强、文化自信的动力来源与精神支撑。这些都是来自民族自强不息的文化精神。

在寻求民族独立自主的革命阶段，中华民族亟须抵抗帝国主义侵略的革命方法和探索社会发展规律的理论指导。马克思主义理论启示了中华民族独立自强的出路和方法，适应中国国情的科学世界观和方法论，激发和强化了中国传统文化的自强奋斗精神，丰富和发展了中华民族关于社会发展规律的科学判断，成为革命文化的重要理论资源。马克思主义理论指导下的革命文化是中国近代文化的重要理论成果，激发了中华民族文化中的奋斗自强精神，为探索社会发展规律提供了科学的理论指导，坚定了中华民族寻求自强独立的革命道路自信、理论自信、文化自信。中华民族文化的主体意识与马克思主义理论的科学指导性是民族独立自强的必要因素、缺一不可，只有充分认识中国优秀传统文化的历史根源，中华民族文化主体意识和民族信心的重构才不会成为无源之水的文化虚无主义；只有科学认识和判断中华民族危机和社会发展趋势的时代使命，才能摆脱传统文化的时代局限性和历史局限性，跳出"天朝上国"的彼岸幻想，在现实的中国环境中探索中国独立自主和富强的实践道路，构建有历史文化传统与民族独立解放相结合的民族文化自信。

1 民族危机与文化自信
——革命文化精神的时代背景

19世纪西方资本主义兴起并开启全球扩张，东方的中国仍处于落后的农业生产方式和封建制社会关系，尤其是鸦片战争以后，中国从曾经的受世界各国景仰的东方文化大国沦落成为半殖民地半封建的"东方睡狮"，中华民族文化随同衰落的民族命运一样失去往日的地位和辉煌，进入文化自信的低潮与失落期。

民族兴衰决定民族命运，民族命运支撑着民族传统的继承和发展。伴随着民族命运衰落的是封建王朝摇摇欲坠的封建统治，但是中华民族文化基因中的自强独立的优秀传统促使无数仁人志士奋起拼搏，开启了中国近代史的革命奋斗和民族自立的历史进程。

民族存亡的危机催生了爱国自强的革命文化精神，"历史好像是首先要麻醉这个国家的人民，然后才能把他们从世代相传的愚昧状态中唤醒似的"[①]。站在历史前列的革命先辈成为中华民族自强不息、拼搏奋斗的民族文化精神的代表，唤醒了许多受压迫受剥削的中国人

---

① 马克思，恩格斯：《马克思恩格斯选集》第1卷，北京：人民出版社，1995年版，第691页。

的爱国热情和救亡图存的意志。辛亥革命彻底结束了中国的封建王朝统治，但仍未完成民族独立解放的时代使命：对内，学习西方政治制度的民主共和国频现政治腐败、经济衰落、民生凋敝等各种忧患；对外，帝国主义虎视眈眈，经济剥削与文化侵略给民族命运与文化带来前所未有的巨大灾难。在近代内忧外患的时代背景之下，追求民族解放、重新树立民族自信的希望不能单靠传统文化的超越性精神追求和内在道德修养，而是更需要指导中国民族解放、代表广大人民希望、引导革命彻底胜利的新的科学理论与方法指导，这就是马克思主义思想及其思想指导下的中国共产党。马克思主义思想的传入给中国带来了民族解放的希望，中国共产党的成立是中国近代历史上开天辟地的大事。共产党肩负民族独立解放的希望和使命，带领广大人民群众拼搏奋斗，经历无数革命先烈的流血牺牲，推翻了压在中国人民头上的帝国主义、封建主义、官僚资本主义这"三座大山"，改写了中华民族被殖民侵略的衰败命运，书写了中华民族自强奋发的新的历史篇章和发展道路。

民族生死存亡是关系到中华民族发展道路与文化延续的深刻危机，这场危机是帝国主义列强对中华民族的侵略、帝国主义文化对中华民族文化的霸权，更是不同生产力发展水平的社会制度的对抗，体现为资本主义工业生产制度及其军队、文化对落后的农业社会的全方位暴力冲击，因此这更是近代中国的时代危机、社会危机和文化危机。马克思主义思想深刻指出争取民族独立与解放的出路，列宁进一步指出在帝国主义链条上的薄弱环节先发展出社会主义，为中国带来了解放和独立的希望和理论指导。中国共产党应时代使命和民族命运而诞生，带领中华民族重新站立起来，自主选择中国的发展道路和前进方向，形成了以拼搏奋斗、追求民族独立自强为主旨的革命文化精神。

中国共产党领导下的革命实践和革命文化改变了民族命运和中国发展的道路，使中华民族独立自主地重新登上世界民族的舞台，成为近代反帝反封建战线的重要成员，以革命自主的实践与文化精神展现了民族独立的自信，使中国越过近代以来的文化自信低谷，坚定革命道路自信和民族文化自信，成为中华民族文化自信的重要来源。

2 革命文化传统与中国传统文化

中国传统文化与革命文化传统都建构在社会化经济基础之上，并随着经济基础的变革而出现根本性变化。正如马克思指出的经济基础决定上层建筑，"物质生活的生产方式制约着整个社会生活、政治生活和精神生活的过程"[1]。中国传统文化的发展是建立在民族独立与农业经济富强的坚实经济基础之上，强势的农业文明也为古代中华民族文化自信提供了经济、政治保障。但是"随着经济基础的变革，全部庞大的上层建筑也或慢或快地发生变更"[2]，农业生产方式和封建

---

[1] 马克思，恩格斯：《马克思恩格斯文集》第2卷，北京：人民出版社，1999年版，第591页。
[2] 马克思，恩格斯：《马克思恩格斯文集》第2卷，北京：人民出版社，1999年版，第591页。

王朝统治在近代工业文明和资本主义殖民战争的炮火下化为灰烬。近代民族存亡的危机给中国传统文化带来灾难性破坏，尤其是闭关锁国的封建王朝根本无法应对工业革命与资本主义全球扩张的侵略挑战，中国传统文化中平和的道德礼仪和缓慢增长的农业生产方式在西方帝国主义侵略下无力回击。维护民族独立和解放、重建民族文化复兴道路的唯一可能就在于彻底改变腐朽落后的旧的社会制度，建立代表生产力发展方向的新的社会制度。要实现这个任务，只有马克思主义理论才能带来真正科学的理论指导和现实的发展出路。马克思主义理论作为科学的理论体系，以历史唯物主义的精神指出民族独立和解放的根本出路在于建立一个新的社会制度；要完成这个任务的根本方法是通过革命推翻半殖民地半封建的统治，通过阶级斗争和武装反抗；通过共产党领导这场彻底的革命，团结中国广大人民，指出中国民族独立与解放的出路、指出革命胜利的出路、指出民族复兴的出路。

马克思主义理论与中国传统文化看似外来文化与本土文化的差异，然而就其文化的价值内核和精神追求而言，都指向了维护民族独立的主体意识和以人的发展为根本诉求。马克思主义理论指出的革命道路从方法上与中国文化传统的"修身齐家治国平天下"的成人至圣的内在修养道路完全不同，根本上是彻底打破传统文化赖以生存的经济基础和封建制度，明确指出社会的阶级矛盾是实现民族独立的关键。这两种文化代表着中华民族不同时期的文化成就和社会发展需求，分别指向农业经济稳定缓慢发展时期的内在精神修养和民族危机时期打破枷锁的革命斗争。以儒家为主要代表的中国文化传统以道德修养为核心，马克思主义理论则深刻指出民族存亡危机中的阶级矛盾与革命道路，代表了中国不同历史时期内的民族文化的主要特点和主要内容。中国传统文化是革命文化形成和发展的历史条件与现实基础，只有在继承和结合中国优秀传统文化基础之上，革命文化才能在中国民族文化土壤上生根发芽。以马克思主义思想为指导的革命精神为民族文化注入了新的精神力量，形成了中国共产党领导下的追求中国民族独立、拼搏奋斗的革命文化传统。

马克思主义理论指导下的革命文化传统与中国传统文化产生于不同的历史时期、回应不同时代与社会主题，在中国革命实践中建立马克思主义理论与中国传统文化的历史关联和共同诉求，统一于民族独立解放的时代使命之中，具有共同的民族文化认同和使命追求。马克思主义理论指导下的革命文化传统不是传统文化的复辟或是外来文化的生搬硬套，而是扎根中国大地、适应中国国情，通过马克思主义中国化建设符合中国文化传统、符合中国国情的中国解放与发展道路。中国传统文化与革命文化传统必须在民族独立与解放的基础上才能构建出独立的文化主体意识，进而推动中华民族的复兴发展。两种传统的显著差别是依赖不同的方法手段。优秀传统文化诉诸内在的道德修养和精神超越，革命文化传统依赖于阶级利益与武装斗争的方法；传统文化的修养方法适合于社会稳定发展时期，革命斗争方法是战争年代的特有手段，而且革命也只是万里长征的一步、社会发展过程中的一个阶段，更为根本的是革命之后的建设与发展。优秀传统文化和革命文化是在中国历史发展过程中形成的两个重要的民族文化传统。在实现中华民族的复兴发展的共同目标方面，中国优秀传统文化与革命文化共同构成中华民族文化不可或缺的一部分，代表了中国古代文明、中国民族解放时期的历史现实与文化精神，这两个文化传统共同融入中华民族复兴的伟大事业之中，构成中华民族新时代发展的文化自信。

马克思主义理论指导下的革命文化与中国传统文化的求同存异，体现了中华民族文化统一的文化认同目标之下的文化多样性和文化包容性。中华民族文化统一的最高认同和目标是民族团结和民族兴盛。在统一文化共识的统摄之下，根据不同发展时期内面临的时代主题和挑战，形成适应时代主题、承担时代使命的民族文化内容和奋斗追求：古代农业文明的道德伦理与超然的精神境界，革命时期的民族独立与自强，和平时期的民族复兴与社会主义现代化的使命。

中国优秀传统文化与革命文化既不是相互排斥，也不是相互替代，而是共同统一于中国民族自强和富强的奋斗目标。中国优秀传统文化代表了中华民族的历史性，革命文化代表了中华民族在存亡危急时刻的爱国、拼搏和奋发的精神，凝聚了共同的中华民族主体性认同和民族复兴的希望。从历史发展的眼光来看，革命文化精神传统是对中国优秀传统文化的继承和发展，否则革命文化精神就只是空洞的理论，而理论的现实化、中国化更要求革命文化要尊重优秀传统文化的内涵和价值；再者，中国优秀传统文化的包容和创新，也要求它创造性转化和发展，将民族文化的发展与民族命运发展相联系，随着民族命运发展变化而出现丰富的文化内容。

3 革命文化与民族文化主体意识重建

马克思精辟指出战争对独立民族的破坏性影响:"英国的大炮破坏了皇帝的权威,迫使天朝帝国与地上的世界接触。与外界完全隔绝曾是保存旧中国的首要条件,而当这种隔绝状态通过英国而为暴力所打破的时候,接踵而来的必然是解体的过程"①。战争使中国陷入全面危机,民族文化主体意识面临解体危险,中国人民面临着生死存亡的民族危机和重建国家主权独立的时代使命。在此民族危亡告急时刻,中国共产党以马克思主义理论为指导,取得新民主主义革命胜利,重获民族独立和解放,实现旧社会向新社会的历史性转变,为革命后的和平发展与新社会建设创造条件。革命文化是中华民族命运转变的根本性推动力量,将中华民族文化自信建立在人类解放的共产主义信仰之上。革命文化的内核是民族独立,理论指导是马克思主义的阶级斗争与武装斗争理论,目标指向了中国社会形态的根本变革,开辟了一条民族自强和复兴的中国道路,具有重要的历史和现实意义。

维护民族独立性是保持民族文化主体意识的前提,若无独立民族则无本民族的文化主体。在半殖民地半封建社会的中国,政治改良派和无数仁人志士的流血牺牲都无法化解中国的民族危机,根本原因在于不改变社会形态的本质就无法真正根除民族衰弱困顿的根源,无论

---

① 马克思,恩格斯:《马克思恩格斯文集》第2卷,北京:人民出版社,1999年版,第609页。

是学习西方器物或是移植西方政治制度都无法改变日益加重的民族危机，因此只有砸碎旧制度枷锁、驱除外来侵略，真正实现民族独立，才能摆脱民族危机。正当民族存亡之际，中国共产党在马克思主义理论指导下提出彻底推翻帝国主义、封建主义、官僚资本主义的剥削压迫、建立社会主义新社会的革命要求，指出了真正实现民族的独立与自强的方向和道路，由此中华民族自强与复兴的使命必然地落在中国共产党肩上。中国共产党提出的彻底变革社会形态的革命要求和农村包围城市的武装革命方法，既不是重复俄国十月革命的道路，更不是照搬照抄马克思主义的理论教条，而是根据中国的现实国情，团结广大的工农群众力量，开辟出一条植根于中华民族自身发展的革命道路。中国共产党的革命奋斗历程和马克思主义理论为革命文化传统奠定了实践与理论的基础，革命文化从历史唯物主义的高度说明了中国共产党领导中国革命的必然性，说明选择和形成中国道路的历史性。

革命文化代表了中国共产党和广大人民在民族存亡时刻的历史选择和民族利益诉求，以正确的历史观选择了彻底的革命道路，推动中华民族向充满希望和未来的道路发展，是符合社会历史发展方向的文化力量，更是中华民族自强与复兴的精神力量，也为革命后的和平发展与建设提供了现实发展的启示。革命文化是以爱国主义为前提的，成功关键是打破旧社会、旧秩序的枷锁和障碍，代表了民族独立解放的社会历史发展趋势；但是革命胜利以后，阶级斗争和武装革命的方法不再适应新社会、新秩序的发展需求，而是转向社会领域的建设和发展。如果在建设新社会中直接移植革命手段，则会造成紧张的阶级矛盾关系，阶级矛盾扩大化曾给党和国家的发展带来惨痛的历史教训。因此，革命文化的内核是我们要坚持和认可的精神内容，而革命文化的外延是随着社会发展需求的变化而不断调整的，革命文化的爱国主义和奋发拼搏的精神内涵在建设和发展时期仍然是指导工作的重要精神，但是革命文化的方法手段却不适用于和平时期的社会改革与发展。

革命文化是以马克思主义理论的历史观、阶级斗争和武装斗争的方法论为指导的，符合中华民族独立自强的愿望与诉求；革命文化的诞生和发展，拯救了面临解体的民族文化主体意识，重建中华民族独立自强的希望和信心，为民族复兴提供了和平稳定的发展环境；革命文化是马克思主义理论与中国现实历史条件相结合的产物，是马克思主义中国化与传统文化相结合的重要成果。

革命文化是中华民族独立自强和民族复兴的信心来源。通过民族独立自强，说明爱国主义传统是民族国家存在和发展的重要条件，是民族自信的首要条件，因此社会主义建设和发展时期更要坚守爱国主义的革命文化精神；通过民族独立的斗争实践，体现了中国共产党人的不怕牺牲、奋发拼搏的实践精神，社会主义现代化建设实践更需要发扬奋发拼搏的实践精神，为中华民族的文化自信提供现实保障；革命文化是共产主义信仰与中国优秀传统文化的结合，共同指向人的精神发展与社会进步，是社会主义现代化建设和民族复兴的精神支柱。

（三）
社会主义先进文化与民族复兴

文化是一个有机的整体，中华民族文化更是历史传承和创新发展的文化综合体，包含着文化的民族性、历史性、时代性和创新性的特色和要求。"在5000多年文明发展中孕育的中华优秀传统文化，在党和人民伟大斗争中孕育的革命文化和社会主义先进文化，积淀着中华民族最深沉的精神追求，代表着中华民族独特的精神标识。"①中华优秀传统文化、革命文化和社会主义先进文化具有鲜明的民族性特色，是团结中华民族的强大合力。爱国主义包含了对本民族、国家的根本认同和命运与共的情怀，是文化自信的底色，作为民族性的应有之义，彰显了人民对于民族国家的天然情怀和团结凝聚中华民族的向心力，是每一个中国人的民族印记和文化基因，是社会主义核心价值观的基本内涵，是社会主义先进文化的前提要义；拼搏奋发的精神是革命先辈的精神遗产，是中华民族始终屹立于近代世界民族之林的民族意志和发展动力；社会主义先进文化展示了中华民族在社会形态变迁中创新发展，是对中华优秀传统文化和革命文化的继承和创新发展。

社会主义先进文化体现了民族文化的活跃的生命力和创造力，是适应社会时代的发展变化而变化的有机体。文化的继承和发展是历史

---

① 习近平：《在中国文联十大、中国作协九大开幕式上的讲话》，北京：人民出版社，2016年版，第4页。

性的存在，以往一切文化的成就与积淀不会随着时间流逝而烟消云散，或变成只供瞻仰的静态文化遗迹、符号化的文化象征，而是在社会生产实践中不断丰富、发展和生成，传统与当代在社会历史演变的时空场景中实现生成发展、辩证统一。从闻名于世的古代文明辉煌到壮烈的民族救亡图存经历，从激荡的革命年代到和平年代引领中国社会主义现代化建设，社会主义先进文化继承优秀传统文化的历史性、革命文化的爱国主义情怀，在当代创新发展，成为塑造民族性格、培育民族精神的文化自信来源。

中国共产党领导人民取得了革命胜利，建立社会主义制度，开展中国特色社会主义伟大事业。先进的社会生产力和社会制度决定了我们不能固守传统文化，更需要有先进的文化推动生产实践的发展，社会主义文化代表先进文化的方向。社会主义现代化建设需要先进的经济制度、政治制度，但是社会主义现代化建设的创新发展更需要先进文化的思想引领、价值追求，尤其是在现代化进程中越发重要的人才因素、资源配置、信息技术等关键因素，这就决定了现代化建设需要社会主义先进文化的指导、现代化中国需要社会主义先进文化的引导。中国的现代化实践之路表明，社会主义先进文化不仅是推动社会主义现代化实践的文化力量，也是中国共产党保持先进性的精神支柱，更是国家富强与民族复兴的旗帜。

中华民族文化具有传承创新机制的历史辩证性，是社会历史演变进程中传统与当代的历史与现实、理论与实践的辩证统一。文化传承创新机制赋予民族文化源源不断的生命力，中华民族文化生命力的历程体现了文化自信的形成脉络——从中华民族文化经历传统文明的积淀，到近代革命奋斗历程的红色浸润，在社会主义现代化的新时代中迈向社会主义先进文化的新阶段。社会主义先进文化伴随着中国社会形态变革而产生，是社会主义现代化实践的文化建设维度，就其传承机制而言是继承和发展中国优秀传统文化和革命文化；就其创新机制而言，中国共产党领导人民取得了革命胜利，建立社会主义制度，开展社会主义经济、政治、文化、社会、生态文明建设。文化的传承创新机制确保了中华民族文化源源不断的发展传承，传统文化不因时间流逝而失去生命力；同时也要求我们不能固守传统文化，而是在变化的历史条件中不断创新发展，建设社会主义文化强国，实现社会主义现代化建设的战略目标。

1 社会主义文化先进性的活力来源

社会主义生产实践为构建社会主义先进文化提供现实基础，社会主义先进文化的创新发展是在改革创新的社会主义实践中找到源泉活水的。恩格斯指出经济发展与先进文化的辩证关系，"一切社会变迁和政治变革的终极原因，不应当到人们的头脑中，到人们对永恒的真理和正义的日益增进的认识中去寻找，而应当到生产方式和交换方式的变更中去寻找；不应当到有关时代的哲学之中去寻找，而应当到有关时代的经济中去寻找"①。社会主义生产方式是社会主义先进文化的物质基础,"占统治地位的思想不过是占统治地位的物质关系在观念上的表现,不过是以思想的形式表现出来的占统治地位的物质关系在观念上的表现"②。社会主义社会是无产阶级占统治地位的社会,历史唯物主义深刻揭示了社会主义文化的本质不是空洞抽象的纯粹观念,而是社会主义生产关系的思想形式和观念表现。

社会主义先进文化是民族文化有机体在当代的创新发展,发展社会主义先进文化是建设文化强国的必经之路。当代社会主义现代化建设为先进文化注入发展活力和创新内容,社会生产的经济基础决定了政治、文化等上层建筑的发展,"每一时代的社会经济结构形成现实基础,每一个历史时期的由法的设施和政治设施以及宗教的、哲学的和其他的观念形式所构成的全部上层建筑,归根到底都应由这个基础来说明"③。社会主义先进文化的重要性立足于社会主义经济基础的重要性,建设社会主义经济强国决定了建设社会主义文化强国的必要性和重要性。虽然"经济的前提和条件归根到底是决定性的"④。社会主义先进文化对于经济发展和民族复兴也有着重要的推动作用,"政治等等的前提和条件,甚至那些萦回于人们头脑中的传统,也起着一定的作用,虽然不是决定性作用"⑤。归根到底是人民在创造自己的历

---

① 马克思,恩格斯:《马克思恩格斯文集》第9卷,北京:人民出版社,2009年版,第284页。
② 马克思,恩格斯:《马克思恩格斯文集》第2卷,北京:人民出版社,2009年版,第591页。
③ 马克思,恩格斯:《马克思恩格斯文集》第2卷,北京:人民出版社,2009年版,第597页。
④ 马克思,恩格斯:《马克思恩格斯文集》第10卷,北京:人民出版社,2009年版,第592页。
⑤ 马克思,恩格斯:《马克思恩格斯文集》第10卷,北京:人民出版社,2009年版,第592页。

史。社会主义经济处于快速发展时期，当代中国处于和以往任何时代皆不相同的历史发展机遇期和挑战期，中国从农业文明古国到近代的积贫积弱再至如今的崛起的大国、世界第二大经济实体，从旧的社会制度迈入社会主义的人民民主国家。中国特色社会主义现代化建设在经济、政治、社会、文化、生态文明建设方面全面发展。与此同时，全世界都处在大发展、大变革和大调整的巨变时代，中国处于机遇与挑战并重的新时代，民族文化的"软实力"成为国家综合实力竞争的关键，建设社会主义先进文化是社会主义现代化建设的重中之重。

社会主义先进文化与社会主义经济、政治、社会、生态文明发展相互影响，构成中国特色社会主义制度的有机整体，社会主义文化制度建设尤其是社会主义发展的重中之重。中国特色社会主义建设是物质文明与精神文明全面发展的社会主义，精神文明更是国家发展和民族复兴的信心和希望。社会主义文化发展为经济建设、政治建设、社会建设和生态文明建设提供了思想与精神的保证，尤其是代表先进文化的社会主义核心价值观为个人与社会提供了行为标尺、价值追求、信仰力量和民族希望。在中国特色社会主义建设的有机整体中，文化日益成为推动经济、政治、社会、生态文明发展的重要力量，在社会主义现代化实践中相互影响，先进文化的价值追求融入经济建设、政治建设、社会建设、生态文明建设之中，发展为经济文化、政治文化、社会文化、生态文明文化，社会主义先进文化成为指导中国社会主义建设的价值追求与思想力量。

社会主义先进文化是马克思主义中国化的理论成果，一方面继承了中国优秀传统文化，另一方面体现了社会主义现代化发展的时代要求，开放性地学习借鉴其他优秀文化成果，成为具有本民族特色的时代先进文化。社会主义先进文化凝聚了传统与现代文化要素，集中体现于社会主义核心价值观的理念与价值追求。社会主义核心价值观是传统智慧与当代发展要求的结合，不仅继承了中国优秀传统文化的道德与包容和谐的为人处世的智慧，吸收学习优秀的文化资源，更着眼于当今时代发展的自然危机、文化冲突的问题，为个体的道德和国家交往提供了包容开放的文化观念，具有时代发展的先进性。社会主义核心价值观体现了个人与民族发展的双重文化要求，凝聚了中国优秀传统文化的智慧结晶，是提升个人道德修养、凝聚民族向心力的文化推动力。社会主义先进文化不仅具有核心价值观的支撑性内核，更注重人类文明的整体性发展，尤其体现在社会主义先进文化倡导社会发展的"五位一体"建设战略，特别是针对人类发展与自然环境破坏的紧张关系提出生态文明建设，提倡人与自然的和谐发展的"天人合一"理念，体现了中国在保护人类生存环境方面的大国责任感和全球视野。社会主义先进文化在国际关系领域提倡和而不同的和平发展理念，提倡多样文化共同发展，构筑人类命运共同体，为解决大国争端、应对文化霸权提供中国智慧、中国方案。社会主义先进文化的时代性和先进性，使其既不固守传统文化的地域局限性，而是以文化自信蕴含的整体性、开放性、共享性视野关注时代发展的危机与困境，鼓励多样文化的和谐交流，成为中国特色、有时代先进性、有民族文化特征的社会主义先进文化。

2 社会主义先进文化与文化创新

经济、政治、文化、社会、生态文明构成了社会历史发展进程中的不同纵面,展现民族风俗、习惯行为和思想观念的社会文化纵面,始终是人们关注和反思社会历史发展的独特视角。尤其是中西方不同文化观、资本主义文化观与社会主义文化观的对比,为我们提供了观察社会历史发展的不同切入点。从西方文化观的立场出发,西方学者对于社会历史发展和人类命运有着由盛及衰的消极走向的判断。从19世纪末西方资本主义生产方式的危机和社会矛盾激化后,将资本主义文明视为人类文明最高水平的学者开始担忧人类命运将走入末路,认为西方社会走向高峰之后便开始趋于衰落,这是文化从弱到强、由盛及衰的发展规律。从人与自然的矛盾紧张关系来看,自然环境是人类生存和发展的最后一道防线,19世纪现实主义思想及其文艺作品中出现了大量关于人与自然关系紧张、矛盾激化的担忧,人类学家认为对于自然环境的破坏会导致人类文明的自我毁灭。法兰克福学派及其社会理论批判者认为,同一性的、技术生产的大众文化的泛滥会导致权威力量对社会的控制和主宰,通过回归价值理性或是回归宗教文明,才能实现人类文明的救赎。而亨廷顿的"文明冲突论"则认为不同类型的文明,因为价值观念的不同而导致矛盾冲突,并带来战争和东西文明的冲突。这些历史观或是立足于西方文明的优越性,以普世主义价值观取代差异性;或是对人类命运和未来的消极立场;或是不彻底地反思资本主义生产方式的历史局限性。

马克思主义的文化观立足于历史唯物主义立场，社会存在决定社会意识，社会形态的发展变迁是由社会生产方式决定的，人类命运和前途应当从社会存在中去探寻未来发展的可能；文化要立足于社会物质基础之上才能发挥其对经济、政治、社会的反作用。从文化视角看待人类社会的矛盾和危机，归根到底要从社会生产方式解释矛盾和危机，要立足于人类社会历史发展的大趋势观察矛盾和危机的特殊性，因此马克思进一步提出人类命运与社会发展的积极历史观，即人类社会是朝向未来的共产主义社会。从马克思历史唯物主义的社会历史观展开批判反思，现实社会存在的文化危机和矛盾，归根到底要从社会存在的危机和矛盾中去寻找解决方案；人类社会的未来也不会走向没落，因为资本主义生产方式不是唯一的人类未来走向，工业化也不是生产水平最高水平，人类社会最终能克服资本主义生产方式的局限性，通过发展社会主义，最终实现共产主义社会。马克思历史唯物主义的文化观，始终是立足于社会存在本身，以历史发展的眼光把握人类社会历史的命运，证明了社会主义制度的优越性，为社会历史发展奠定了共产主义信仰与价值追求。

社会经济政治的发展与民族文化繁荣息息相关，脱离经济基础和政治制度的文化发展，也将失去其先进性和创造力。纵观中国历史发展与现实，中国优秀传统文化有超越物质层面的精神追求和人生智慧，但却无法阻挡农业文明时代的结束；革命文化的阶级斗争的方法，一旦在社会主义建设的和平发展年代继续推行，就会给经济和社会带来阶级斗争扩大化的伤害。归根到底，社会文化的发展不能脱离具体的社会历史条件，不能脱离具体的经济基础和政治制度。"人们的意识，随着人们的生活条件、人们的社会关系、人们的社会存在的改变而改变"①。归根到底，文化不是社会发展的决定性力量，文化的精神生产是由物质生产所决定的，"物质生活的生产方式制约着整个社会生活、政治生活和精神生活的过程。不是人们的意识决定人们的存在，相反，是人们的社会存在决定人们的意识"②。当然，社会文化对经济发展也有能动的反作用，"物质存在方式虽然是始因，但是这并不排斥思想领域也反过来对物质方式起作用"③。

文化的内容随着时代发展变化、社会制度变迁而不断扩展，才能使文化与时代发展相适应，并发挥文化对社会发展的能动的反作用。优秀传统文化只有适应时代发展的条件，才能焕发出生命力；革命文化的发展立场和重心，在阶级斗争年代和社会主义建设时期有根本不同的发展需求；社会主义文化要永葆先进性，必须建立在社会主义经济基础之上，适应社会发展需求，抓住社会发展的主要矛盾，继承和发展优秀传统文化和革命文化精神。因此，必须在经济、政治的改革发展中建设社会主义先进文化，才能使社会主义先进文化发挥其对社会主义经济、政治制度的积极能动作用。

中国共产党带领中国人民选择了社会主义道路，是社会历史发

---

① 马克思，恩格斯：《马克思恩格斯文集》第2卷，北京：人民出版社，2009年版，第50-51页。
② 马克思，恩格斯：《马克思恩格斯文集》第2卷，北京：人民出版社，2009年版，第591页。
③ 马克思，恩格斯：《马克思恩格斯文集》第10卷，北京：人民出版社，2009年版，第586页。

的进步选择，更是时代发展赋予我们的解放和发展生产力、建设社会主义先进文化的使命，建设社会主义先进文化具有重要的历史意义和时代意义。

建设社会主义先进文化是建设中国特色社会主义的使命要求。我们党从社会主义建设初期就提出物质文明和精神文明的发展要求，社会主义建设新时期坚持"两手抓、两手都要硬"，进入社会主义建设新时代更要坚持"五位一体"总体布局。精神文明建设确保经济建设、政治建设的社会主义方向，社会主义核心价值观为改革发展提供了价值目标引导、理想信念支持，确保社会主义发展方向不动摇、不偏离。尤其是随着改革发展进入关键时期，经济发展模式需要更多的制度改革和优秀人力资源的支持，才能适应人们不断提升的发展需求、缩小区域间的发展差距。在社会转型发展方面，随着物质生产力水平的提升，中国社会面临农业社会向工业社会、传统向现代的转型过渡，各种社会问题、矛盾冲突也日渐突出，通过开展社会主义核心价值观凝聚改革发展向心力、提升社会公民道德素质，为改革发展构建平稳的社会环境和文化氛围，真正发挥社会主义制度的优越性。

发展社会主义先进文化，是提升国家软实力、建设社会主义文化强国、应对日益激烈的国际竞争的时代要求。发展社会主义先进文化也有助于提升本国的文化实力，提升社会公民素养和综合科技实力，建设经济、政治、文化综合发展的社会主义文化强国。在日益激烈的国际竞争中，文化竞争也成为经济竞争、综合国力比拼的重要内容，为此更要发展社会主义先进文化，保持社会主义文化的时代性和先进性。

我们党只有坚持建设社会主义先进文化，才能在时代发展变化中永葆先进性，在应对多样文化冲击和社会矛盾冲突时，始终坚持社会主义方向，始终以人民群众的利益为衡量一切改革工作的标准，始终以共产主义为理想信仰，带领全国人民实现社会主义现代化的目标，实现国家富强和民族复兴的梦想。

3 社会主义先进文化的启示与意义

习近平总书记在2016年哲学社会科学工作座谈会上深刻指出中国发展的道路选择："当代中国的伟大社会变革，不是简单延续我国历史文化的母版，不是简单套用马克思主义经典作家设想的模板，不是其他国家社会主义实践的再版，也不是国外现代化发展的翻版，不可能找到现成的教科书。"[①]实现国家富强和民族复兴的"中国梦"没有现成的道路，只有立足于中国国情，走中国道路，才能真正实现具有制度优越性的社会主义现代化。随着现代化建设的深入发展，文化自信越发重要。习近平总书记在2019年进一步提出了"坚定文化自信，把握时代脉搏，聆听时代声音，承担记录新时代、书写新时代、

---

① 习近平：《在哲学社会科学工作座谈会上的讲话》，新华网，http://www.xinhuanet.com//politics/201605/18/c_1118891128_4.htm，2016年。

讴歌新时代的使命,勇于回答时代课题"①,提出文化发展"为时代画像、为时代立传、为时代明德"②的要求。

从历史唯物主义的社会历史观出发,不同民族的发展道路要立足于自身的历史与现实条件,因此不同民族、不同地区有不同的改革发展道路,没有一条道路、一种模式是可以直接复制的。这意味着中国道路不能直接复制其他国家的发展模式,更不能直接套用西方国家的发展模式,尤其是不能走西方国家曾经失败的歪路。中国道路关系到中华民族如何发展、走向何处,关系到中华民族命运与未来,关系到人民利益福祉。中国道路是社会主义的伟大实践,关涉到经济、政治、文化、社会的整体发展战略,因此必须选择科学的理论为指导、选择适合本国国情的发展道路、建设有利于社会主义现代化发展的制度、发展社会主义先进文化。中华民族的改革发展历程证明,只有共产党可以救中国、带领中国走向民族复兴之路。马克思主义理论指导下中国共产党承担了拯救民族危机的历史使命,建立社会主义制度,深入推进开放,为人民带来美好生活的期待;我国社会主义建设所走过的弯路说明,中国发展必须走中国特色社会主义现代化建设的道路,以经济建设为中心、物质文明和精神文明两手都要抓;坚持中国

---

① 习近平:《习近平看望参加全国政协十三届二次会议的文化艺术界、社会科学界委员时的讲话》,2019 年 3 月 4 日,http://www.xinhuanet.com/politics/2019lh/2019-03/04/c_1124192099.htm。
② 习近平:《习近平看望参加全国政协十三届二次会议的文化艺术界、社会科学界委员时的讲话》,2019 年 3 月 4 日,http://www.xinhuanet.com/politics/2019lh/2019-03/04/c_1124192099.htm。

道路最为关键的是坚持社会主义方向，在时代发展巨变中坚持共产主义信仰，永葆社会主义文化的先进性。

中国道路的探索与发展基于中华民族深刻的文化基因和价值追求，是基于中国的历史文化渊源、基于马克思主义理论的科学指导、基于社会主义道路的实践经验、基于西方现代化道路的启示。中华民族文化的历史性、民族性和时代性特征，说明中国道路的选择既不可能基于现成的模板，也没有一蹴而就的捷径，而是在长期的发展实践中不断生成和发展的，民族发展的命运前途和未来发展就是民族文化的生成发展的过程。社会主义的先进文化继承了中华民族优秀传统文化基因、民族独立解放的革命文化，继而在中国特色社会主义现代化的伟大历史实践中创造性发展，保持中国发展道路的民族特色、发扬中国道路的革命基因、坚持中国实践的社会主义方向，使中国特色社会主义在"更基础、更广泛、更深厚的自信"①的基础上不断前进。中华民族复兴是文化自信的希望，文化自信是民族复兴的精神推动力，因此中国道路要坚定民族文化自信，探索适合中国历史、国情的社会主义现代化。

探索和发展中国道路要立足于本国的历史文化根源，但是现代化中国的发展环境不同于传统文化、革命文化时期的历史境遇，社会主义先进文化的历史性、民族性的时代化发展要求我们不能直接复制和简单看待传统文化、革命文化的内容和要求，要从社会发展的整体性

---

① 习近平：《在中国文联十大、中国作协九大开幕式上的讲话》单行本，北京：人民出版社，2016年版，第6页。

出发看待传统文化、革命文化与社会主义文化的关系，探索适合中国社会主义现代化的文化发展道路。中国传统文化是中华民族复兴的历史根源，是不可忽视的民族发展历史。无视中国传统文化和民族文化根源，则会陷入历史虚无主义，失去中国发展道路的民族性。但是中国传统文化生发的社会历史条件已经发生改变，直接复辟传统文化与时代条件更是格格不入。因此，传统文化与社会主义文化的融合发展是我们坚持中国道路、坚持文化自信面临的一项新课题、新选择，不能简单延续传统文化的内容，在尊重中国历史、民族性的前提下，在符合时代发展需要的基础上，创新发展传统文化在道德修养、价值观念、思想信仰的精神启发，去掉传统文化不适合时代发展的旧思想、旧规范，使传统文化在社会主义道路中焕发新的活力。

探索和发展中国道路既要坚持马克思主义理论的指导，也要避免陷入马克思主义教条主义的误区，避免直接照搬照抄教条理论而忽视现实的社会历史条件、现实的国情、现实的民族文化特质，这是社会主义先进文化的历史唯物主义立场。马克思主义理论要立足于中国的历史与现实、立足于中国民族性、立足于时代发展的需要，才能真正发挥其科学世界观和方法论的指导意义，才能深入把握社会主要矛盾、发展社会生产力、建立社会主义制度，为发展中国道路提出马克思主义中国化的理论要求和现实要求。

探索和发展中国道路要坚持走中国特色社会主义道路，认真总结其他国家社会主义实践的经验教训，尤其是从苏联社会主义建设的失败中吸取教训，这是社会主义先进文化的实践唯物主义立场。苏联社会主义与中国社会主义面临完全不同的历史、文化、国情，因此苏联在革命中采取的是城市包围农村，而中国革命策略则是农村包围城市；苏联社会主义建设热衷政治斗争和军事竞赛，中国社会主义建设首先要立足于经济建设而非阶级斗争。中国的发展实践不是其他社会主义国家的再版，要根据中国现实社会历史条件制定中国特色社会主义发展道路，在中国特色社会主义的实践中检验真理、积累经验，为其他社会主义国家提供可借鉴的成功经验。

社会主义先进文化的文化自信要求中国的发展要关注世界现代化的发展趋势，坚持历史唯物主义的发展立场，同时也要避免直接套用西方现代化的路子，重走西方现代化的挫折和失败。西方现代化是世界现代化的最初生发地，但是西方现代化不等于现代化；不同民族地区应根据各自的民族历史条件制定自己的现代化道路；中国现代化要考虑中西文化差异、不同社会制度的本质差异。发展中国道路不是国外现代化的翻版，而是在社会主义制度基础上，根据中国现实国情制定符合本国社会历史条件的现代化道路；中国现代化也不是闭门造车，而是在坚持社会主义的前提下学习借鉴西方现代化的优秀经验和做法，从西方现代化的学习者、跟随者变为超越者，真正体现社会主义制度的优越性。建设中国特色社会主义现代化，不是被动发展，而是主动创造，是实现先进的社会主义生产方式的必然要求，是社会主义优于资本主义的应有之义，更是中华民族辉煌古代文明经历帝国主义压迫剥削后的民族自强和复兴的希望。中国社会主义制度的优越性是基于资本主义生产方式的批判性超越，人民是创造历史的主体，因此中国特色社会主义的现代化能够走出不同于西方现代化的道路，避免西方现代性的危机与局限，为人类文明的发展和人类命运共同体贡献中国道路的智慧、经验和方法。中国特色社会主义现代化道路是源于文化自信的发展道路，是创造人民美好生活的必然选择，是中华民族文化创新发展的必由之路。

中华民族的文化自信离不开中国道路的文化自信，中国道路的成功必须坚持马克思主义的指导和理论的创新发展。中国优秀传统文化、革命文化和社会主义先进文化是民族发展、民族复兴的希望和自信，是关系到社会主义的前途和命运的关键问题。中华民族复兴之路与社会主义现代化是历史地、现实地统一于社会主义现代化实践，因此我们要始终坚持马克思主义理论的指导地位，保持文化自信的时代性、先进性。在党的奋斗历程中，"领导我们事业的核心力量是中国共产党，指导我们思想的理论基础是马克思列宁主义"[1]。这表明我们党的全部政治立场、全部事业核心是为了实现共产主义的马克思列宁主义，这是党和一切事业的根本和发展道路。马克思主义理论指导经济、政治、文化和社会发展，是具有科学性、整体性的世界观和方法论体系，是发展社会主义现代化实践、坚持社会主义文化先进性的理论指导。只有坚持马克思主义理论的指导，才能以科学的态度和方法继承和吸收国内外一切优秀的文化成果，包括优秀传统文化和国外优秀文明成果，才能在世界多样文化的发展中保持社会主义文化的特

---

[1] 《建国以来毛泽东文稿》第 4 册，北京：中央文献出版社，1990 年版，第 554 页。

色和先进性。坚持马克思主义理论的指导，才能够以历史唯物主义的批判眼光看待多样的文化思潮，避免陷入狭隘的民族主义、历史虚无主义、文化复古主义、普世主义价值观的圈套，在社会主义现代化实践中坚定中华民族文化主体意识，面向未来社会展开和生成社会主义先进文化的可能性和希望。

坚持马克思主义理论指导的文化自信，要保持与时俱进的马克思主义理论品格。马克思主义理论诞生的历史条件与当代世界有巨大的时代差异性，但是马克思主义理论作为科学的思想体系是在时代变化中形成和发展的。马克思主义理论既有不变的基本原理，又有运用于实践中的变化的具体性和特殊性。因此，马克思主义理论与文化自信相结合，既要坚持马克思主义科学性，更要注重马克思主义理论与实践相结合的具体性、特殊性，在实践中创新发展理论。马克思主义与中国具体国情相结合，是马克思主义中国化的时代创新和现实发展。马克思主义中国化必须与中国实际相结合，结合中国的历史文化传统、中国的革命奋斗历程、中国的社会主义现代化建设的具体情况，而不能依据教条化的马克思主义理论，才能在改革开放进程中引领时代发展、把握时代发展规律，保持中国道路的文化自信的科学性、时代性和先进性。

坚持中国道路的文化自信，要坚持马克思主义的理论指导，坚持马克思主义中国化的实践发展和理论探索，在经济、政治、文化、社会发展中开展社会主义核心价值观教育，维护马克思主义理论的意识形态指导地位，才能避免社会主义变质的危险。

坚持中国道路的文化自信，要发扬中国文化的包容开放的心态和马克思主义理论的科学指导性，科学对待其他民族文化、不同社会形态文化，学习和借鉴其他文化的优秀经验和做法；坚持马克思主义理论的批判性和指导性，在理论批判中发展理论、探索真理，在承担时代使命、解决时代问题中发展马克思主义中国化。

新时代赋予了社会主义先进文化新使命、新挑战，适应社会主义经济制度与政治制度的文化必然成为传统文化、革命文化之后的新的文化形态；先进的文化形态通过吸收优秀传统文化和革命文化的养分，形成了社会主义核心价值观，更强化了中华民族文化的根脉，成为推动社会主义现代化建设中经济、政治、社会、生态发展的先进方向、价值追求，推动中华民族文化复兴的文化自信。

第四章 文化自信的价值甄别

习近平总书记指出,"文化是一个国家、一个民族的灵魂"[①]。

灵魂是什么?灵魂意味着本质、灵魂意味着永恒性,灵魂意味着一个主体最为根本的自我意识。文化作为对一个国家、一个民族的心灵表达,它无时无刻不在对两个核心问题做出回答,即"我是谁?"与"我是什么?"。前者意味着深刻的文化自觉,后者代表了崇高的价值考问,并且这两个维度的合法性是建立在深刻的自我批判之上的。因而,只有在"文化"与"价值"的辩证张力之间,我们才有勇气高扬"文化自信"。也正是因为文化自信的价值力量,它才成为一种更基础、更广泛、更深厚的自信,更成为一种更基本、更深沉、更持久的力量。

(一)
深刻的文化自觉和价值认同

文化自觉是主体对自身文化表达的事实性认知,也是对自身文化内容的再认识与再升华。

---

① 习近平:《在纪念孔子诞辰2565周年国际学术研讨会暨国际儒学联合会第五届会员大会开幕会上的讲话》单行本,北京:人民出版社,2014年版,第9页。

事实上，从"文化自觉"的语词本意来理解，所谓"自"，意味着一种"内在的精神力量"①，这是文化自我的起点，也是这种内在力量发生的原初环节；所谓"觉"，是对文化的觉醒、反省与超越，正如费孝通先生所言，即对文化的"自知之明"②。这其中的关键在于，对文化的"觉"之所以是可能的，必然离不开文化主体之间——无论是社会还是个体意义上的——充分而普遍的价值认同。

因而，我们看到虽然文化讨论的对象如此广泛，文化涉及的领域如此复杂，但是一个国家、社会、民族的文化成像却异常清晰且直观。这种文化成像当然是不完整的，也是不完善的，但它却是一个共同体在价值认同基础上的公约集，它以一个符号系统的形式注释了这种文化景观的关键词。

1 文化自觉的经验事实基础

当代中国的文化图景，宛如一幅依然在流动的古老长卷，它从过往而来，融汇了不同时空的文化支流，汇入全新的时代。作为画中人，文化自觉要求我们跃出画面之外，反观我们的文化发展之源。因而，我们看到新时代的中国文化，起始于中华民族5000多年文明历史所孕育的中华优秀传统文化，熔铸于中国共产党领导人民在革命、建

---

① 云杉：《文化自觉 文化自信 文化自强》，《红旗文稿》2010年第15期，第5页。
② 费孝通：《论文化与文化自觉》，北京：群言出版社，2005年版，第248页。

设、改革中创造的革命文化和社会主义先进文化，植根于中国特色社会主义的伟大实践。这不仅是我们的文化本身，也是我们文化实践的历史，更是我们文化自觉的事实性基础。

第一，中华优秀传统文化是中华民族的"根"和"魂"，是最深厚的文化软实力，是中国特色社会主义植根的沃土。

习近平总书记指出，"中华民族伟大复兴需要以中华文化发展繁荣为条件，要推动中华优秀传统文化创造性转化、创新性发展，不断增强中华文化的影响力和吸引力，创造中华文化新的辉煌"[①]。在人类文明历史长河中，中国人民创造了源远流长、博大精深的优秀传统文化，为中华民族生生不息、发展壮大提供了强大精神支撑。中华优秀传统文化蕴含的思想观念，如"革故鼎新、与时俱进""脚踏实地、实事求是""惠民利民、安民富民""道法自然、天人合一"等，为人们认识和改造世界提供了有益启迪，为治国理政提供了有益借鉴。中华优秀传统文化蕴含的人文精神，如"求同存异、和而不同"的处事方法，"文以载道、以文化人"的教化思想，"形神兼备、情景交融"的美学追求，"俭约自守、中和泰和"的生活理念等，滋养了中华民族独特丰富的文学艺术、科学技术、人文学术，至今仍然具有深刻影响。中华优秀传统文化蕴含的道德规范，如"天下兴亡、匹夫有责"的担当意识，"精忠报国、振兴中华"的爱国情怀，"崇德向善、见贤思齐"的社会风尚，"孝悌忠信、礼义廉耻"

---

① 习近平：《习近平新时代中国特色社会主义思想三十讲》，北京：学习出版社，2018年版，第206页。

的荣辱观念，体现着评判是非曲直的价值标准，潜移默化地影响着中国人的行为方式。中华民族是一个兼容并蓄、海纳百川的民族，在漫长历史进程中，不断学习他人的好东西，把他人的好东西化成自己的东西，这才形成我们的民族特色。习近平总书记强调，"我们伟大的精神是各民族共同培育的……农耕文明的勤劳质朴、崇礼亲仁，草原文明的热烈奔放、勇猛刚健，海洋文明的海纳百川、敢拼会赢，源源不断注入中华民族的特质和禀赋，共同熔铸了以爱国主义为核心的伟大民族精神"[1]。

中国共产党在领导人民进行革命、建设、改革伟大实践中，自觉肩负起传承发展中华优秀传统文化的历史责任，是中华优秀传统文化的忠实传承者和弘扬者。习近平总书记指出："不忘本来才能开辟未来，善于继承才能更好创新。"[2]这其中，不仅有扬弃地予以继承，取其精华、去其糟粕，用中华民族创造的一切精神财富来以文化人、以文育人，还按照时代特点和要求，对那些至今仍有借鉴价值的内涵和陈旧的表现形式加以改造，赋予其新的时代内涵和现代表达形式，激活其生命力。按照时代的新进步新进展，对中华优秀传统文化的内涵加以补充、拓展、完善，增强其影响力和感召力，实现中华优秀传统文化的创造性转化和创新性发展，让中华文化展现出永久魅力和时代风采。

第二，马克思主义的文化融入是当代中国文化区别于其他各种文

---

[1] 习近平：《在全国民族团结进步表彰大会上的讲话》，2019年9月27日。
[2] 习近平：《习近平谈治国理政》，北京：外文出版社，2014年版，第164页。

化类别，也是区别于我们过往文化形态的根本标识。

马克思主义作为一种理论，却以文化的形式迸发着强大的生命力，依然占据着真理和道义的制高点。这其中，马克思主义既表现为一种文化本体，也表现为一种特殊的文化工具。

作为一种文化本体，马克思主义是中国当代哲学社会科学的底色。当代中国的理论形态，包括指导思想、学科体系、学术体系、话语体系等方面都是以马克思主义作为根基，同时充分体现了当代中国理论形态的中国特色、中国风格、中国气派，也都以马克思主义为内核。作为一种开放的理论，马克思主义本身也表现出彻底的融通性特征，一方面是在继承性、民族性上，坚持古为今用、洋为中用，善于融通马克思主义、中华优秀传统文化和国外哲学社会科学的资源；另一方面是依托于中国实际，延伸出立足中国立场、具有中国智慧、反映中国价值的理念、主张、方案。此外，马克思主义的原创性、时代性特征，也与中国当代的文化图景相一致，它以实践为中心，从改革发展的实践中挖掘新材料、发现新问题、提出新观点、构建新理论。

作为一种文化工具，马克思主义也在新时代党中央的治国理政实践中发挥着重要作用。从历史经验上看，没有马克思主义的指导，中国文化的发展就会失去灵魂、迷失方向，最终也不能发挥应有的作用。这其中，主要是从理论说服与价值引导两个方面，对社会文化的发展趋势发挥着影响。一方面，马克思主义中国化最新成果会自觉地流入社会文化生态，贯穿社会生活全过程，并转化为清醒的理论自觉、坚定的政治信念、科学的思维方法等。另一方面，从价值上传递了以人民为中心的文化导向,树立了一种以人民作为文化评价标准的价值秩序,进而从增强问题意识、聆听时代的声音、回应时代的呼唤出发,引导中国社会文化发展稳步前进。

同时,媒体时代的马克思主义以舆论工具的形式,也对社会文化的发展造成了巨大影响,并进而塑造了一种独特的"主旋律"文化。我们认为,舆论本身就是一种文化,中国的文化形象与文化性格背后,正是中国新闻舆论的文化引导与建构。新时代,中国社会的媒体与舆论文化具有鲜明的党性原则与政治导向,并以此为基础构建了一套独特的传播力、引导力、影响力与公信力体系。我们看到,在新闻舆论中,中国的文化主线正是以马克思主义的立场、观点、方法为"定盘星",进而做党的政策主张的传播者、时代风云的记录者、社会进步的推动者、公平正义的守望者,其目的是唱响主旋律,传播正能量。正如习近平总书记指出的,舆论导向正确,就能凝聚人心、汇聚力量,推动事业发展;舆论导向错误,就会动摇人心、瓦解斗志,危害党和人民事业。要坚持以正确舆论引导人,做到所有工作都有利于坚持中国共产党领导和社会主义制度,有利于推动改革发展,有利于增进全国各族人民团结,有利于维护社会和谐稳定。坚持正面宣传为主,不是不能触及负面问题,关键是要从总体上把握好平衡,既要直面工作中存在的问题,直面社会丑恶现象,激浊扬清、针砭时弊,也要事实准确、分析客观。

第三,文化生产的市场化运作,既是西方的现代性精神在当代中国的实践展开,也是当代中国文化软实力提升的重要抓手。

一般而言，文化软实力集中体现了一个国家基于文化而具有的凝聚力和生命力，以及由此产生的吸引力和影响力。古往今来，一个大国的发展进程，往往既是经济总量、军事力量等硬实力提高的过程，也是价值观念、思想文化等软实力提高的进程。习近平总书记指出，"提高国家文化软实力，关系我国在世界文化格局中的定位，关系我国国际地位和国际影响力，关系'两个一百年'奋斗目标和中华民族伟大复兴的中国梦的实现"①。

然而，提高国家文化软实力，是一项"形于中"而"发于外"的重大战略任务，这其中包括了文化体制、文化事业和文化产业等多个方面的综合发展。从文化体制上看，当代中国的文化创新与生产已经基本摆脱了原有的计划模式，并深度融入了文化创作生产传播特点，进一步发挥了市场在文化资源配置中的积极作用，实现了文化体制机制创新，完善了文化管理体制。事实证明，文化生产体制的变化对于文化内容生产乃至社会文化的引导等方面的影响是非常巨大的。文化生产的市场化运作，将文化产业的社会效益和经济效益统一起来，从而形成了一种主动的文化发展环境，能够有效调动全社会参与文化发展改革的积极性、主动性、创造性。在此基础上，当代中国一方面推动文化产业加快发展，以健全现代文化产业体系和市场体系为重点，促进文化产品和要素在全国范围内合理流动；另一方面，还能够创新生产经营机制，完善文化经济政策，运用云计算、人工智能、物联网

---

① 《习近平总书记系列重要讲话读本》，北京：人民出版社，2016年版，第207页。

等科技成果,培育新型文化业态。

不可否认,文化创造的产业化思维是西方"现代性"精神的结果,它让低成本高效率地制造大批量文化消费品成为可能,这也是改革开放以来,在时空高度压缩的中国社会所创造的另一项工业文明奇迹。然而,西方化的文化生产模式虽然附带了来自西方的文化价值冲击,但并不意味着这种文化冲击会带来彻底的文化殖民或文化统治。恰恰相反,在中国,文化的产业化革命为我们自身文化软实力的提升奠定了物质基础,而文化软实力的提升为中国自己的文化精神传播创造了无限可能。党的十九届四中全会强调"健全现代文化产业体系和市场体系,完善以高质量发展为导向的文化经济政策",并要求"深化文化体制改革,加快完善遵循社会主义先进文化发展规律、体现社会主义市场经济要求、有利于激发文化创新创造活力的文化管理体制和生产经营机制"①。于是我们看到,在文化产业高度发达的新时代,传播中国价值、凝聚中国力量、提高中国的国际话语权成了当代中国文化发展的关键词。

综上,我们认为在当代中国文化发展的经验事实基础上,对我们自身文化形态的重新认知依然不能脱离这三个维度。其一,中国传统文化在新时代的全新形态;其二,马克思主义的文化融入社会精神领域的原则性引导;其三,现代产业化思维对中国文化软实力的提升,

---

① 《中共中央关于坚持和完善中国特色社会主义制度 推进国家治理体系和治理能力现代化若干重大问题的决定》(2019 年 10 月 31 日 中国共产党第十九届中央委员会第四次全体会议通过)。

以及中国精神在世界范围内的深度传播。以此，对文化发展的内在自觉才得以成为我们坚定文化自信的坚强基石。

2 价值认同的社会心理形成

正如前文所述，我们之所以能够达到一种充分的文化自觉，是因为我们在漫长的文化实践中形成了稳定的文化心理，并实现了普遍的价值共识。对于这种社会心理的溯源，必须回到改革开放的起点。

首先必须澄清，若要回顾改革开放以来的伟大历程，展望新时代全面深化改革开放的历史前景，必须要把握住的一个基本事实：改革开放作为我们党在新的历史条件下领导人民进行的一场新的伟大社会革命，也是我们党和中华民族历史上一次伟大的文化觉醒。正是这个伟大觉醒，不仅孕育、推动并支撑了新时期从理论到实践的所有伟大创造，而且成功地推动了"中国人民就从精神上由被动转向主动"[1]的历史进程不断地迈向更高的时代水平。

由此来看，改革开放以来中国社会在文化方面取得的卓越成就，都依托于一个深刻的价值共识，即"一次伟大觉醒"。从一个方面看，任何一种文化心理的形成，任何一种精神觉醒的实现，都是一个漫长的历史过程。从另一个方面看，只有从文化的高度感悟这次"觉

---

[1] 习近平：《决胜全面建成小康社会 夺取新时代中国特色社会主义伟大胜利——在中国共产党第十九次全国代表大会上的报告》，2017年10月18日。

醒",才能为我们提供一个更为真实客观的历史视野,进而洞悉蕴藏在这些文化激变背后的社会心理结构。

1978年,以党的十一届三中全会为标志,中国开启了改革开放的历史征程。40余年的艰苦奋斗与波澜壮阔,中国人民不仅用自己的现代化实践成功地推动了国家和民族从站起来、富起来走向强起来,而且用自己独到的生存发展方式现实地书写了从文化自为到文化自觉再到文化自信的壮丽史诗。改革开放初期,与解决温饱问题和跨越短缺经济这一发展阶段相适应,当代中国首先进入的是一个文化自为的阶段。在这一阶段中,改革开放的历史性启动在极大地解放了人们思想的同时,也深刻地激发了人们的文化热情,并以各种几乎是喷涌而出的自发性文化思潮形式,表达出人们对改革开放和推进现代化建设的时代想象。这一时期的各种各样的文化憧憬和文化表达,由于经济发展水平的局限,同时也由于与以往的现代化建设历史有着更紧密的时间与情感关联,从而在一定程度上还带着某种原发的冲动乃至激进的色彩。但从总体上看,它既受到了改革开放历史性启动的深刻激发,又积极地呼应了改革开放的不断展开,并史无前例地唤起整个民族面向现代化、面向世界、面向未来的发展创新意识,为中国特色社会主义由此走向文化自信的历程做出了历史的奠基。

进入20世纪90年代,随着改革开放的不断深化和建设小康社会新的发展目标的展开,中国特色社会主义的文化建设逐渐从文化自为开始进入文化自觉的新的历史阶段。20世纪90年代末,面对新世纪和经济全球化时代的到来,费孝通先生提出了文化自觉的概念和理念。

这一概念的提出与论证，超越了前一阶段无疑更具感性色彩的文化激情和文化想象，更为务实而理性地从中国如何更好地实现工业化、城市化、信息化并更审慎地走向全球化的角度，来深化对中国特色社会主义的文化思考和文化实践。也正因为如此，文化自觉理念的提出不仅获得了全社会的高度共识，也在很大程度上深化了当代中国的文化实践，使之能够更加理性地看待和把握我们的改革开放和现代化建设进程，为我们更好地走进全球化提供了很好的文化意识和文化心理准备。回头去看，文化自觉的理念本身，虽然还带有某种程度上的自我揣测、自我谨慎的成分，但由于是立足在这一时期中国经济社会高速持续发展以及人民生活巨大改善的实践基础之上，在很大程度上却恰好支撑并表征了此一阶段的文化建构历程，而中国的文化建设也因此以一种稳健的姿态朝着文化自信不断成长。

党的十八大以来，随着中国特色社会主义进入新时代，在党和国家事业实现历史性转折、取得历史性成就的基础上，习近平总书记从文化的高度和立场创造性展开对"中国特色"的总体性建构，不仅在理论上鲜明地提出了文化自信是中国特色社会主义"更基础、更广泛、更深厚的自信"和"更基本、更深层、更持久的力量"重要论断，而且在实践上明确地提出了"坚定文化自信，推动社会主义文化繁荣兴盛"的战略要求，从而有力地推动了中国特色社会主义的文化建构开始进入文化自信这一新的历史阶段。可以看到，在这一阶段，文化自信不仅作为全新的概念和理念被我们党在最高理论层面首次鲜明地表达出来，而且作为深厚的实践底蕴，深刻地支撑和形塑着"中国特色"的道路自信、理论自信和制度自信,并与中国梦、新时代、五位一体、四个全面、新发展理念、人类命运共同体、一带一路倡议等一系列理论和实践创造成果一道,全方位多层次立体化地展现了当代中国发展进步的深厚文化根基和广阔文明前景。

改革开放40年的文化历程诠释了40年的文化觉醒,见证了当代中国的文化心理从初生到青涩再到成熟,并最终走向中国特色社会主义道路的刚健品格与价值共识。从这个角度看,我们认为这一价值共识背后的心理结构包含着五个重要层次:

第一,牢牢把握党对文化的领导权。40年的历史充分证明,党对文化发展的领导,既是事关国运兴衰、事关文化安全、事关民族精神独立性的大问题,也是事关改革开放前途命运的大问题。40年来我们党和中华民族之所以能够在文化建设上闯过道道难关、跨越重重险阻,核心就在于我们党始终坚持把握了文化领导权,并在此前提下不断增强在具体文化建设上的主导权、管理权、话语权,从而牢牢地把握了当代中国文化发展进步的方向和大局。

第二,坚持以马克思主义特别是马克思主义中国化最新成果为指导。牢牢掌握文化领导权,最重要的根基在于加强理论武装。改革开放以来,我们党坚持以马克思主义特别是马克思主义中国化最新成果为指导,巩固马克思主义在文化领域的指导地位、巩固全党全国人民团结奋斗的共同思想基础,为改革开放提供了根本思想保障。在当代中国,坚持以马克思主义为指导,就是要坚持以习近平新时代中国特色社会主义思想为指导,始终在思想理论上坚定我们党的赤子初心、历史使命和天下担当。

第三，坚持推动民族精神与时代精神的融合发展。改革开放40年来，我们既坚持以爱国主义为核心塑造民族精神，又坚持以改革创新为核心塑造时代精神，并切实推动民族精神与时代精神的融合共进，从而为改革开放提供了强大精神支撑。面向新时代，面向中华民族文化建构的新征程，我们必须坚持促进中华民族的精神基因与新时代的时代精神精华的交相辉映和高度融合，更好地构筑跨越时空、超越国度、富有永恒魅力、具有当代价值的中国精神。

第四，坚持以人民为中心推动文化繁荣兴盛。"马克思主义博大精深，归根到底就是一句话，为人类求解放。"[①]而党的十八大以来，习近平总书记明确提出的"以人民为中心"重要思想，既是对马克思主义的根本内容和目标指向更具本质性和深刻性的提炼，也是对40年改革开放中文化建设历史经验的创造性总结。因此，在市场经济和经济全球化条件下推动社会主义文化繁荣兴盛，必须始终坚持以人民为中心，始终坚持社会主义先进文化前进方向，始终把社会效益放在首位，始终坚持推动中华民族文化创新创造活力的持续生成与充分释放，让中国特色文化事业和文化产业在满足人民美好生活新期待、为人民提供精神指引和美好精神家园上不断发挥重要基础性功能。

第五，建设具有强大凝聚力和引领力的主流意识形态。意识形态决定文化前进方向和道路。40年改革开放的历史经验充分表明，面对

[①] 习近平：《在纪念马克思诞辰200周年大会上的讲话》，北京：人民出版社，2018年版，第8页。

改革稳定发展过程中不断呈现的复杂局面和社会思想意识多种多样、媒体格局深刻变化的发展趋势，在大力推动文化繁荣兴盛的同时，一刻也不能放松对文化工作的意识形态思考与把握，尤其不能把文化建设和意识形态建设分离开来甚至对立起来，而是要始终努力建设和壮大具有强大凝聚力、引领力的社会主义意识形态。

综上，我们认为，当代中国的文化图景之所以能够生机勃勃，源于改革开放以来中国社会逐渐形成了一个稳定的社会心理结构。40年来，我们每一步经济成就的取得与社会发展的探索，其背后都呈现着清晰的文化心理投射，久而久之，这些积累的文化感知构成了这一漫长文化觉醒的生成土壤。它不仅逐渐丰富了社会文化心理的内在层次，而且推动了全社会范围内对于文化发展的普遍价值共识。文化自觉的价值共识意义重大，它既是社会发展的"稳定器"，也是人民价值认同的"最大公约数"。一个国家、一个民族，如果没有这些价值认同，就会魂无定所、行无依归。

3 从文化的自觉到文化的自由

从文化自觉到价值认同，文化以一种整体性视野还原了当代中国的社会群像——他们是谁，他们从哪里来，他们相信什么，他们认同什么。因而，只有从文化的角度，我们才能回答"中国人究竟是什么样子的"这个问题。

从理论上看，正是在文化的整体性维度上，文化与人的概念共融才成为可能。1848年马克思在《共产党宣言》中以"世界文学"为入口考察了作为一种社会意识范畴的文化，最先提供了一种宏观意义上的文化学视角，而在后来的资本主义文化批判中，这种文化的整体性特征也被保留了下来。从事实上看，人作为社会性主体的实践成果最终都将以文化的形式沉淀在历史中，人对自我解放的不断追求也在文化中得以继承与彰显。从这个意义上说，人对文化的自觉也就是人对自身的自觉，也就是人对自由的自觉。

第一，从人对文化的自觉到人对自身的自觉。

"文化最大的特质，就是具有极强的渗透性、持久性，像空气一样无时不在、无处不在，能够以无形的意识、无形的观念，深刻影响着有形的存在、有形的现实，深刻作用于经济社会发展和人们生产生活。"[①]文化"在场"看似是一个显而易见的论断，但人们在实践活动中却常常丢失文化视角，或是将它外化为一种"指导原则"，从而将文化"框架化"与"规则化"。一旦文化成了"文化律"，那么本该是一种内在发生的文化意识就被外化了，从而诱发文化"离场"，并导致一种文化的"旁观"。因此，文化自觉的前提要求我们必须找回这种被外化的文化，保持生活实践中的文化"在场"，努力使其成为人类生命活动的一种内在维度。换句话说，只有文化内在于人的生存实践，我们对文化的自觉反思才是可能的。在此基础上，人对文化

---

① 云杉：《文化自觉 文化自信 文化自强》，《红旗文稿》2010年第15期，第5页。

的自觉就包含着两个层次：

其一，文化自觉是人对"自身作为文化客体"的反思。人生来就处于一种特定的文化情境之中，不同的文化造成了个体间不同的成长路径与独特性格，可以说，文化对人的影响是超越个体历史的，这种影响不可逃避，并伴随着人从生到死。然而，文化自觉并不是承认文化决定论，而是要求每一个人都能够对每时每刻都在影响我们的文化做出反思。当然，这种反思的对象是广泛的，它既可以是文化内容，也可以是文化趋势，既可以是文化传统，也可以是文化创新，但更为重要的是，文化自觉本身要求个体要努力超越自身文化局限，避免社会身份与权力格局造成的隐性影响，尽量在价值判断时保持一种历史视野与大局意识。个体意识到"自身作为文化作用的客体"而存在，有助于人们对文化的深入理解与公正评价，从而实现对文化的超越。

其二，文化自觉是人对"自身作为文化主体"的反思。如果我们按着经典的理解范式，将"文化"视为人类实践活动创造的物质财富与精神财富的总和，那么作为实践主体的人必然也就成了文化的主体，人类的实践活动也在这个意义上成为一种文化创造活动。换句话说，人们一方面在特定的文化情境之中生存，另一方面也参与到文化的创造活动之中，无论这种参与是否出于某种目的。人们对"自身作为文化主体"的自觉，将赋予其对现有文化进行超越的能力与使命。卡西尔在《人论》中将文化视为一种符号性指引，他认为只有通过对文化现象与意义的分析，才可能触及"人性"。

因此，人作为一种文化的存在，这是我们在"活动统一性"而非

"结果统一性"的角度，把握自身的一种方式。①人与文化先天具有一种本质性互通，因此，作为我们对于文化的自觉，归根到底也是我们对自身的自觉。

第二，从人对自身的自觉到人对自由的自觉。

文化既是人类实践成果的抽象化，又是人类一般劳动产品历史性累积的特殊形式，其背后隐藏着人类对象化活动的全部过程。文化既是个体生命活动的直接表征，也是人类历史发展的直接证据，因此，文化犹如一个人类本真精神的容器，其中必然蕴含着外化了的人类本质。然而，在现实生活中，经济型社会正在取代传统政治型社会成为最为主要的社会模型。在经济因素整体权重相应增加的背景下，以"物质利益最大化"为主要特征的文化价值诉求已经逐渐成为社会文化发展的重要支流，消费主义、新媒介主义等资本主义文化的进化产品不可避免地影响着社会中的每一个人。在此背景下，文化本身的二重性也显现了出来——它一方面规定了人，另一方面也束缚了人。

在现代性的作用下，工具理性得到充分发展，社会个体在生存活动中如果缺乏文化的滋润，就会迷失于社会机械之中，甚至丧失体验生活乐趣、反思生活内容的意识。这一逻辑还原到社会生活中，就表现为人们常常丧失对自我身份的清晰认识，一方面是由于对自身能力缺乏自信，另一方面也是持续的高压状态与紧张的生存节奏所致。马尔库塞曾描述这样一种社会景观：技术的进步带动了整个社会结构与

---

① [德]恩斯特·卡西尔：《人论》，甘阳译，上海：上海译文出版社，2004年版，第99页。

制度格局协调发展,人们在这样一种技术主导的社会中出生、成长并创造出适合这个社会的最佳生活方式,于是,面对反抗这个社会的力量,人们都会予以回击,从而保证现有系统的稳定。①这就是一个"没有反对派的社会",而这个社会中那些无批判意识的个体,则成了"单向度的人"。

深刻的文化自觉活动是现代社会中最容易被淹没的一种文化行为,因而,只有通过深刻的文化自觉,才能够将人们的自我衡量标准由功利化倾向转移到非功利化倾向,帮助人们在盲目的身份确证过程中找到方向,寻回那遗失已久的本真自由。

人的文化自觉,在历史的意义上,是人的自我发展、自我完善与自我超越的整体。在马克思主义的经典话语系统中,这个过程也可以被描述为"人的现实的解放",是人真正的自由自觉的回归,是人的本质的真正回归。尤其在物质主义暗流涌动、人类本真遭遇沦陷的情形下,文化的出场无异于悬起一面人性之镜,映射出个体遗忘的生命原像,重新雕刻出一条走向自我超越之路的生命线。从这个角度看,人作为社会主体对文化自觉的根本目的就是对自我生命本质的还原与复归。正如人因生存需要将自身本质外化为产品,并通过对产品的享有,实现了一种本质的复归。文化作为人的实践成果而出现,也是人类生存自然选择的结果,而文化自觉作为人对文化的领悟,则是人对

---

① [美]赫伯特·马尔库塞:《单向度的人》,刘继译,上海:上海译文出版社,2006年版,第4页。

这种外化本质的重新占有。

在这个过程中，人对自身作为文化主体的深刻自觉是非常关键的一个环节。"自觉"意味着由内而外，不受任何外在影响而自然发生的活动。事实上，人只有在对文化的"自觉"反思之中，才能真正领悟马克思所言的"自由"的内涵。马克思曾多次强调，自由自觉的意识活动是人的类本质，"自由"即是马克思所言人类解放之路的理论起点，也是走向共产主义理想的现实终点，因此，人对文化的反思只有在"自觉"的意义上，才能体现出这种深刻的人道主义关怀。

然而，马克思虽然承认人的自由本质，但他却从不把自由看成是抽象臆想，他始终坚持人总是在现有的生产力所决定和所容许的范围之内取得自由的。这也就说明，人们对于文化的自觉程度与自觉意识也并非一成不变，文化自觉的深度依然受到社会生产力发展水平的影响。随着社会生产力发展水平的提高，文化形态本身在进步，文化自觉的深度与广度也将逐步提升，人类距共产主义的理想也越来越近。人的文化自觉之路与人的全面解放之路殊途同归，其终点都是人类超越物质生产束缚而享有精神回归的理想形态。事实上，恩格斯在《反杜林论》中也指出："文化上的每一个进步，都是迈向自由的一步。"[①]文化自觉与人的自由全面的解放之路从来都是密不可分的。文化跟进了，对文化的内在反思就要有所进步，有所提高，这样才能向真正的最高理想越走越近。

---

① 马克思,恩格斯:《马克思恩格斯文集》第9卷,北京:人民出版社,2009年版,第120页。

因此，我们可以得出结论，人的文化自觉与人的自由全面的解放是步调相合的两条路径，两者在本质上是同一的。人不仅要求文化的出场，更要求对文化的自觉，对文化内在的价值认同。只有在这种文化自觉中，人才得以在经验世界的庸碌之中寻求一种超越，或在确定性的现实之中收获一种可能性的期待，而这恰恰是人们寻回本真自由的第一步。

（二）
充分的文化批判和价值反省

如果说文化自觉是对文化的自我认知与自我觉醒，那么文化批判就是对这种自觉自知的否定与超越。"否定"是文化批判的辩证形式，却不是文化批判的目的。文化只有在多样文化的交往中，才能从自我否定跃升为自我超越，从而推动文化发展的历史进程。在同一过程中，文化批判也将带动对既有价值认知的反省，并且这种反省只有在价值主体的"照面"中才能得到呈现，这意味着只有在文化"他者"的微观政治系统中，中国作为文化主体的价值反省才是客观有效的。

于是，我们通过对文化自觉的不断质询与反思，也越发地将自身的文化身份揭示了出来。我们借由"否定"的刻刀一点点雕刻出被现代性与全球化覆盖的文化边界，并在其中寻回曾经逝去的文化自我。

1 文化批判的"否定"逻辑

在当代中国,瞬息万变的社会演进将共时性矛盾与历时性矛盾紧密交织,并在全球化的放大效应下愈加深化。中国社会就其整体而言,由市场经济所带来的问题要求我们必须以一种综合且灵活的观点来审视时代。于是,我们看到,经济层面和政治层面的批判都可在文化批判的视角上重新加以审视,这也正是在当代中国进行文化批判的必然之意。

第一,文化主体对资本客体的批判:文化发展的多样逻辑对资本增值的单向逻辑的否定。

在马克思主义的经典话语体系中,对资本逻辑的分析与批判是一个核心问题。马克思终其一生为我们揭露了资本是如何成为社会之"新神"的全过程,而后资本批判理论经过恩格斯、希法亭和列宁等人的发展,成为20世纪上半叶国际社会主义运动的理论基石。

资本的本性在于不断增值,即资本要通过不断流动去主导资本主义的经济过程;如果资本不再流动,那么它就丧失了其内在性规定,从主导者变为一种静态符号。资本趋向增值的这种单向度的逻辑,与文化发展的多样化趋向彼此相悖。一方面,资本的流动性首先冲击了文化的多样化。资本的流动性是微观经济层面全球化最直接的体现,同时也是促进全球化最直接的原因。资本需要在全球追求增值和最大利润,因而需要流动。资本的流动使全球之间的经济联系逐渐增强,使人类交往空前发展。资本在流动的过程中形成了统一的规范，这是对于文化多样化最直接的冲击，因为统一化同多样化是相互对立的概念。资本越是扩张，就越需要一个整体上一致的规范，而这种规范会破坏其他文化所建立的规范及其观念。另一方面，文化的多样化发展制约着资本的流动性。作为一对矛盾，资本在流动过程中冲击着文化的多样化，文化的多样化自然也就成为制约资本流动的因素。资本在流动的过程中可能希望实现意识形态的高度同一，这种同一性程度越高，资本流动的成本越低。而文化的多样化发展却是对这种高度同一性的否定。

然而，尽管存在彼此相对的关系，资本增值与文化发展之间也是彼此联系，甚至可以说是密不可分的。一方面，文化产业的高速发展离不开资本的注入与运作，现代社会文化事业的市场化模式更是建立在资本逻辑之上；另一方面，文化发展的多样共通特性是资本拓展新兴市场的重要武器，资本对不同民族、国家或地区的市场活动的统一运作必然要建立在当地的文化基础之上，因而资本需要文化最大限度降低成本（特别是机会成本）获得社会准入。从这个角度看，资本与文化属于社会结构的两个层面，两个层面都是相对自足的，它们都有自己的运行规范，都有自身的修复机制，两者之间的冲突在特定的历史条件下有可能转变为共谋。

因而，文化对资本的批判，既要保持两者之间的相互张力，又要肯定这种否定性的相互作用，既要充分利用资本对文化生产的巨大推动力，又要时刻警醒资本对文化内在性格的腐蚀，避免成为资本自我增值的牺牲品。于是，在资本逻辑与文化逻辑之间，构成了文化批判的作用空间。

第二，文化主体彼此之间的批判：文化交流与冲突中的否定与共融。

习近平总书记指出，一种文明"只有同其他文明交流互鉴、取长补短，才能保持旺盛生命活力"①。文化交流开阔了人们的视野，让他们认识到更加丰富的世界，这是不同文化体系背后所代表的人类精华之间的碰撞与融合。同理，文化冲突的出现既是历史事实也是历史必然，冲突在给文化带来危机的同时，也相应带来了机遇和挑战，它既对文化的生成与发展具有积极的作用，也不可避免带来否定性的影响。

然而，在文化交流与冲突的过程中，不同文化进行着传播，也互相发生着影响；同时，这种文化的传播与相互影响因不同文化所依赖的经济和政治力量不同而存在着差异。多个文化主体之间的相互否定并不直接等价于文化的消亡或发展，在大多数情况下，文化冲突非但不会造成文化衰亡，反而会间接促进文化的繁荣。例如，在历史上，中国传统文化曾对周边地区产生影响，但这些周边地区并没有同化为中国文化的殖民地，反倒依托于中国文化的土壤生长出独特的地域文化。这一过程的作用方式是，通过不同文化之间的比较与竞争，引发人们对既有文化传统的反思，甚至引发人类对自身意义的反思。在这个过程中，特定的文化通常把自己传播到其他区域，而它自身也受到

---

① 习近平：《深化文明交流互鉴 共建亚洲命运共同体——在亚洲文明对话大会开幕式上的主旨演讲》，2019年5月15日。

传播对象的异质文化的影响。二者之间的交流与碰撞必然带来一定的文化反差，这些文化反差会促使人们比较和鉴别不同文化的优劣，这种比较依托的标准是考察这种文化是否更符合自身背后的价值体系，即是否更加满足自身的需要，或者说，这种比较是否能够引导人们反思自身的需要是否存在问题，因而从更根本的层面上引导自身做出反应。因此，人们面对不同文化之间的竞争，会不自觉地吸取异质文化中的优点并对自身的弱点进行优化，这个过程无须任何干预，就能够使自身的文化更富有个性，也更具有竞争力。

当然，这种比较与竞争对不同文化发展所起的作用是不同的。那些善于吸收其他文化优点的文化，就会更加繁荣、更具生命力；那些不善于吸收异质文化优点的文化，就不会繁荣；那些不能吸收异质文化优点以优化自己的文化就逐渐地走向了衰亡。古巴比伦的悠久文明毁灭于权力的自足，腓尼基文明毁灭于封闭的地理与政治结构，这两种文化形式的衰亡证明，文化只有在彼此的交流与碰撞中才能发展，这个环节不可或缺。习近平总书记指出，"人类社会发展史是一部多元文明共生并进的历史。不同国家、地区、民族，不同历史、宗教、习俗，彼此交相辉映、相因相生，共同擘画出这个精彩纷呈的世界"[1]。只有以开放的心态在冲突与变动中积极吸取异质文化中有利于自己发展的成分，才能得到发扬和光大。而这正是文化主体之间在相互批判、相互否定之中寻求文化共融的目的之所在。

---

[1] 习近平：《携手努力共谱合作新篇章——在金砖国家领导人巴西利亚会晤公开会议上的讲话》，2019年11月14日。

第三，文化主体的自我批判：文化的自我否定与自我超越。

文化冲突的另一个结果是，它必然引发我们对自身文化的批判，在此基础上寻求自我超越。这在一定程度上也加深了我们对自身文化的理解。在文化的矛盾和冲突面前，我们首先要做的是对我们既有的文化给予足够的反思，分清楚哪些是积极的，哪些是消极的，只有这样，文化冲突带来的才真正是机会与动力，否则就是直接的文化杀戮。

事实上，任何一种特殊性文化都不会是完美的，都有自身的缺陷与不足，西方文化也是如此。现代西方文化的迅速崛起就与其同非西方文化的交流与碰撞有着直接的关系。它的成长与文艺复兴、宗教改革、启蒙运动、大革命是分不开的，但更重要的是，自1492年以后它对非西方文化的吸收与借鉴。相对于西方文化崛起的是非西方文化的没落，非西方文化之所以在近代以后有所式微，最主要原因在于它没有及时地认识到自己的不足，缺乏与外界文化的交流与沟通。人类的历史表明，文化的发展与应对竞争挑战的能力最终是要通过文化的自我批判与自我超越来实现的。例如，1840年鸦片战争以后，中国进入了半殖民地半封建社会，一些有识之士就企图用西学来拯救中国。虽然从"中学为体、西学为用"到"变法维新"，都以失败告终，但是它开拓了人们的眼界，促使更多的中国人把自己的眼光放到国外。于是有了马克思主义在中国的传播，马克思主义的到来给中国带来了新思想和希望。它不仅引导中国革命走向胜利，而且引导中国建设取得了成功。

当然，文化多样化发展容易造成一种假象，即文化主体的彻底消失。然而，文化多样化发展在促进文化融合和发展的同时，其实也造成了统一性和绝对性的普遍消解，各个文化之前所信仰的形而上学不断被解构，即使是强势文化也面临内部信仰的多样化与相对化。文化多样化看似造就了文化相对主义，削弱了文化主体性，但这个过程在去主体化的同时，也构建了多样主体的共生平台。在这个意义上，文化个性或文化特殊性的展现，在这个全新时代就等同于文化的主体性，那种以普遍性为特征的绝对主体观念已经彻底失去了意义。那么，在这个去主体性的时代，文化个性的自我表达要如何实现呢？答案就是文化主体的自我批判与自我超越。

2 价值反省的"他者"在场

正如前文所述，在文化自觉之后，我们需要通过文化批判的方式对既有认知进行扬弃与超越，而在文化自觉的价值认同基础上，同样需要对价值本身的合法性进行必要的考察与反思。在文化多样化发展的事实基础上，价值反省将以"他者"的形式进行，即在文化主体的交流与碰撞中，寻求彼此承认与内在超越。

第一，中国作为西方世界的"他者"，对西方普世价值秩序的反省。

一直以来，西方世界对中国（非西方世界）的理解都基于一种价值偏见，他们认为现代性的历史与西方资本主义的发展史是同步的，继而认为两者统一于一体，并将其自身的政治欲求与价值指涉强加于现代性之上，以此规定了人类社会的最终点。这种价值绑架的具体展现，就是西方普世价值体系。西方世界在政治博弈与价值解说的话语中，一直在强调一种"终结论"。然而这个所谓"终结"，一方面代表了普世价值秩序在此岸世界的实现，另一方面又是西方世界的自我意识无限膨胀的产物。有趣的是，他们却不愿谈起这个"终结"究竟是什么，甚至不愿给它一个名称。他们只是描述它的一些特征，或是理性的，或是秩序的，或是民主的，或是自由的。当然，这些抽象描述的每一个要素都需要在极端完美的诠释之中才是符合事实的，即使这些事实被规定在举目可及的彼岸。黑格尔描述这种状态为"无论它在哪里寻找本质，都将毫无所获，因为本质恰恰是一个不可能被找到的彼岸世界，被认作不能找到的东西"[1]。因而，他称这种状态为"哀怨意识"。在这个过程中，被傲慢膨胀的泡沫淹没的是其文明的瑕疵，以及对膨胀主体之"他者"的无法容忍。

中国正是西方世界的"他者"。中国的存在为世界提供了一种全新的选择，她塑造了令西方世界叹为观止却无法实践的东西，这种依托于历史与人的坚守的中国道路成为他们眼中的形而上学。事实上，在20世纪早期，罗伯特·罗素出于哲学家的自觉看到了这种自我膨胀的危险，他认为"大战（第一次世界大战）的爆发表明我们的文明

---

[1] 黑格尔：《精神现象学》，先刚译，北京：人民出版社，2013年版，第138页。

中有那么一些瑕疵，而俄国与中国的情况则使我相信这两个国家能使我们分清对错"①。但这种启蒙意味浓厚的自我反思并未被广泛地接受。而在20世纪末达到巅峰的中国"威胁"论，则是这种积极反思的异化形式——西方世界不愿去认识真实的中国，不愿去照面真实的"他者"，而宁可去相信一个抽象的自我建构，将反思的积极意义葬送在虚妄中。对此，习近平总书记曾提出警告："……认为自己的人种和文明高人一等，执意改造甚至取代其他文明，在认识上是愚蠢的，在做法上是灾难性的！"②其实，他们虚构的这个中国，无外乎是自身的镜像而已。资本主义诞生于对时代生活状况的反思，这是人类合理性活动的判定边界，也是资本主义走上历史舞台的合法依据。然而资本主义在它出生的地方建造了自己的坟墓；更为可悲的是，它意识到这种行为的可怕后果却选择无视它，它明知自己的症结根植何处却依然麻醉自己。

在当今时代中，中国作为西方世界的"他者"，代表着对西方普世价值秩序的反省。由于中国改革开放以来在实践上的成功，这种中国引导的价值体系是西方世界不愿理解与不能理解的。而中国道路作为一套日渐成熟的系统实践与价值体系，在世界多样模式（美国梦，欧洲模式，德国经验，苹果风格等）中为人类世界的未来景观提供了新的可能，为现代社会的发展取向建构了新的阐释空间。

---

① 罗伯特·罗素：《中国问题》，秦悦译，上海：学林出版社，1996年版，第7页。
② 习近平：《深化文明交流互鉴 共建亚洲命运共同体——在亚洲文明对话大会开幕式上的主旨演讲》，2019年5月15日。

第二，中国作为现代性的"他者"，对陈旧封闭的全球化及其价值格局的反省。

现代性的内核脱胎于现代资本主义的发展，但它的意义却在于寻求"崇高"。现代性的物质基础是资本的无限积累与扩张，而它的价值指向却是人的幸福。通常来说，弥合这一断裂的手段有两种：其一，资本主义对个体进行意义的规定——通过工作赚钱从而获得幸福（资本与幸福的关系被强制建立）；其二，资本主义对资本进行意义的规定——作为普遍的价值中介功能的绝对公正（任何东西都可通过资本来衡量）。毫无疑问，这些设定是虚伪的。

对此，资本主义采取的方案是"名实"分离。如果资本主义一定需要被死亡，就让它在语言中死亡吧。西方社会在淡化资本主义的概念体系，取而代之的是资本主义的描述体系，如民主、自由、公正与幸福。这些被称为"价值观"的东西成为资本主义侵略本性的代名词，而"资本主义"则被当作一个过时的概念被抛弃。继而，通过这种自我解构，资本主义成了新时期的道德家，他们用价值体系建立起"应然"的数据库，并用其道德框架来克服自身的缺陷，但这种克服并不具有说服力。正如马克思所言的，"决不能因为资本把每一个这样的界限都当作限制，因而在观念上超越它，所以就得出结论说，资本已在实际上克服了它"①。

资本主义孕育了现代性的概念，却把它限定在价值体系的监狱

---

① 马克思,恩格斯:《马克思恩格斯文集》第8卷,北京:人民出版社,2009年版,第91页。

中。因而，现代性的完美想象终究难逃由内而外的腐朽。幸运的是，中国对现代性的理解与实践并未受到这些限制，反而在某种程度上，挽救了现代性这个概念。具体来看，有两个层面：

其一，中国道路塑造了一种人的生存意义。中国改革开放的实践之路是一个主体解放的过程，生产意志的主体与生产活动的主体第一次实现了统一。在这个过程中，资本是解放的催化剂，而非目的。因为个人对财产的关系并不是最高的权利，并没有一个隐藏的上帝来为私有产权立法。资本对人的影响甚至是控制依然存在，但作用的方式却是间接的。在社会生活中，人的任何一种活动都无法脱离资本来实现，但人又无时无刻不面对着资本被剥离的可能性，这种危机是存在的，而危机所带来的焦虑塑造了人对自身生存境遇的把握，也塑造了人与资本之间的无法消解的隔阂。这个隔阂是超越资本的更高的价值指向，虽然它现在还不甚明朗，但这个无法填补的空缺为人的真正的自由留下了空间。简言之，中国道路阐明了这样一个事实：资本是靠不住的，人们需要不懈地去寻找真正靠得住的东西。

其二，中国道路塑造了一种幸福及其实现方式。在中国，"人民"的概念非比寻常地真实且丰富。它是中国式现代性的完美想象，也是中国人所能期待的真正幸福。中国共产党用"为人民服务"五个字建构的精神世界是非常崇高的，因为它告诉人们，既要成为服务别人的人，也要成为被服务的人，这种古典主义的实践原则在中国的意识领域深深扎根。西方世界抱怨这种设定是理想主义的，但除非把幸福的内涵狭隘成购买能力，否则幸福不都是理想主义吗？从黑格尔开始，对幸福的满足就已经是一种观念论了——人对幸福的满足程度源于对幸福的理解程度。除此之外，个人幸福在中国道路中还有共同体意义上的表述——共产主义。

第三，中国作为自我的"他者"，对中国道路之价值内核的反省。

深刻的文化自觉必然要求对文化事实的深刻阐释与回应。对当代中国而言，这其中的一个根源性问题则是，如何理解中国式的"自由"。对这个问题的考察本就预设了一个陷阱，由于"自由"是西方启蒙文化传统以来尤其崇尚的一个东西，似乎中国对自由问题的回应本身就等于认同了西方的话语体系。颇具讽刺意味的是，即便是在西方世界，"自由"也长期被封闭在语言、法权与政治谈资中而难以抽离，以致给我们造成了自由就在身边的假象。事实是，如非自由，政治永远无法成为这个世界的主题，如查尔斯·泰勒讽刺的西式民主，"政治生活是前政治时期的一个工具"[①]。为了政治而政治是十分可笑的。西方世界自身对"自由"都只是抽象的讨论，却抱怨中国只懂得什么是"政治"，不懂得什么是"自由"。

事实上，对于"自由"，没有任何人或组织或国家能够代言，哪怕是自诩为现代"自由"概念的缔造者的西方世界也是如此。然而，"自由"虽然难以言说，但却是一个实践意味强烈的概念。在此意义上，即便中国无法正确地表述这个概念，中国道路时至今日的现代化

---

① 查尔斯·泰勒：《现代社会想象》，林曼红译，上海：译林出版社，2014年版，第15页。

程度也已经证明了它对"自由"之内涵的深刻把握。

从马克思主义哲学的立场来看，确定价值秩序的前提是诸价值的内涵是确定的，但价值的历史性决定了它的内涵也是发展变化的，因而对变化的诸价值进行确定的排序是伪命题。为了避免价值相对主义的困境，中国选择价值集合的表述方式，对多个价值观进行执行层次上的划分，而不做具体的排序；而这种划分的标准满足了当代中国社会的现实需要。事实上，西方社会的自由话语之所以流行，除了固有的文化传统外，还在于它仅仅将"自由"限定在个人的意志领域，这在一定程度上降低了解释难度。例如，个人的消解是现代性（工业流水线的视觉景观）的普遍状况，讽刺的是，个人消解的后果却是个人主义的风行。个人主义意义上的消费主义与全球化的进程基本上是同步的；精英主义作为一种被误解的理想在大众文化中扎根，每个人都自由地规划着自己的精英之路；这条路是由消费品建构的用于展示的画廊。如果说对"自由"内涵的最大外延是"自主地做任何事"，西方世界则将其简化为"自主地消费"，并将诠释重点放在"自主"而非"消费"。而中国在处理自由难题时更注重"自由"的意志与行动的平衡，这是中国为世界诠释一个正当的自由观的最佳途径。在此意义上，在中国讨论"自由"就需要聚焦一个现实维度。

现实是自由的门槛，中国在寻觅自由之光的途中一直都脚踏实地，少有被现实绊了脚的情况发生。而这个宝贵经验正是在中国对自身价值追求的不断反省中获得的。1847年，马克思在《共产党宣言》卷首写道："共产主义已经被欧洲的一切势力公认为一种势力；现在是共产党人向全世界公开说明自己的观点、自己的目的、自己的意图并且拿党自己的宣言来反驳关于共产主义幽灵的神话的时候了"①。如今，中国道路已经被全世界公认为一种独特且成功的道路，那么现在也应该是中国向全世界公开说明自己的观点、目的与意图的时候了。于是，我们看到中国话语正在登上国际舞台，并越来越得到积极的回响。

3 文化身份的自我探寻

在文化批判与价值反省之后，我们对于自身的文化自觉实现了一个全新的高度。文化不仅仅是我们生活经验的整体，不仅仅是我们价值认同的集合，它更成为一种我们对自身生存意义的描绘，成了对彼岸世界的追求。从这个意义上，我们的文化身份意识得到空前的增强，并且我们正在用文化身份来理解自己。

文化作为人类的生活经验是有具体的时间规定性的，因为生活既是时间性的，也是空间性的。生活本质上是文化的，文化规定了人类的生活方式。人类正是通过世界的时空特征来确认一个人的文化身份（identity）。Identity这个词在当代文化研究中有重要地位，它既是身份的意思，又是认同的意思。文化一方面使人与自然相区别，另一

---

① 马克思，恩格斯：《马克思恩格斯文集》第2卷，北京：人民出版社，2009年版，第30页。

方面也使人与人相区别。因此文化不仅规定了人的类本质,而且也确立了人的身份。文化身份就是回答"我是谁"的问题,它指明一个人在文化图景中的时空位置。

第一,基于现代性与全球化的文化身份:世界公民。

文化身份的时间性在现代性概念中得到确立。一般认为,现代化带有工业主义的色彩,它主要是指源于18世纪工业革命所产生的一系列社会变革。现代化本质上是理性化,其目标就是要确立起人作为理性主体的自由,并且以"公民"的身份存在着。如果说现代化是文化的时间凝聚的话,那么全球化就是文化的空间扩展。全球化与现代化一样是不可抗拒的文化命运。黑格尔相信每个民族都有自己的天命,它通过一系列的"承认"斗争而获得理性自由。马克思用深邃的眼光注视着现代性的扩张力,从高度发达的生产力和超民族的普遍交往来解读世界历史。吉登斯认为,全球化是现代性的后果,现代性的反思性质为跨文化交往和全球化的时空压缩准备了条件。在全球化的语境中,我们的确可以看到,统一的世界市场、模式化的"民族-国家"与同质化的大众文化构成了一幅文化的狂欢图景。这其中,文化是混合的、无边界的、普世的、个体的,在一定意义上甚至是同质的、平面的、非中心的。在这样的世界图景中,康德所谓的"世界公民"的文化身份已经昭然可辨。文化身份的时空性质,使传统文化常常表现出时代性和民族性。但是,文化身份的这两大特征,在现代化与全球化的理论话语中和实际背景下,逐渐变得模糊不清,成为文化身份的隐性特征，而现代性与全球性则取而代之，成为"世界公民"这一文化身份的显性特征。

然而，在文化身份的进一步探寻中，我们发现"世界公民"并不意味着人类世界的大同。由于文化身份和文化认同的复杂性、多层次性，在一定情况下会导致认同的危机和冲突。文化的现代性也并不会简单地消泯文化的空间性特征。尽管后者可能在现代性面前被遮蔽起来。尽管工业化、都市化带来一系列文化趋同，但由于性别、血统、种族、地理、家庭、伦理、语言、宗教、民族、国家等因素带来的文化差别仍然存在，因此，同质意义上的文化全球化也许仅仅是一种担心。实际上，现代性和全球化的这两个联袂的理论话语，以及现代性在全球迅速扩张的现实，造成了全球文化多维度的紧张关系，这一方面导致了多个文化主体的身份迷失，更加剧了文化乡愁的泛起和文化之间的冲突。

第二，基于传统、回归与情怀的身份迷茫：文化乡愁。

在一个遵循容忍原则的多样世界社会里，那种具有原创性的文化价值被边缘化了，由性别、种族、民族、地理、历史、神话、自然法等因素所塑造的文化经验的本真性和真理体验的唯一性也被削弱了。过度自由的生活方式与现代科技的发展后果，使现代人也有可能被允许选择国籍、民族、文化，甚至重新定位自己的血统和性别认同。现代社会这种无家可归、无所依托和缺失方向的散文化状态，直接导致普遍的文化乡愁的泛起。

文化乡愁意味着无指向性的身份迷茫。文化乡愁差不多是同所有文明进程始终相伴的文化意象，它或者是时间性的，或者是空间性的，但往往是两者相糅合的。这种怀旧、回归意识，实际上也渗透在现代民族观念的自我强化和自我塑造的过程中。正是现代性激发了"民族–国家"的想象与建构，而现代性压力下的各种社会怨恨、族群膨胀、心理释放和认同的诉求，导致新一轮的种族冲突、分离主义和民族运动。任何一种文化承担，在面对一种异文化、一个文化他者的时候，很容易泛起一种自身的文化乡愁。这与文化的"边界"概念密不可分，例如中国人的天下意识和天下关怀也需要有文化中心与地理中心的羁绊，古时只有在边关，面对异文化的茫然，才会使一个人真正掂量出故土的分量。实际上，复杂的文化情愫也常常通过特定的土地感情与地理意识来表现。汉文化就集中体现在"内诸夏而外夷狄"的"中国"意识当中。所以说，一个民族的文化认同常常基于三个重要因素，一是血统，二是土地，三是语言。如果对这三者都缺乏感情，那么任何一种爱国主义、民族主义都是无法理解的。在文化的边界被时间空间的相互交融所抹除的时代，历史与国家的文化身份也就逐一被抹除了。

当然，世界主义者是无法接受这种文化乡愁的。勒维纳就从海德格尔的乡愁中读出了某种纳粹情结，站在文化他者的立场上，要求将这种乡愁连根拔起，使有家之人背井离乡，成为康德意义上的"世界公民"。以此观之，文化乡愁的泛起与文化身份的模糊，是对文化普世主义的价值挑战。这一问题的解决,只有在充分的文化批判与激烈的价值反思中才能实现。在此意义上,文化批判与价值反思是我们自身对文化的重新"划界"。

第三,基于文化批判与价值反省的自我规定:新时代的社会主义文化。

五四运动以来,中国人一直天真而自卑地解读着现代性和西方文化,而恐惧和多疑又让我们在现实中彷徨不前。现代性、现代化这些梦幻般的字眼,和西化、全球化这些地理意象一样,一方面仿佛是我们的未来命运的宣示,另一方面也是我们百年未了的悲情的刻写。中西文化之间的冲突,是典型的时间和空间双重的身份冲突。今天,随着现代性批判意识的增强,这种复杂性凸现出来了。在全球化语境中,这种复杂性会进一步放大。对于当代中国而言,经过40年的改革开放,中国的文化现状基本上呈现出多样文化的格局。社会主义、自由主义、大众文化、儒家文化、佛教文化、伊斯兰文化与基督教文化等,都占有相当的市场份额,其中大众文化的比例伴随文化产业化进程的加快而大大提高。在全球化驱动下,这种多样文化现实和多样文化主义的诉求,会对主流的社会主义意识形态形成新的冲击。

作为理性启蒙的后果,社会主义和自由主义一起成为塑造现代性的强大力量。社会主义在西方的历史境遇中基本上保持了它的批判性和灵活性,因为它没有凌驾于具体的历史文化之上,而是融入了实际社会生活当中。这正是西方马克思主义活跃性的源泉。实际上,中国的社会主义，也是一种批判与超越的社会主义。因为，它回到了人生的常识，回到了历史的起点，在实际生存境遇中去解决一个一个的问题，而不是从维护体系出发，寻求统一的答案。批判的社会主义是一种精神，一种方法，一种彻底的历史唯物主义。它可以灵活吸纳历史文化，同多样的社会文化相处。

新时代的中国特色社会主义文化是一种建立在自我批判与自我超越基础上的文化形态。中国特色的概念内核是在与当代世界的深刻对话中得到解读、诠释与发散的。当代世界的三大思潮：保守主义、自由主义和社会主义之间既相互关联，又相互反对，构成一种三角张力，共同折射出现代性的复杂意蕴。这个三角关系强化了三种思潮相抗衡的国际政治格局，一定程度上也是对原有文化身份关系的改写。因此，在后全球化时代，或人类命运共同体时代，中国的文化模式为我们理解全新时代的跨文化交往提供了一种新的选择。这种模式强调的是在世界哲学的共同信仰下，不同文化在同一"地球村"自由地对话、交往与融合。而它对于旧的全球化格局的最大颠覆就在于，它允许文化之间充分地对话，它赋予文化主体以文化身份，或者说，至少赋予他们拥有文化身份的权利。

文明间的对话是必要的，但对话必须以自由交往为前提。只有自由交往才能形成一个共处其中的世界社会。在雅斯贝尔斯看来，世界是在超越的信仰引导下的自由交往的结果。自由和交往是超越的信仰的表现，也是人的存在的基本方式。一方面，自由是人存在的起点和终点，只有在自由中，才有可能交往。也就是说，只有当自己自由地自我选择，并希望他人也处在自由中时，交往才成为可能。另一方面，自由不是认识的客体，只有在交往中人才能确认自己的自由，才能自由地规定自己。因此，交往也是伙伴之间的相互批判彼此否定的过程。

在这个意义上，文化身份的寻回依托于对自由和交往的信仰，因而是一种超越的信仰，一种批判哲学的信仰。它使自由成为普遍的政治自由和文化自由成为可能，使交往扩展为世界范围的自由联合成为可能。它既承认文化的差异原则，也要求文化的敞开性。在此意义上，文化的自由交往必将成为新时代跨文化对话和世界融合的起点和规范。

（三）
坚定的文化自信和价值超越

文化自信发端于深刻的文化自觉，形成于彻底的文化反省，并且需要在现代社会的多重文化镜像中持续提升，最终体现为在建设中国特色社会主义伟大实践中铸就的高度自信的民族气质。中国特色社会主义文化自信的提出，是基于马克思主义中国化的理论新飞跃，是基于中国共产党人对中国优秀传统文化的忠实传承，是基于改革开放以来中国特色社会主义的伟大实践，是基于开启全面建设社会主义现代化强国新征程的必胜信念，更是中国特色社会主义进入新时代的精神气质。

1 文化自信：
在自觉与自省之后

文化自信是一个国家、一个民族发展中更基本、更深沉、更持久的力量。文化自信离不开文化自觉，也离不开文化自省。文化自觉是人作为主体对文化的自知，文化自省是主体对自知的批判超越，在此之后，经过辩证考察的文化本体则成为主体文化心理的生长基础，也就是文化自信的真正底气。

第一，文化自信发端于文化自觉。

任何一个时期的文化都是历史的产物。马克思曾经指出，"人们自己创造自己的历史，但是他们并不是随心所欲地创造，并不是在他们自己选定的条件下创造，而是在直接碰到的、既定的、从过去承继下来的条件下创造"[①]。这表明，任何文化的发展总是在一定的时空背景下展开的，不可能超越历史阶段，更不是空中楼阁。当前，中国特色社会主义进入了新时代，这是我国发展新的历史方位。我国社会主要矛盾已经转化为人民日益增长的美好生活需要和不平衡不充分的发展之间的矛盾。因此，在当代中国的文化自觉，必须坚持从实际出发，找准历史的方位和坐标，充分认识社会发展的阶段性特征，认识现阶段中国文化构成和状况的复杂性，既不落后于时代，又不超越阶段。同时，任何一个时期的文化都是多样一体、多样共生的，推进文

---

① 马克思，恩格斯：《马克思恩格斯文集》第 2 卷，北京：人民出版社，2009 年版，第 470-471 页。

化建设必须强化主导、壮大主流。文化总是以丰富多样的内容形式来展现的，但其中总有一种占据主导地位、起着支配作用。在古代中国，尽管儒、释、道等多种思想文化长期并存，但长期居于正统地位的是儒家文化。近代以来的西方国家，虽然各种各样的文化表达和文化思潮不断涌现，但以个人主义为核心的资产阶级思想文化始终占据主导。在当代中国，我们自知对建设自己的主流文化更加重视、更加自觉，因而必须坚持弘扬主旋律与提倡多样化相统一，努力在多样中立主导、在多样中谋共识。此外，任何一个时期的文化都是一个不断积累积淀的过程，文化涉及人们的情感记忆、思维习惯、精神感悟，涉及人们的历史认知、观念认同、理想追求。这些都需要时间的淘洗、实践的锤炼、长期的孕育。文化建设是在精神领域搞建设，如果没有长期的积累，就不可能有大的飞跃。

文化的变迁确实是一个漫长的过程，在文化自觉的基础上坚定文化自信，既要有紧迫感，也要看到长期性，有足够的耐心和坚持，做到重在建设、注重积累，持之以恒、久久为功，决不能心浮气躁、急功近利，更不能用暴风骤雨、搞运动的方式来进行。

第二，文化自信形成于文化自省。

文化自省首先要求一个开放包容的胸怀。世界文化多样、各有所长。每一个国家的文化都以各自方式为世界文明做出贡献，都是人类共同的精神财富。只有兼纳百家之精华，融合各种文化之所长，才能更好地促进本国文化的发展；如果自我封闭、排斥外来，就会失去发展的活力，甚至走向消亡。中华文化之所以生生不息、经久不衰，就在于它具有海纳百川、有容乃大的胸襟，具有博采众长、兼收并蓄的传统。习近平总书记指出，"一部中国史，就是一部各民族交融汇聚成多元一体中华民族的历史，就是各民族共同缔造、发展、巩固统一的伟大祖国的历史。各民族之所以团结融合，多元之所以聚为一体，源自各民族文化上的兼收并蓄、经济上的相互依存、情感上的相互亲近，源自中华民族追求团结统一的内生动力"①。从中华文化自身来看，本身就是一种由多民族、多地区共同缔造，融多样于一体的文化，不仅包括汉族的文化，还包括其他几十个民族的文化。"我国各民族创作了诗经、楚辞、汉赋、唐诗、宋词、元曲、明清小说等伟大作品，传承了格萨尔王、玛纳斯、江格尔等震撼人心的伟大史诗，建设了万里长城、都江堰、大运河、故宫、布达拉宫、坎儿井等伟大工程。中华文化之所以如此精彩纷呈、博大精深，就在于它兼收并蓄的包容特性。"②

从中华文化与其他文化的关系来看，虽然我们也有过封闭时期，有过闭关锁国、抱残守缺的教训，但在漫长的历史上，开放包容始终是中华文化发展的主流。历史证明，开放包容不会削弱中华文化的优秀内核，反而使中华文化在吸收借鉴中不断丰富壮大。在今天经济全球化和我国对外开放不断扩大的情况下，更应该以开阔的视野、博大的胸怀对待外来文化，积极参与世界文化的对话与交流，大胆吸收借鉴一切有利于我国文化建设的有益经验和优秀成果。同时，文化自省

---

① 习近平：《在全国民族团结进步表彰大会上的讲话》，2019年9月27日。
② 习近平：《在全国民族团结进步表彰大会上的讲话》，2019年9月27日。

要善于做辩证取舍。开放包容不是盲目崇外，学习借鉴也不是照抄照搬。每一个国家的文化，都有其赖以生存的土壤，都有其发挥作用的条件。即便是一个国家自己的传统文化，如果离开了一定的历史条件、社会环境，文化的价值和作用也必然发生变化。同时，多样文化也是形形色色、五花八门，良莠不齐、优劣并存。这就要求我们在对待各种文化对象时保持批判的心态，要有分析、有比较、有鉴别，做到辩证取舍、择善而从。

此外，文化自省意味着文化上的转化再造、自我超越。吸收借鉴外来文化，目的是转化再造、丰富发展我们自己的文化。吸收外来文化，贵在以我为主、为我所用，重在实现中国化、本土化。要把优秀的文化资源同中国的现实需要结合起来，解决中国的实际问题，服务人们的生产生活实践。只有通过这种自我超越，才能形成中国气派、中国风格，才能在中国的土地上生根发芽、开花结果。

第三，文化自信的充分理由和充足底气。

坚定中国特色社会主义道路自信、理论自信、制度自信，说到底就是要坚定文化自信。在几千年的历史流变中，世世代代的中华儿女培育和发展了独具特色、博大精深的中华文化，为中华民族克服困难、生生不息提供了强大精神支撑。历史和现实反复表明，一个国家、一个民族只有对自身文化理想、文化价值充满信心，对自身文化生命力、创造力充满信心，才能有坚持坚守的定力、奋起奋发的勇气、创新创造的活力。一个抛弃或者背叛了自己历史文化的民族，不仅不可能发展起来，而且很可能上演一幕幕历史悲剧。

当然，文化自信一定要有充分理由和充足底气。充分的理由源自深刻的文化自觉，充足的底气源自彻底的文化自省。在文化自觉的视野中，我们看到博大精深、灿烂辉煌的中华优秀传统文化构成我们文化自信的深厚基础；激昂向上的革命文化和生机勃勃的社会主义先进文化构成我们文化自信的坚强基石；改革开放以来中国特色社会主义伟大实践，构成我们文化自信的强大支撑。在文化自省的视野中，我们看到中国特色社会主义文化不断增强意识形态领域主导权和话语权，推动中华优秀传统文化创造性转化、创新性发展，继承革命文化，发展社会主义先进文化，不忘本来、吸收外来、面向未来，更好构筑中国精神、中国价值、中国力量，为人民提供精神指引。

2 价值旨归：以人民为中心的文化方向

"以人民为中心"作为当代中国文化发展的价值旨归，其实是文化创生与发展的内在趋向使然，也是人作为一种文化存在的生动展开。从文化的生成逻辑来看，文化的内核包含了两个彼此融合的过程，即"人化"和"化人"。

"人化"是指人将自身人格通过劳动外化到外部世界或自然界，从而对其进行改造，"使自然界打上人的印迹，成为人生存的家园，从而更适合人的发展和进化"。人化的过程既凸显了价值指向的一面，即凝聚了人的需要、目的等，又凸显了现实指向的一面，即是一种具象的劳动活动。"化人"是指人在能动地改造世界的过程中，对象世界也因为凝聚了人格而具有了人性，它们反过来对人进行了规定，使得"人"实现了成长与进化。人对自身的认识与期待也不断提高，人在反思自身的同时得到了发展与进步，而"人化"的过程从某种程度上来说也就是"化人"的过程，两者共同构成了"文化"的灵魂。因此，未来中国的发展必须关注人的文化人格，这是在对文化本质进行细致分析之后得出的必然结论。这其中包含了三个内容：

第一，人作为文化的主体是文化发展的执行者。

这里回答的是当代中国的文化发展主要依靠谁的问题。文化的主体是人，文化发展的主体是人，文化建设的主体也是人。这里的人既是广大人民群众，也是具有文化意识的个体。人民群众是历史发展的主体，他们既是物质财富的创造者，也是精神文化的创造者，而这种创造只有体现在个体的现实生活中才有意义。中国特色社会主义文化建设要坚定人民在文化建设中的主体和中心地位，围绕人民的各种文化需求进行展开，并以现实生活中的文化实践为落脚点。在现代社会，人的价值和精神一度发生了迷失，这是由"物本主义"的时代精神所决定的。"物本主义"极大地拓展了人的主观能力，在物质上、知识上给人以全面的支撑，这也使得人的活动范围与活动能力达到了空前的高度。在此基础上，人对文化建设的具体实践才是可能的，人为自身主体性的寻回过程才能够得到最终实现，人才能真正成为文化发展的执行者。

第二，人作为文化的主体是文化发展的最终目的。

首先，人成为文化发展的最终目的是一切文化建设活动的出发点和落脚点。人是社会主义文化最本质的要求，发展社会主义文化的根本目的就在于满足人民群众的精神文化需要，实现人的全面发展。在当代社会生活中，人民的物质生活水平得到了巨大提升，因而物质利益的实现已经不是人民需求的重点，相反，人民越发关注自我完善和自我发展等问题。文化需求不应是奢侈消费品，而是人民群众的基本需求，因而社会主义文化建设就不只为少数人提供文化服务，而是为全体人民提供文化服务。社会文化成果由全部人民群众共同创造，其文化成果的消费也由全部人民群众共同享有。其次，人成为文化发展的最终目的是文化强国的需要。人是我们进行文化建设的立足点，人民群众的精神人格得到了发展，就能更好地促进人的发展，也就能带动我们国家的发展，实现民族的复兴。反过来，衡量一个国家是否富强的标准也就不仅仅要考察经济实力，而更要关注文化指标。在走向小康社会的步伐中，我们追求的是吃得饱、活得好，前一个标准还是物质生活上的，后一个则是精神生活上的。"活得好"的内容极为丰富，并且在不断扩充，因而要达到这一目标，需要我们生产高质量的文化产品，引导人民群众去积极消费，继而提高人的整体素质，最终实现人的生活幸福。联合国教科文组织提出："发展最终以文化概念来定义，文化的繁荣是发展的最高目标"。文化发展是为了文化强国，文化强国是为了文化生活。再次，人成为文化发展的最终目的是中国共产党的执政理念的展现。中国共产党的根本宗旨是全心全意为人民服务,中国共产党始终把最广大人民的根本利益作为全部工作的出发点和落脚点。中国共产党执政为民的理念不仅要求把人民的经济政治利益实现好,也要求把人民的文化权益实现好。同时,人民群众的文化权益得到巩固,就能够实现更深层次的文化自觉,也就对中国共产党的政治信仰认识更加透彻与深刻,对党的执政思路与路线政策也就会更加认同。这不仅有利于国家的稳定,也有利于党的群众路线的最终落实。

第三,人作为文化的主体是马克思主义政党文化的最高价值共识。

坚持以人民为中心,本质上体现了中国共产党人的价值观。在世界各政党中,马克思主义政党的一个独特标识是:它除了代表最大多数人民的根本利益,没有自己的任何利益。这就向世人昭示,它不是利益的共同体而是价值的共同体,它的成立和发展完全是因为崇高的价值追求。在《共产党宣言》中,马克思、恩格斯指出:"过去的一切运动都是少数人的或者为少数人谋利益的运动。无产阶级的运动是绝大多数人的、为绝大多数人谋利益的独立的运动。"[1]毛泽东也指出:"共产党是为民族、为人民谋利益的政党,它本身决无私利可图。"[2]这就意味着,作为一个马克思主义政党,中国共产党在诞生之初就不是以政党利益作为目的,而是把人民的利益放在首位。或者说,党的利益与人民的利益是一体的。中国共产党既是执政党又是使命党,党和人民的关系是鱼和水、血和肉、舟和水的关系。这也就解

---

[1] 马克思,恩格斯:《马克思恩格斯文集》第2卷,北京:人民出版社,2009年版,第42页。
[2] 毛泽东:《毛泽东选集》第3卷,北京:人民出版社,1991年版,第809页。

释了,有人把党的领导和人民当家做主对立起来,实则是由对党的本质的错误认识造成的。

自成立伊始,中国共产党就始终坚守全心全意为人民服务的价值观,将它作为长久的行动指南,用自己的价值实践打造了亘古长存的历史丰碑。在新时代,为人民服务的情怀以"坚持以人民为中心"来实现。这其中,就规定了我们的目标、使命和价值标准。正如习近平总书记在十九大报告中指出的,"中国共产党人的初心和使命,就是为中国人民谋幸福,为中华民族谋复兴"①。同时也是政党未来工作的指向,就是"必须把人民利益摆在至高无上的地位,让改革发展成果更多更公平惠及全体人民,朝着实现全体人民共同富裕不断迈进"②。

总之,从"人"到"文化",再从"文化"回到"人"的循环,正如吉登斯所言,"在其最简单的形式中,现代性是现代社会或工业文明的缩略语"③。而"中国特色"的文化发展之路与凸显工具理性的现代性文化不同,它以人民为中心的理念作为根基,更加关注社会发展的价值维度。从这个意义上看,这种文化不仅继承了现代性的核心精神,又能坚持对现代性精神的价值反思,也就是文化的现代性与先进性的内在统一。

---

① 习近平:《决胜全面建成小康社会 夺取新时代中国特色社会主义伟大胜利——在中国共产党第十九次全国代表大会上的报告》,2017 年 10 月 18 日。
② 习近平:《决胜全面建成小康社会 夺取新时代中国特色社会主义伟大胜利——在中国共产党第十九次全国代表大会上的报告》,2017 年 10 月 18 日。
③ [英]安东尼·吉登斯:《现代性——吉登斯访谈录》,尹宏毅译,北京:新华出版社,2001 年版,第 69 页。

3 何为人民：
文化表达与价值甄别

在文化自觉的逻辑延展中，"人"的主体性得到了充分确认；在文化批判的自我反省中，近代以来"中国人"的文化身份得到了清晰澄明；而在文化自信的价值超越中，当代中国的"人民"概念得到了丰富与诠释。

第一，对于"人民"内涵的文化概括。

"人民"是一个随着历史不断丰富发展的概念。在19世纪，马克思、恩格斯对于"人民"的政治学概括还处于一种抽象描述的阶段，而具体化的"人民"其实是由阶级来划分的，具有革命与解放意识的政治群体。只有这些具有阶级意识的人实现了解放，将自己从阶级的桎梏中释放出来，真正的"人民"才会出现。在革命时期，在毛泽东的思想体系中，"人民"始终作为一种强大的物质性力量推动着历史的前行。在中国人民艰苦卓绝的革命斗争中，中国人民依靠自己的力量实现了政治解放，消灭了剥削，建立了社会主义制度，人民群众成为国家的主人和主体。在社会主义初步探索中，中国人民依靠自己的力量摆脱了最初的贫困，为新中国后来的发展奠定了重要的物质基础。在改革开放之初，邓小平对于"人民"的概括着重强调了它的经济学意义。他认为必须真正贯彻按劳分配原则和社会主义物质利益原则，处理好各种利益关系，运用利益原则调动干部群众的积极性。正如他在1978年的中央工作会议上指出的："不讲多劳多得，不重视物质利益，对少数先进分子可以，对广大群众不行，一段时间可以，长期不行。……革命是在物质利益的基础上产生的，如果只讲牺牲精神，不讲物质利益，那就是唯心论。"①在新时代，习近平对于"人民"作了总体性概括，强调"人民"成为一个涵盖了人民权利保障、人民财富积累、人民价值实现、人民主体地位凸显等内容的全面且丰富的总体性概念。在此意义上，"人民"的内涵本身就具有了复杂的文化意义，而这也更加契合马克思在共产主义中设定的"人的自由全面的发展"的原初设定。这样一个总体性概念的提出，一方面是建立在中国共产党领导的人民解放、国家富强的历史成就之上，另一方面也适应于当今时代人民群众对于获得感、幸福感、安全感的总体性需要。可以说，在这样一个全面发展的时代，面对人民群众全面的需求，习近平总书记以总体而全面的人民观为基础，作为新时代我们党和国家工作的中心，也是一种历史必然。

第二，对于"人民"文化内涵的价值甄别。

从"以人民为中心"的价值基点出发，习近平总书记要求在新时代必须不断促进人的全面发展、实现全体人民共同富裕，推进保障人民利益的总体性实践。这其中，凸显出几个显著的价值特征：其一，实现了依靠群众与引领群众的统一，正如习近平总书记明确指出的："领导和群众在某种意义上是一对矛盾统一体。"②坚持以人民为中心，就是将这对矛盾关系统一起来，一方面保障人民的权利，让

---

① 邓小平：《邓小平文选》第2卷，北京：人民出版社，1994年版，第146页。
② 习近平：《干在实处，走在前列》，北京：中共中央党校出版社，2013年版，第524页。

群众饱含内在热情，主动投身创造伟业，另一方面通过责任意识的唤醒，引领群众凝心聚力，携手向美好生活前行。其二，实现了"以物为中心"与"以人为中心"的统一。以物为中心，在理论上表现为"自然中心主义"或"物质中心主义"；在实践上表现为单一的经济增长，以经济指标作为衡量社会发展程度的唯一标准。以人为中心，在理论上坚持以人为本，实现人的总体性发展，强调通过社会的全面进步实现人的全面发展；在实践上注重人与自然、人与社会、人与人关系的和谐和优化，追求经济、政治、文化、生态等全方位的整体推进和协调发展。坚持以人民为中心，其实是在较高的物质生产的基础上，对于社会发展的更高的要求。两者不是替代的关系，也不是超越的关系，而是统一的关系。其三，实现了全局战略与局部任务的统一。以人民为中心，表现在党和国家的全局战略上，就是全面决胜小康社会，为人民的美好生活添砖加瓦；表现在局部任务上，就是决胜小康"一个都不能少"，重点解决贫困落后的问题、发展不协调的问题，要让全局的成果普惠到每一个群众的身上。其四，实现了法治建设与作风建设的相统一。法治建设强调外在约束，制度保障，解决的是人民群众的公平公正的现实需求；作风建设强调内在约束，文化保障，解决的是党员干部党性历练的现实需求。以法治思维和法治方法抓作风建设，使作风整治成为常态而非"运动"，用硬制度改变软规则，实现作风建设制度化、规范化和常态化。其五，实现了国际与国内相统一。坚持以人民为中心，目的是要将党、国家、人民凝合成一个价值共同体，以共建共享的方式构建未来中国；而在国际视野中，习近平总书记用相同的价值思维提出"人类命运共同体"的倡议,主张用共建共享的方式构建未来世界。为此,我们强调国与国之间相互尊重、平等协商,凸显一种共赢思维、共享思维,以此推动经济全球化朝着更加开放、包容、普惠、平衡、共赢的方向发展。

第三,"人民"的文化表达与共产党人的政治担当。

在当代中国的文化语境中,"人民"既是文化实践的手段,也是文化实践的目的;既是文化实践的客体,又是文化实践的主体。然而,只有一个群体能够将"人民"的双重价值维度统一起来,那就是中国共产党。这不仅反映了中国共产党对人民主体思想的总体性认识,同时也是贯穿党和国家一切工作中心的方法论与实践论,因而意味着非凡的政治担当。

首先,坚持以人民为中心是理想信念:拧紧思想总开关。党的十八大以来,习近平同志时刻把人民的所思所盼作为一切工作的出发点,并且多次反复强调:"作为国家领导人,人民把我放在这样的工作岗位上,我就要始终把人民放在心中最高的位置,牢记责任重于泰山,时刻把人民群众的安危冷暖放在心上,兢兢业业,夙夜在公,始终与人民心心相印、与人民同甘共苦、与人民团结奋斗。"①如此把人民放在最高位置,更加明晰了党与人民的位置。也正因如此,才能让共产党人从内心牢固树立全心全意为人民服务的宗旨和使命。新形势下党的历史方位发生了新的变化,如何在新的形势面前更好地保持

---

① 习近平:《习近平谈治国理政》,北京:外文出版社,2014年版,第102页。

其自身的先进性、纯洁性，更加密切党与人民的关系成为首先必须解决的问题。基于此，党员领导干部只有从内心把人民放在最高位置，才能真正做到俯下身子、放下架子，才能"走到寻常百姓家"，真正听到人民的心声和呼声，真心向人民学习，从中汲取无穷智慧和巨大力量，把新形势下社会主义现代化建设各项工作顺利推向前进。

其次，坚持以人民为中心是目标取向：带领人民创造美好生活。中国共产党近百年的成长与发展道路证明，无论是战争年代还是和平年代，无论是作为革命党还是执政党，无论是社会主义制度的确立，还是坚定地进行社会主义现代化建设，归根到底都是在担当全心全意为人民服务的责任和使命，都是为了人民的根本利益，为了顺应人民的期望和意愿。在新时代中国特色社会主义的道路上，更要思民之所盼、解民之所忧、谋民之所利。具体如何去实现，只要抓住一点：把人民对美好生活的向往作为我们的奋斗目标。就其具体内容而言就是实现人民所期盼的"有更好的教育、更稳定的工作、更满意的收入、更可靠的社会保障、更高水平的医疗卫生服务、更舒适的居住条件、更优美的环境"[①]。人民盼望的"七个更"涉及衣食住行的各个方面，与人民的学习、健康、工作等日常生活息息相关，充分体现出中国共产党以人民为中心的工作目标设定的具体性、方向性和系统性，使党以人民为中心的发展思路更清晰明了，指明了中国共产党"以人民为中心"谋发展的详细蓝图。

---

① 中共中央文献研究室：《习近平关于全面深化改革论述摘编》，北京：中央文献出版社，2014年版，第91页。

最后，坚持以人民为中心是评价标准：把人民利益摆在至高无上的地位。人类的活动有其价值指向，执政党的绩效也需要做出价值上的评价，这种价值评价的结果直接关系执政党的执政合法性问题。习近平总书记指出，"党的执政水平和执政成效不能由自己说了算，必须而且只能由人民来评判，人民是执政党工作的最高裁决者和最终评判者"①。党的工作"决不能用自我感觉代替群众评价"，评价标准在于"最终要看人民是否真正得到了实惠，人民生活是否真正得到了改善，人民权益是否真正得到了保障"②，要让人民群众有更多获得感。在这些论述中，习近平明确了价值的评价主体是"人民群众"，评价客体是"党的执政水平和执政成效"，评价标准主要有人民群众"生活美好、得到实惠、权益保障、获得感"等。这一评价体系凸显了把人民利益摆在制高点的价值设定，在评价标准上既有客观上的"实惠"，又有主观体验上的"美好"，从而赋予人民主体以更具体的感受。

---

① 习近平：《习近平谈治国理政》，北京：外文出版社，2014年版，第28页。
② 习近平：《习近平谈治国理政》，北京：外文出版社，2014年版，第27页。

第五章 文化自信的动力系统

文化自信作为一种社会意识表达，是中国人民对本民族精神文化力量的坚定自信，是当代中国社会意识形态的重要组成部分。马克思指出，"人们的社会存在决定人们的意识……随着经济基础的变革，全部庞大的上层建筑也或慢或快地发生变革"①。所以，作为一种精神现象，文化自信的存在、发展，必然以整个社会经济、政治等层面的生成、演进作为内在的持续推动力。

当代中国的改革发展实践已经充分表明，中国特色社会主义文化自信的社会影响具有深刻的广泛性，彰显着强大的力量。首先，优秀传统文化能调动起各个阶层、各种群体的文化基因与情感共鸣，具有穿透历史和包蕴未来的强大力量；其次，革命文化在代际接续传承中对中国人的价值取向和行为选择产生深刻的影响，具有震撼心灵、塑造精神的强大力量；最后，社会主义先进文化在改革创新中激励着广大中华儿女的生命热忱，具有凝聚人心、催人奋进的强大力量。无论是优秀传统文化、革命文化还是社会主义先进文化，都能不知不觉间渗透进人们社会生活的各个方面，深刻影响人们的生活方式、思维方式和行为方式。中国特色社会主义文化自信具有广泛性的根本原因，

---

① 马克思，恩格斯：《马克思恩格斯文集》第2卷，北京：人民出版社，2009年版，第591-592页。

是这种文化本质上是人民本位文化，处处蕴藏着为了人民、依靠人民、以人民为中心的价值精神。就像马克思、恩格斯所说："过去的一切运动都是少数人的或者为少数人谋利益的运动。无产阶级的运动是绝大多数人的、为绝大多数人谋利益的独立的运动。"①中国特色社会主义文化亦是属于大多数人、为了大多数人、由大多数人共享的文化，相比于人类历史上的英雄本位文化具有无可比拟的价值超越性，因而会引起广大人民群众的强烈共鸣。因为这种人民本位文化立足中国国情，顺应历史发展趋势，因而能汇聚起中华民族前进更持久的动力。

（一）
中国革命的成功实践

中国曾是世界上文明最发达的国家之一，在经济、科技、文化等领域一度领先世界。不过，随着西方开启了现代化进程，中国便渐渐落后于西方。19世纪40年代，以英国为首的帝国主义列强开始了对中国的侵略，中华民族被迫打开了国家的大门。西方帝国主义列强对中国的疯狂侵略，不仅包括物质财富方面，更包括精神文化层面。这导致中国的主权和领土完整遭到严重破坏，中国逐步沦为半殖民地半封建社会。随着民族矛盾的尖锐，救国图强，探索救国救民的真理之

---

① 马克思，恩格斯：《马克思恩格斯文集》第2卷，北京：人民出版社，2009年版，第42页。

路，便成为最为紧迫的时代课题。

1 旧民主主义革命的尝试探索

当侵略者们尝试以资本主义生产方式奴役中国时，他们很快发现，中国虽然人口众多幅员辽阔，但是中国的市场却并不如他们最初设想的那样庞大，这与传统中国的社会生产方式有着密切的关系。为了进一步打开市场，侵略者们一方面逼迫清政府与之签订一系列不平等条约，为他们的在华贸易创造便利条件；一方面向中国出口鸦片，企图通过鸦片这一特殊商品，创造更大更集聚的利润。在那个特殊的时代语境下，鸦片是一种极其特殊的商品。一方面，它是商品，因为它由人培育并养殖出来，继而被来自资本主义国家的侵略者们通过一定的交通工具运送到中国市场上以一定的价格出售；另一方面，它也是极为特殊的商品，因为它的使用价值在于对消费者精神与肉体的践踏和摧残。所以，这是一种难以想象的商品交换，因为它的卑鄙性是那样显而易见。

侵略者与被侵略者的不平等已经不仅仅体现在交换领域和生产领域，更体现在精神领域，体现为深受鸦片祸害的中国人却在畸形地渴求着这种商品，渴求着侵略者的仁慈和怜悯，而对于这种仁慈和怜悯，连中国人自己都知道这就是赤裸裸的欺诈和压迫。可以说，鸦片带给中国的不仅仅是传统经济领域的崩溃，更是对于社会政治组织结构、人们道德和精神生活的深远持久且难以消灭的灾难。随着英国对中国侵略的加深，世界其他许多老牌资本主义国家也都加紧了对中国的侵略，瓜分他们在中国的利益。就这样，中国逐步沦为半殖民地半封建的社会。在那样一个特殊的时代，与中国历史上发生的任何一种民族间冲突不同，这种具有明显侵略性质的西方资本主义文明，是与中华文明有着彻底异质性的，古老的中华文明遭遇的是"前所未有的挑战"，而这种挑战并非又是来自历史上的哪个"游牧民族"，而是"一种异质的文明，一种前所未有的社会形态"①。而面对这种异质性的资本主义文明，中华民族无法掌握真正的历史主动权，它只能在一种异己的现实力量中艰难行进。

中华文化的价值观念与西方文化的价值观念发生着深刻的冲突，在相当长的一段历史时期内，中国人似乎失掉了文化"自信力"。因为，长久以来，中国人一直在"天朝上国"的迷梦中不能自拔。面对西方列强的坚船利炮，中国文化应该向何处去？中国人应当采取何种文化，以适应民族独立自主的现实需要？面对这样的历史变局，当时中国社会的各个阶级都展开了不同的文化尝试，开始了民族救亡图存的历史进程。

农民阶级是封建社会的直接生产者，也是近代以来遭受苦难最深重的阶级。面对西方列强的入侵，农民阶级展开了激烈的反抗。三元里抗击英军、太平天国运动、义和团运动等一系列斗争，给封建统治

---

① 梁治平：《中国法的过去、现在与未来：一个文化的检讨》，载《八十年代文化意识》，甘阳主编，上海：上海人民出版社，2006年版，第254页。

和西方资本主义侵略势力带来了沉重打击，这彰显了蕴含在农民阶级中强大的革命力量。不过很遗憾，农民阶级的抗争几乎都在中外势力联合绞杀下，以失败告终。其实，农民阶级革命的失败有着深刻的文化根源。无论是三元里斗争，抑或是太平天国运动，广大农民阶级并没有一个先进的理论作为具体指导。在思想领域，他们仍旧以封建社会的文化制度作为自己革命的依据与方向。虽然他们提出过"均田免粮"这样的务实口号，但这仍旧是封建土地所有制的意识形态，所以，即便在军事力量上他们曾占据过巨大的优势，这样一种价值观念又怎么可能代表中国社会未来的前进方向？农民阶级所要建立起的不过是另一个封建王朝。可以说，面对西方资本主义的精神文化，他们的失败带有着深刻的历史必然性。

1911年10月，辛亥革命爆发，中国的大部分地区相继宣布脱离清王朝统治。1912年初，中华民国宣告成立，持续了几千年的封建统治彻底土崩瓦解。这是中国资产阶级领导的革命，是资产阶级救亡图存的实践道路。辛亥革命对于近代中华民族的发展历程而言具有无可替代的重要意义。不过，辛亥革命的胜利果实却被袁世凯窃取了，在接下来军阀混战的中国社会里，帝国主义、封建主义、官僚资本主义成为压在中国人民头上的三座大山。可以说，辛亥革命也以失败告终。辛亥革命最初的目的，是要在当时的中国建立起一个西方资本主义式社会，在经济领域，发展资本主义生产方式；在政治领域，采取资产阶级民主政治；在文化领域，全面接受资产阶级自由化思想。但是，有这样几个事实我们不能忽视：首先，资本主义文化绝不是人类文明发展的最高形态，在当时的西方，资本主义制度已经给社会造成了严重的阶级压迫与贫富差距，"自由、平等"这些资本主义社会的价值观念已经随着历史的发展走向了自身的反面而与整个工人阶级对立，成为剥削的意识形态工具。其次，由于贫困人口的增多，大量的商品找不到倾销的市场，资本难以转化为利润，资产阶级自身也面临着严重的生存危机。正因如此，才有资本主义全球扩张，才有资本主义社会的海外殖民。所以，当时中国社会的历史遭遇，与资本主义发展有着千丝万缕的必然联系。

基于此，我们不难发现，中国社会一方面不能把资本主义文化奉为圭臬，将之视为自身改革发展的模板与参照；另一方面，即便发展了资本主义，由于当时世界资本主义发展的大趋势，中国也只能进一步沦为帝国主义列强的殖民地而继续遭受压迫和侵犯，国家的主权难以维护，民族的独立难以保障，人民的自由难以实现。所以，对于当时的中国而言，走资本主义道路，接受资本主义文化，虽然能够在一定程度上超越封建社会的历史局限，但是却无法真正实现反帝反封建的历史重任。

辛亥革命失败以后，中国大批知识分子继续探索中国的前途与命运。1915年，陈独秀在上海创办《新青年》杂志，两年以后，陈独秀等《新青年》杂志的编辑人员，集体迁往北京，北京大学成为宣传新思想、新文化的主阵地。当时，一批青年知识分子齐聚北大，这成了探索中国道路、为中华民族未来前途做出重要精神贡献的思想主力。在初期,新文化运动的旗号是"民主"和"科学",也就是所谓的"德先生"和"赛先生"。值得注意的是,陈独秀此时宣传的"民主"和"科学"仍旧是资产阶级意识形态意义上的"民主"和"科学",并没有从根本上超越资产阶级的话语范式。不过,当李大钊将马克思主义学说介绍到中国以后,包括陈独秀等一批进步人士在内,都实现了自己思想观念的价值转向。应当说,这在相当大的程度上得益于十月革命的成功。用李大钊的话说,十月革命象征着"庶民的胜利"。"庶民"既不是指资产阶级,也不是指地主阶级,而是指广大底层受压迫的劳动者。李大钊敏锐地以"庶民"为切入点,将马克思主义理论介绍到中国,这一方面深刻地反映了十月革命背后统治阶级与被统治阶级的斗争实质,同时也极大符合了中国社会的现实境遇和实际需要。这个现实境遇,就是占中国最大多数的工人和农民正在遭受着沉重的压迫,这个实际需要,就是真正实现自由解放,实现民族独立。马克思主义理论作为一种思想文化,是"资本主义社会的自我认识",[1]是资本主义社会矛盾深刻暴露的必然产物。所以,马克思主义理论既超越了封建社会的意识形态,也超越了资本主义社会的意识形态,其指向的未来社会及其革命道路,就是要使人类摆脱封建主义与资本主义的压迫,走向真正的自由。所以,马克思主义理论成为中国人民反帝反封建的思想文化武器,具有逻辑的必然性。

---

[1] [匈]卢卡奇:《历史与阶级意识》,杜章智、任立、燕宏远译,北京:商务印书馆,1992年版,第312页。

2 新民主主义革命的伟大成功

1920年,在马克思主义理论的指导下,中国共产党的筹建工作逐步展开。从那时开始,对马克思主义思想的宣传与解读,就已经在中国大地逐步进行。以陈望道翻译的《共产党宣言》为代表的一批译作、报刊涌现出来。当然,当时中国社会中有多种思潮,不同的思想流派,不同思想的支持者,也都展开了激烈的争论。也正是在这样的争论中,人们对马克思主义理论的认识逐渐深化,马克思主义理论的基本观念与根本目标,更加深入人心。同时,越来越多的工人群众被组织起来,他们积极参加马克思主义理论的学习活动,并有针对性地阅读、学习如《劳动者》(北京)、《劳动界》(上海)等报刊,提升自己的思想觉悟,这为中国共产党的成立提供了必要的阶级基础。1921年7月,共产党早期组织的代表,以及来自共产国际有关人士,参加了中国共产党第一次全国代表大会,中国共产党正式宣告成立。大会决定把党的名称定为"中国共产党",并通过了党的纲领,决定了下一阶段工作的具体展开方式。毛泽东后来指出:"中国产生了共产党,这是开天辟地的大事变。"①当时党的章程严格地遵循了马克思主义阶级斗争的基本思想,把组织工人阶级,针对资产阶级展开斗争,并最终领导全民族实现独立解放确立为自己的指导思想。一个代

---

① 毛泽东:《毛泽东选集》第4卷,北京:人民出版社,1991年版,第1514页。

表着最广大人民根本利益，全心全意为人民事业而奋斗的党，就这样诞生了。

随着斗争活动的进一步开展，中国共产党对当时中国的国情有了更深刻的认识和了解，对当时中国人民的迫切历史需要有了更深刻的观察和把握。1922年7月，党的第二次全国代表大会，确立了党的最高纲领和最低纲领。具体而言，就是打倒军阀、打倒帝国主义，使中国走向独立自主。中国共产党人面对复杂变化的中国国情，看到了帝国主义与封建势力对人民的压迫与剥削，而解决上述问题，才是对中国人民而言最急迫的历史任务。应该说，这是马克思主义基本理论同中国革命实践相结合的具体表现形式，并预示着马克思主义将随着中国共产党领导的中国革命在中国大地生根发芽，与中国人民固有的优秀传统文化紧密结合起来，因时而变、顺势而为，形成符合时代发展特色与历史前进需要的新文化形态。

中国共产党成立以后，就投入到了全民族的解放斗争当中去。那时的中国社会，是军阀混战的时代。军阀是封建社会的历史产物，也是清王朝在内忧外患的时代条件下，为图自救的时代遗产。不过，20世纪初的军阀，作为封建势力在当时中国的延续，同时与帝国主义势力也紧密勾结在一起。这样，军阀一方面具有自己的利益诉求，压迫广大工人农民，同时也成为帝国主义在中国的重要代理人。因此，军阀成为当时的中国人民打倒帝国主义、打倒封建势力，进而迈向民族独立解放的重要障碍。就是在这样的时代背景下，第一次国共合作开始了。1924年，国民党一大通过了"联俄、联共、扶助农工"的三大政策，这标志着国共合作的正式开始。1926年，北伐战争拉开序幕。国民革命军采取集中火力、逐一歼灭的基本战略，很快掌握了战争的全局，从南到北，所向披靡。很快，1926年底，国民革命军已经基本控制了中国中部、南部、西北等大部分地区，北伐战争以胜利告终。

应该说，国共合作促成的北伐战争，极大地打击了封建势力和帝国主义在中国的势力，为争取中华民族的独立自主起到了关键性作用。在革命战争的过程中，占中国最大多数的工人和农民在很大程度上被调动起来。在湖南、湖北等省份，农民运动风起云涌，工人运动也此起彼伏，在中国各个地方，无论是否属于正规的武装力量，都能看到大量的工人、农民参与到反帝反封建的斗争中去，这为北伐战争的胜利奠定了重要的群众基础。由此可以看出，在马克思主义指导下，中国共产党对文化的态度是开放包容的，只要是有利于中国人民反帝反封建的革命力量，即便在意识形态领域存在分歧，中国共产党也能搁置争议、求同存异，寻求最大公约数，把争取民族的自由解放视为最高的价值追求。毫无疑问，这彰显了马克思主义理论的生命力与凝聚力，体现了共产党人的文化胸襟与历史气魄。

不过在国民党内部，以蒋介石为首的右翼势力，却走向了历史发展的反面，开始了反共的步伐。"中山舰事件""四一二反革命政变"等一系列反动行为，从根本上破坏了国共合作，这也直接导致了大革命的失败。但是，历史已经向我们证明，中国共产党人并没有因此被打倒，反而从失败中总结教训，从成功中总结经验。1927年南昌起义爆发，中国共产党终于拿起了武器，开始了武装斗争的历程。当然，由于当时敌我力量的悬殊，中国共产党的武装力量很难与国民党军长期正面抗衡。毛泽东敏锐地看到了当时的敌我力量对比，而基于对中国社会阶层情况、自然历史状况的深入了解，毛泽东带领秋收起义的部队到达了井冈山，在那里建立起革命根据地领导农民运动，为中国共产党的武装力量，保存了革命火种。1927年10月，朱德率领南昌起义余部挺进井冈山，与毛泽东在井冈山建立的革命武装胜利会师，史称"朱毛会师"。随后，彭德怀等部也抵达井冈山，这进一步壮大了井冈山革命根据地的力量，与此同时中国共产党在其他地区也建立起革命根据地。

当然，国民党方面已经看到了中国共产党军事力量的日益壮大，在接下来的几年时间里，国民党先后组织了五次大规模的"围剿"。由于敌我力量悬殊，以及在第五次"反围剿"战斗里，中国共产党犯了"左倾"的路线错误等原因，第五次"反围剿"以失败告终，中国工农红军被迫开始了长征，直到1936年，长征才宣告结束。长征的道路十分艰辛，这种艰辛已经远远不是语言能够描述的，人们今时今日无论如何翻阅史料，恐怕已经很难感受到那个时代中国工农红军是如何成长成熟起来的。大革命失败以后，中国共产党不屈不挠地艰苦拼搏，为中国文化的丰富与发展做出了重要贡献。这既是马克思主义理论所蕴含的革命精神的当代体现，同时也是中国人自古以来自强不息、顽强拼搏精神的时代彰显。所以中国共产党在革命斗争中，已经逐步把马克思主义理论同中国优秀传统文化有机结合起来，发展出带有中国人气质性格的独特文化，而这种文化将会引领中国的革命实践继续向前，并在具体的实践中得到丰富和发展。

　　1937年抗日战争全面爆发，在这样的历史局势面前，国共两党再次实现了合作。实际上从1931年起，日本就已经开始了对中国的侵略，只是由于当时的国民党军奉行"不抵抗政策"，才使得东北很快沦陷，成了日本人的统治区。当时的国民党坚持"攘外必先安内"，忙于"追剿"中国共产党，把大好河山拱手相让。1935年12月在中国共产党的领导下，"一二·九"抗日救亡运动把全民族团结抗战的热情推向了新的高潮，以北京地区的高校学子为代表，全国许多高校的青年学子都加入了这场声势浩大的运动，从中国的华北、华南到西南。随着这场运动的持续发展，许多地区的工人也走上街头，工人阶级有组织、有计划地进行罢工，支持学生的运动。就这样，中国共产党领导的"一二·九"运动很快就发展成了一场全民族抗日救亡运动。这为今后抗日民族统一战线的建立，奠定了重要基础。

　　从1937年开始，日本加紧了对中国的侵略，把战火从东三省烧到了广大中国内地。日军火力凶猛且行径残忍，对中国的军人和普通百姓造成了深重的创伤。在抗战初期，国共两党顽强抵抗，不过也死伤惨重，许多大城市接连失守。即便如此，顽强英勇的中国人民还是粉碎了日军"三个月亡华"的痴心妄想。在抗日战争中，许多中国人对民族的前景并不看好，认为日本侵略者在军事、资源、国际地位等诸多方面，相比中国都占有绝对的优势，况且在正面战场上，国民党军节节败退确是事实，"亡国论"等反动言论甚嚣尘上。于是，很快国内就出现了一批以汪精卫为典型代表的卖国贼，这些人往往披着爱国爱人民的外衣，实际上把国家和人民的利益当作筹码。

　　面对如此情景，1938年毛泽东基于对日本和中国国情的深入考察及当时抗日战争的发展阶段，创作了著名的《论持久战》。在这篇经典文献中，毛泽东把抗日战争分为了"战略防御""战略相持"和"战略反攻"这三个基本阶段。应该说，1938年的抗战局势尚不十分明朗，但是毛泽东以他独有的历史穿透力和洞察力，一方面为整个中国的抗日武装提出了一种宏观的战略选择；另一方面也极大地鼓舞了抗日民族统一战线的士气，极大地提升了全民族的自信心。就整个战局的发展走势来看，毛泽东的论述深刻地反映了历史发展的真实情况。1945年8月，日本宣布无条件投降，抗日战争宣告结束。中国文化的力量在抗日战争中发挥了极其重要的作用，包括《论持久战》在内等一系列理论著作，都成为中国人民团结统一、一致对外的重要精神支柱。任何文化理论，如果陷入历史的迷局，将无法看清历史的走向，而如果脱离历史的依托，则将缺乏转化为现实的力量。马克思主义理论认为，只有实践能检验真理，也只有实践才能发展真理。所以，中国共产党永远通过具体的社会实践，在理论与现实的张力之间寻求解决具体问题的路径与办法，这样既能够对历史的全局发展有系统的谋划，又能够紧紧贴合实际，把为人民服务的价值理念落到实处。这样一种革命文化，为整个中国文化注入了崭新内涵与不竭智慧，成为中华民族走向独立自由的重要文化动力。

　　对于世界人民而言，日本的投降标志着第二次世界大战彻底结束，而对于中国人民而言，争取和平民主建国的道路仍旧尚未完成。

抗日战争胜利结束以后，毛泽东亲临重庆与蒋介石开启了重庆谈判，商议民主建国。在当时，除了国民党和共产党以外，中国社会中还存在各民主党派，他们同样也是推动中国社会未来发展朝向民主和平方向的重要力量。随着历史的推移，蒋介石的独裁野心越发暴露，很快，他撕毁了"双十协定"，各民主党派也逐渐和中国共产党一道，站在了广大人民的一边，共同反对蒋介石的独裁统治。在社会层面，以闻一多为代表的民主斗士被国民党反动派暗杀，大量进步人士被国民党逮捕，许多青年学子组织的反对内战的游行示威活动，也被国民党当局残酷镇压。而与此同时，国民党开始集中兵力对解放区进行战略包围和试探性进攻，很快，内战全面爆发。

经历了北伐战争、国共十年内战以及之后的抗日战争，全国各族人民都已认清了国民党的专制与腐败，同时也深刻地理解了中国共产党全心全意为人民服务的立党宗旨。在解放战争中，中国共产党始终与人民群众站在一起，并进一步发展壮大。三大战役后，国民党精锐损失殆尽，最终"百万雄师过大江"，中国共产党领导全国各族人民实现了最终的胜利。1949年，中华人民共和国成立，中国人民遭受欺凌压迫的屈辱时代一去不复返了，中国人民彻底站起来了。如果说，近代以来，面对西方资本主义列强，我们在某种程度上失掉了文化的自信力，那么新中国的成立，新民主主义革命的胜利，则必然使中国人民建构起真正的文化自信。因为，中国共产党领导的中国革命所创造出的新文化，使中国人民摆脱了"三座大山"的压迫，提升了人们的精神境界与道德追求，使整个中华民族走向了独立自主，使中国人民真正站起来了。

3 中华民族文化自信的初步建构

文化自信是文化自觉的结果，而文化自觉又必须在与文化他者的交流与对话中才能逐步形成，因为在单一文化语境的时间线索中，我们很难真正以一种更宏观和客观的视角审视本民族文化的历史生成、演变脉络，应该说中国古代并不具备形成文化自觉的现实条件。古代的中国与西方虽然有一定程度的经济贸易往来，但是中国与西方并没有建立起普遍的文化交往，当时的中国并没有把西方文化摆在一个和它自身平等的文化地位上，而仍旧持一种"泱泱大国""万邦来朝"的文化心态。西方文化对于中国文化而言不是一个平等的、可以相互比照借鉴的文化主体。所以，即便在历史上的一些阶段，西方人对中国文化持一种积极评价，中国文化也没有获得真正的承认与肯定，毕竟西方文化没有得到中国的承认与肯定。古代中国对自身文化的崇拜，至多是一种文化优势心理，而不能算作文化自信。

中国人对自身文化的自觉是近代以来逐步确立的。在中国古代，中外之间的文化层面的沟通主要集中在器物层面，近代开始，当我们被迫进入资本主义世界殖民体系时，我们与西方的交往已经不仅仅局限于商品器物层面，更存在于社会制度、伦理风俗等制度文化和精神文化层面，所以文化问题已经成为当时东西方交流中的重要组成部分。当时的中国,已经逐步能够更为冷静客观地对待西方文化,尽管在经济、政治、社会领域,彼此之间存在着尖锐的对抗,但是中国人已经能够把西方文化视为和自身对等的文化主体,这意味着东西方文化相互借鉴已经存在了逻辑的必然性,而历史的发展也的确如此。例如胡适、梁漱溟等一大批知识分子,都开始了对西方文化和中国文化的双重反思与批判。因此,对于中华民族而言,这种相对稳定的文化他者,是从近代以来逐步确立起来的,中华民族的文化自觉是从近代以来才逐步发展起来。

中国共产党领导的伟大之处在于,其所领导的中国革命的成功实践,通过马克思主义文化理论在中国的新发展,把近代以来中国人的文化自觉,转变为坚实的文化自信。历史不仅仅是既成的事实,更是一个民族一路走来的真实历程。只有理解了一个民族的过去,才能理解这个民族的现在;只有理解了一个民族的过去和现在,才能理解这个民族的未来。中华民族的近代发展历程,就是中华民族从古代迈向现代、从落后迈向强大、从被压迫被奴役迈向独立自主、民主解放的历史进程。从这样一段进程中,我们能够看到,中国人民进行了一番艰苦卓绝的文化探索,这种文化既不是"尊孔复古",鼓吹传统礼教的伦理道德;也不是"承认事事不如人",通过"全盘西化"接受资本主义价值观念,而是以马克思主义的基本理论为指导,实现它与中国革命实践的有机结合,创造出带有当时中国社会发展阶段性特点的精神文化。正是这种文化,从根本上改变了中华民族的旧有文化面貌,使中国共产党领导全国各族人民,走上了独立自强的道路,树立起牢固的文化自信。

已如前文所述,马克思主义理论既是现代社会的文化形态,同时又与现代社会保持着距离,对资本主义的生产方式、政治结构、意识形态持反思和批判的态度。因为,它清晰地看到了现代资本主义社会对于传统封建社会的进步性价值及其世界历史意义,同时也发现了资本主义生产方式的内生性矛盾。所以,马克思主义的文化必然要求中国吸取西方现代化过程中的经验教训,走一条与西方不同的社会主义现代化道路,并以此为基础发展出带有中国特色的社会主义文化,使中国文化迸发出新的活力,使中国人民继续坚定文化自信,为中国社会的发展提供强大的精神动力。

(二)
中国特色社会主义事业的持续推进

启蒙运动以来,伴随着资本主义的发展,特别是当资本主义发展进入机器大工业时代,关于社会主义的理论学说也都逐渐登上历史的舞台,不过,只有马克思、恩格斯创立的科学社会主义学说,真正发现了人类社会历史发展演变的内在规律,抓住了资本主义生产方式的内在矛盾,阐明了社会历史向共产主义阶段发展的内在趋势。20世纪初,由列宁领导的十月革命取得了成功,世界上第一个社会主义国家建立起来,这进一步地证明了马克思主义经典理论的科学性,标志着科学社会主义理论转变为推动现实变革的物质力量,人类社会的发展进入了新阶段。不过，后来形成于斯大林时期的苏联模式并不成功，它没有随着苏联社会与国际形势的变化而相应地调整，反而日趋僵化、日趋封闭，苏联人民的生活状况没有得到普遍的改善，苏联模式的弊病也日益凸显。受到苏联模式的影响，中国也曾在一定程度上存在类似的问题。

1 摆脱贫困是文化自信提供的物质前提

20世纪60年代以来，我国的社会建设遭遇了严重挫折，经济、政治、文化建设都经历了巨大坎坷，贫困成为中国社会向前发展的关键制约性因素，"国家财政也日益困难，1974年以后，出现几年财政负增长。……民生问题不只是一个严重的经济问题，而且成为一个严重的社会问题和政治问题"①。历史已经反复证明，照抄照搬其他国家、民族社会发展与改革经验的尝试必定是失败的。所以，转变发展方式、革新发展理念、改善国计民生，不走封闭僵化的老路，成为中国社会历史发展的必然趋势。马克思主义是充满生机与活力的，它拒斥任何形式的经验主义与教条主义。1956年苏共二十大之后，毛泽东就提出"以苏为鉴"，开始独立自主地探索建设社会主义的道路。党的十一届三中全会以来，以邓小平为核心的党的第二代领导集体，

---

① 萧冬连：《国步艰难：中国社会主义路径的五次选择》，北京：社会科学文献出版社，2013年版，第182-183页。

继承马克思主义的理论学说，吸取苏联亡党亡国的惨痛教训，解放思想、实事求是，提出"把马克思主义的普遍真理同我国的具体实际结合起来，走自己的道路，建设有中国特色的社会主义"①，逐步开启了改革开放的历史进程，开辟出了一条具有中国特色的社会主义道路。毫无疑问，这为中华民族指明了前进方向，为中国特色社会主义文化的发展繁荣、中国社会文化自信的建构，奠定了重要的思想基础与制度框架。

建设中国特色社会主义，首先要解决的就是贫困问题。实际上，贫困不仅仅是当时中国社会面临的严峻问题，同时也是人类社会发展过程中长期存在的历史问题。在资本主义社会里，贫困问题更是以一种悖论性的特征展现出来。因为在资本主义生产方式的条件下，随着生产力的进步，贫富差距是日益拉大的，社会财富越来越集中在少数人手中，相对贫困的人口随着社会财富的增加越来越多。与马克思、恩格斯同时代，甚至是更早些时候，就已经有思想家重视并尝试性地分析贫困问题了。黑格尔认为，"怎样解决贫困，是推动现代社会并使它感到苦恼的一个重要问题"②。至于贫困是如何产生的呢？黑格尔认为是市民社会运行的结果。至于它如何消解呢？黑格尔同样认为要通过市民社会的运行。所以很明显，黑格尔并不准备消解贫困借以产生现代社会机制，只准备用改良或修正的方案延缓贫困者向"贱民"进一步转化的历史趋势。从这个意义上说，他并没有真正解决贫困问

---

① 邓小平：《邓小平文选》第3卷，北京：人民出版社，1994年版，第3页。
② ［德］黑格尔：《法哲学原理》，北京：商务印书馆，1961年版，第245页。

题。①黑格尔的学生甘斯,作为马克思本人的老师,他也将贫困视为推动人类社会进步的重要障碍,但是他与黑格尔一样,继承对市民社会的基本认同,没有抛弃贫困产生的客观机制,并在吸收圣西门学说的基础上转向一种改良式的自由主义。②与马克思同时代的蒲鲁东,同样把贫困视为重要问题来考察,不过他最终也只是持一种小资产阶级的立场,尝试保护小资产阶级,而非占社会最大多数的广大劳动者的切身利益诉求。③从历史发展的趋势来看,他们的理论日益暴露出两个基本特点:第一,他们并没有真正揭示出贫困产生的逻辑根源;第二,在消解贫困问题的路径上,他们都存在着明显的妥协性和空想性。很明显,许多思想家都想在资本主义框架内部解决贫困问题,对资本主义社会进行改良,但是这个问题都因此没有得到有效的解决,而更为严重的是,物质领域的贫困也必然带来精神领域的贫困问题。

那么,如何在物质和文化两个层面解决贫困问题,普遍改变人类的生存境遇,促进社会的文化繁荣呢?马克思对此展开了探索。在他看来,此前的思想家没能揭示出贫困产生的逻辑根源的原因,在于他们"在原则上把两种极不相同的私有制混同起来了。其中一种以生产者自己的劳动为基础,另一种以剥削他人的劳动为基础。它忘记了,后者不仅与前者直接对立,而且只是在前者的坟墓上成长起来

---

① 田书为:《马克思对黑格尔劳动思想的继承与发展——基于〈巴黎手稿〉的市民社会批判视角》,《马克思主义与现实》2018 年第 4 期。
② Sebastian S. Moggach, Douglas, ed. The New Hegelians: Politics and Philosophy in the Hegelian School. Cambridge: Cambridge University Press, 2006, 39.
③ [法]蒲鲁东:《什么是所有权》,北京:商务印书馆,1963 年版,第 ii 页。

的"①。而这后一种私有制，即资本主义私有制，在马克思看来它是以剥削工人在剩余劳动时间中生产的剩余价值为存在基础的，其他的思想家正是因为没有看到资本主义社会的这一本质，才使得他们无法抛弃私有制传统，进而在面对资本主义剥削时选择了妥协的策略，殊不知整个资本主义社会的经济基础相较于前资本主义时代已经发生了巨大的变化。在马克思看来，正是这种剥削及以此为逻辑前提的阶级压迫，才是现代社会中贫困产生的根本原因。那么如何消解贫困以及日趋严重的两极分化呢？在马克思看来，这只有通过消灭资本主义生产方式才能实现，而社会主义制度就是资本主义消灭后的直接产物。在社会主义制度中，雇佣关系被消灭了，生产力得到了极大的解放，社会主义公有制成为社会的根本经济制度，一切人重新占有了一切人的生产资料，贫困赖以形成的经济根源被彻底扬弃，个人与社会的矛盾消解了，个人与社会的利益实现了统一，整个社会的伦理风尚、精神文化，成为个人存在与发展的道德基础与文化依托，人们的精神世界将逐步丰富起来，人们对社会主义文化的自信自然也就随之建立起来。

邓小平指出，"社会主义制度的优越性归根到底要体现在……发展生产力的基础上不断改善人民的物质文化生活"②。这段精辟的论述实际上包括两方面的基本内涵：第一，邓小平对社会主义性质的判断非常符合马克思对社会主义本质的理解，因为邓小平敏锐地把握

---

① 马克思，恩格斯：《马克思恩格斯文集》第5卷，北京：人民出版社，2009年版，第876页。
② 邓小平：《邓小平文选》第3卷，北京：人民出版社，1994年版，第63页。

到，能够从经济基础领域解决贫困问题，消解现代社会中贫困问题产生的制度根源，是社会主义对资本主义的根本超越性所在。第二，邓小平所指的"人民的物质文化生活"，绝不仅是从抽象的意义上探讨社会主义制度的优越性，而是要通过社会主义制度，提高中国人民的物质生活水平、提升中国人民的精神文化境界。所以，我们能够看出，邓小平的论述中包含着理论与现实、抽象与具体、当前与未来的强大历史张力，马克思主义理论的价值追求与当时中国社会的实际需要嵌合在了一起。这将极大地推动马克思主义理论自身的发展，同时也将极大推动中国特色社会主义文化的发展，把中国社会的现代化程度引向更高的水平。

2 改革开放为文化自信提供了社会基础

马克思主义的普遍真理与中国实际的结合，使我们走上改革开放的道路。总体而言，改革开放由两个基本部分组成，一是对内改革，二是对外开放。2018年12月，习近平总书记《在庆祝改革开放40周年大会上的讲话》中全面回顾了改革开放40年来，中国人民在党的领导下所取得的光辉成就，同时也深刻总结了20世纪70年代以来，我国逐步深化改革的历史进程。习近平总书记指出，"从传统的计划经济体制到前无古人的社会主义市场经济体制再到使市场在资源配置中起决定性作用和更好发挥政府作用，从以经济体制改革为主到全面深化经济、政治、文化、社会、生态文明体制和党的建设制度改革"①。这句话清晰地勾勒了我国改革开放基本历程的脉络和方向。20世纪五六十年代，我国完成了社会主义改造，从新民主主义成功过渡到了社会主义，一元化的计划经济体制、单一公有制成为当时我国经济社会的基本制度，并在一段较长的时期内，成为我国经济发展的唯一模式。传统理论认为，市场经济不是社会主义而是资本主义的特有产物，它与社会主义制度是不相融合的，不过邓小平对此清晰地指出："社会主义和市场经济之间不存在根本矛盾。问题是用什么方法才能更有力地发展社会生产力。……把计划经济和市场经济结合起来，就更能解放生产力，……我们吸收资本主义中的一些有用的方法来发展生产力。"②

20世纪80年代以来，在原来国有经济的框架之外，城镇的非国有经济，例如"个体经济"，也都逐渐发展起来，这在很大程度上缓解了待业人口的就业压力，维护了社会的稳定秩序。与此同时，农村领域的经济改革也取得了重大突破，"包产到户、包干到户"逐渐在广大农村得到了实行。这使得农民在劳动过程中获得了更多的自由空间，调动了广大农民的劳动热情。从这往后，中国社会的经济体制改革逐步向纵深发展，随着个体经济规模的扩大，私营经济也随之发展起来。整个中国社会的经济市场逐步走向了繁荣。广大人民从事生产劳动的积极性空前高涨，整个社会的财富逐渐积累起来。

---

① 习近平：《在庆祝改革开放40周年大会上的讲话》，2018年12月18日。
② 邓小平：《邓小平文选》第3卷，北京：人民出版社，1994年版，第148—149页。

当然，对内改革与对外开放是密不可分的，二者相互促进、共同发展。1984年，邓小平指出："现在的世界是开放的世界。中国在西方国家产业革命以后变得落后了，一个重要原因就是闭关自守。"① 这是邓小平对当时世界发展大形势和当时中国在世界中所处地位的总判断。在邓小平看来，整个世界正在成为一个"你中有我、我中有你"的整体。18世纪60年代，随着英国工业革命的开始，西方资本主义发展进入了更高阶段。为了更广阔的市场、资源、劳动力等生产要素，资本主义国家开始了殖民世界的掠夺计划，亚非拉等地区的民族、国家都被卷入了世界市场。虽然，被资本主义殖民的大部分地区都发生了不同程度的革命甚至取得了独立，但这总体上并没有妨碍资本主义生产方式的发展与扩张，资本主义全球化仍旧是整个世界发展的大趋势。伴随着资本主义全球化的是科学、技术、人才等重要资源的全球化，这恰恰是推动生产力进步的重要力量。不过就这几个方面而言，相对于西方发达的资本主义国家，我国在知识、科技、管理等领域是相对落后的。资本主义生产方式的本质是剥削，这一点毋庸置疑，但是资本对生产发展的助推力量却在很大程度上是中性的，它既可以被资本主义利用，也可以被社会主义利用。邓小平敏锐地发现了这一点，所以他明确得出了两方面结论：第一，要坚决反对"资产阶级自由化"，因为"只有社会主义制度才能从根本上解决摆脱贫穷的问题"②；第二，要想推动生产力的发展，必须"对内把经济搞活，

---

① 邓小平：《邓小平文选》第3卷，北京：人民出版社，1994年版，第64页。
② 邓小平：《邓小平文选》第3卷，北京：人民出版社，1994年版，第208页。

对外实行开放政策",坚定改革开放的历史方向不动摇。①对此,我们应当看到,做出这样的决策,既需要足够的理论智慧,同时也需要坚定的政治勇气。因为在马克思主义经典作家那里,我们找不到任何一条现成的答案,在人类发展的现实历程中,我们也找不到任何可供参考或借鉴的经验或教训。

改革开放初期,我国逐步开放了一些沿海城市,到了1984年,我国总共有14个城市参与到对外开放的历史浪潮中来。很快,境外的资本、技术、人才以及先进的管理经验都涌入了中国,"三资企业"得到了稳步的发展。就世界格局而言,美苏对峙虽然仍在持续,但这也在客观上为整个世界营造了一个较为和平的国际环境,因为没有一方愿意冒着毁灭全人类的风险率先挑起战争。另外,当时的中国也已经与包括美国、日本在内的一些西方资本主义大国建立了较为稳定的外交关系。所以,当时中国实行对外开放政策,有着一个相对稳定的外部环境作为基础,并得到了西方主要资本主义国家的响应。从这个意义上说,国内国外等多种因素的共同作用,使得中国的对外开放政策取得了巨大成功。

目前,中国已经是世界第二大经济体,第一大工业国,第一大外汇储备国,在改革开放的带动下,整个社会的生产力水平已经取得了巨大发展。马克思认为,"随着经济基础的变更,全部庞大的上层建筑也或慢或快地发生变革"②。所以,生产力的巨大发展,必然要求

---

① 邓小平:《邓小平文选》第3卷,北京:人民出版社,1994年版,第65页。
② 马克思,恩格斯:《马克思恩格斯文集》第2卷,北京:人民出版社,2009年版,第592页。

我们适应时代变化新趋势，积极调整上层建筑，使之与生产力发展水平相适应。2017年，习近平总书记在党的十九大报告中指出，"中国特色社会主义进入新时代，我国社会主要矛盾已经转化为人民日益增长的美好生活需要和不平衡不充分的发展之间的矛盾"①。社会主要矛盾的转化，既是生产力发展的必然结果，同时也是我们应对变化、积极推动中国社会稳步前进的自觉选择。在经济领域，改革开放的力度进一步加强，市场在资源配置中发挥着越来越重要的作用，这极大地提高了资源利用率。在政治方面，我们党不断深化政治体制改革，推进全面依法治国，完善社会主义法律体系，使人民更好地行使自己的民主权利，提升广大人民的政治参与度和国家认同感，调动广大人民的社会热情，为整个社会的改革、发展注入新鲜活力。在社会民生等领域，在党的领导下，我国已经开启了"精准扶贫"等系列社会工程，旨在保障广大人民的养老、医疗等基本权益，普遍提升人民群众的生活质量，而这也是社会主义制度的必然要求。同时，中国人民也在中国共产党的领导下，坚持推进社会主义生态文明建设，改善人与自然的关系，缓解人与自然的矛盾，加强环境保护，积极建设"美丽中国"。

"作为一种特殊的'自信'，文化自信其实是中华民族这一群体人格对于自身文化认知的心理反映，象征着我们这个民族的自我意识

---

① 习近平：《决胜全面建成小康社会 夺取新时代中国特色社会主义伟大胜利——在中国共产党第十九次全国代表大会上的报告》，北京：人民出版社，2017年版，第11页。

的成熟。"①已如前文所述，文化自信作为一种独特的社会意识，它随着社会存在的发展逐渐形成并发展。中国特色社会主义道路的成功，必然成为中华民族文化自信心理培育与建构的关键助推动力。中国特色社会主义的成功实践，必然规定了中华民族文化自信的逻辑实质，奠定了中华民族文化自信的物质基础。

3 中国特色社会主义为文化自信注入了时代内涵

中国特色社会主义的成功实践，使中华民族文化自信的理论内涵具有一种马克思主义辩证法特征，带有深刻的自我反思与自我批判精神。中国特色社会主义的成功实践，归根到底是马克思主义中国化的当代展现形态，它必然以马克思主义哲学理论为自己的文化底色，而辩证法思想是马克思主义哲学最鲜明的特色之一。恩格斯指出，"辩证法的规律是从自然界的历史和人类社会的历史中抽象出来的"②。而辩证法最本质的特征，在于矛盾的对立统一规律。毛泽东进一步指出，"自然界的变化，主要地是由于自然界内部矛盾的发展。社会的变化，主要地是由于社会内部矛盾的发展，即生产力和生产关系的矛盾，阶级之间的矛盾，新旧之间的矛盾，由于这些矛盾的发展，……

---

① 邹广文，王纵横：《人类命运共同体与文化自信的心理建构》，《中国特色社会主义研究》2017年第4期。

② 马克思，恩格斯：《马克思恩格斯文集》第9卷，北京：人民出版社，2009年版，第463页。

推动了新旧社会的代谢"①。在这里,恩格斯和毛泽东都深刻地揭示了人类社会发展的内在动力及其发展趋势。从中我们能够看出,任何社会的发展阶段都不是完美的,都既存在历史合理性,也存在历史局限性,不过也正因如此,它才会在社会生产力的推动下继续向前。所以正如马克思所言,"无论哪一个社会形态,在它所能容纳的全部生产力发挥出来以前,是决不会灭亡的;而新的更高的生产关系,在它的物质存在条件在旧社会的胎胞里成熟以前,是决不会出现的"②。时至今日,资本主义仍旧主导着全球的经济发展,我们应当客观、辩证地看待这种现象,正确对待资本主义在历史以及当代所起到的积极作用。马克思、恩格斯曾指出:"资产阶级,由于一切生产工具的迅速改进,由于交通的极其便利,把一切民族甚至最野蛮的民族都卷到文明中来了。"③所以,对于资本主义、资产阶级,我们不能采取一种形而上学的态度一概而论,而是应正确处理与西方资本主义大国的关系,树立积极的文化交往心态。另外,我们也应当积极看待当代中国社会的主要矛盾,看到当代中国社会发展中存在的"不平衡不充分",只有这样我们才能采取进一步措施,推动中国社会平稳地向前发展。实际上,自中国共产党成立以来,我们一直重视对社会主要矛盾的客观分析与科学探讨,并以此为基础探寻中国革命、建设、改革的具体路径。应该说,这既是我们的方法论,又是我们的价值观。正

---

① 毛泽东:《毛泽东选集》第1卷,北京:人民出版社,1991年版,第302页。
② 马克思,恩格斯:《马克思恩格斯文集》第2卷,北京:人民出版社,2009年版,第592页。
③ 马克思,恩格斯:《马克思恩格斯文集》第2卷,北京:人民出版社,2009年版,第35页。

是在这样一种方法与观念的指引下,我们对我们的道路、理论、制度、文化,都建立起了强大的自信。因此,一方面,我们的文化自信不是"文化自卑",不是盯住中华民族发展历程中存在的矛盾止步不前;另一方面,我们的文化自信更不是"文化自负",不是仅仅看到中华民族发展历程中的优长之处,盲目自大,而是辩证地、客观地、科学地看待中华民族,特别是中国特色社会主义伟大实践的发展历程,也只有基于这种文化心态之上的文化自信,才是成熟持久的。

中国特色社会主义的成功实践,使得追求人民富裕、实现国家强盛成为当代中国文化自信的重要价值依托。中国的发展是全民族的发展,中国社会的进步是全民族的进步,中国社会的发展成果更应该由全民族共享,这是社会主义本质的必然要求。中国共产党是工人阶级的政党,代表着最广大人民群众的根本利益,这在深层次上是由马克思主义理论的指导地位决定的。马克思主义的学说,不是为了一小部分人的特殊利益,而是为了全人类的利益;不是站在剥削阶级的立场上,而是站在广大劳动者的立场上,马克思、恩格斯指出:"共产党人不屑于隐瞒自己的观点和意图。……无产者在这个革命中失去的只是锁链。他们获得的将是整个世界。"① 在马克思看来,人类社会的历史是由劳动者创造的,工人阶级作为资本主义社会中的劳动阶级创造了这个社会中的一切财富,但是无产者自己却不掌握生产资料,劳动者与剥削者的贫富差距日益拉大,"劳动为富人生产了奇迹般的东

---

① 马克思,恩格斯:《马克思恩格斯文集》第 2 卷,北京:人民出版社,2009 年版,第 66 页。

西，但是为工人生产了赤贫。劳动生产了宫殿，但是给工人生产了棚舍。劳动生产了美，但是使工人变成畸形"①。在马克思看来，工人阶级的不幸境遇就是资本主义生产方式的产物，历史的创造者变成了历史的奴隶，而要想超越这种现状，劳动者必须联合起来，推动整个社会的变革，重新掌握生产资料，进而实现人的真正解放。所以工人阶级的利益，就是全人类的利益，就是广大劳动者的利益。改革开放以来，中国共产党人秉承着为人民服务的宗旨，大力发展生产力，切实地提高了广大人民的物质生活水平和精神文化水平。的确，当前我国社会的总体发展仍旧存在不平衡不充分的特点，区域间发展的不平衡、精神文明与物质文明发展的不平衡等。但是，我们从中至少能得出两个重要结论：第一，在党的领导下，经过长期发展，我国社会的整体发展水平已经取得了明显的进步，已经超越了原有的社会主要矛盾；第二，我们已经明确地把握到了当前中国社会发展中存在的问题和矛盾。毫无疑问，这为我们迎接新时代、开辟新方向奠定了重要基础。早在20世纪80年代，邓小平就预见到改革开放可能会在一定程度上带来不同地区富裕程度与富裕时间的差异，所以明确指出，"我们要发展社会生产力，发展社会主义公有制，增加全民所得。我们允许一些地区、一些人先富起来，是为了最终达到共同富裕，所以要防止两极分化。这就叫社会主义"②。党的十八大以来，我国在统筹物质

---

① 马克思，恩格斯：《马克思恩格斯文集》第1卷，北京：人民出版社，2009年版，第158—159页。
② 邓小平：《邓小平文选》第3卷，北京：人民出版社，1994年版，第195页。

文明与精神文明发展的层面上，在实现区域间、产业间协调发展等问题上，在推进政治、文化、社会、生态等领域的改革中，无不体现了社会主义的本质要求，也就是使人民生活更加富裕、使整个国家更加富强。很明显，这种价值观念已经在中国特色社会主义的实践中得到体现，已经使中国特色社会主义事业取得了巨大成就，所以它必然且已经成为当代中国文化自信得以建构的重要价值依托。

中华民族的文化自信，不是某个少部分群体的文化自觉，而是全体中国人民的价值共识，因为在社会主义的历史条件下，全体中国人民都是社会主义事业的建设者和创造者，中国特色社会主义历史实践的伟大成就属于全体中国人民。从这个意义上说，文化自信作为一种文化心理有着深厚的社会历史基础。另外，文化不是孤立的，而是社会物质基础在精神领域的积极呈现；文化也不是消极被动的，积极的文化能够推动整个社会的发展与变革。中国特色社会主义的成功实践，必然带来中国特色社会主义文化的繁荣发展，而中国文化的历史演进，也必然反过来推动中国特色社会主义事业继续向前。当代中国的文化自信作为一种强大的精神力量与奋斗意志，必然能够转化为改变中国的物质力量，推动中国社会的稳步向前。

（三）
全球文化交流中的中国话语表达

全球化使人类社会联结成为一个密不可分的整体，这是当代世界文化格局得以形成的历史前提与物质基础。所以，只有理解全球化的历史发端与展开脉络，才能真正理解中国走向现代化的文化动因，认清当代中国文化在世界文化中的地位、中国话语的世界历史意义，把握当代中国文化自信得以形成的现实依据和时代意义。

1 资本主义经济文化的全球化及其负面影响

在传统社会中，世界上不同国家、民族、地区的文化是处于相对封闭的状态的，即便是在同一个社会内部，不同的种族、等级之间的沟通和交流都不频繁。例如，古代中国在不同时期形成过规模不等的国家或地区，并由于封建制（宗法制）的缘故，中国社会存在着一套完整且稳定的官僚体制。由于自给自足的小农经济，在社会层面，不同的村落、家庭之间文化层面的交流少之又少，所谓的文化交流，也主要以血缘关系为纽带和基础。虽然宋代出现了资本主义萌芽，出现了市场，一定程度上扩大了社会内部的交往范围，但是这样的情况也并没有维持多久，随着那个时代的政治、军事等一系列问题的产生和演变，这种交往也随即湮没在历史的洪流中。较之于古代东方，古代西方由于河道密集发达、海岸线绵延等自然地理特点，区域内部的人口交往相对密集，但是总体而言也有天然的局限性和偶然性。按照马克思主义的理解，这归根到底是由前资本主义社会的生产方式造成的。因为，在前资本主义时代，"人的生产能力只是在狭小的范围内和孤立的地点上发展着"[①]。当时的社会成员即便不在社会中进行普遍的社会交往，仍然具有能力满足自己的基本需求，无论他处于怎样的社会制度之下。这样的时代占据了人类历史中相当长的一段时间。

但是，随着社会生产力的发展，人类社会的生产关系则发生了很大的变革。18世纪后半叶，英国率先发起了工业革命，首先是在棉纺织业，一系列新式纺纱机问世，这大大提高了整个行业的劳动生产力，伴随而来的则是更多的农民选择去大城市当工人，同时英国政府一直以来就在进行圈地运动，以实现小农与其生产资料的分离，这为工业革命的实现提供了相当丰富的劳动力。就这样，资本主义的雇佣关系逐渐稳固下来，资本主义的生产方式逐步确立下来。当然，资本主义生产方式使得英国有限的资源和市场已经无法满足本国资本主义发展的需要，它不得不将自身退出于自身之外。很快，一些资本主义大国就开始了其"征战全球"的历史进程，强行把资本主义生产方式在世界各地推行。从18世纪后半叶到19世纪初，世界范围内的许多国家、地方似乎在一夜之间卷入了资本主义的世界殖民体系。在启蒙

---

① 马克思，恩格斯：《马克思恩格斯文集》第8卷，北京：人民出版社，2009年版，第52页。

精神的道德庇护下，资产阶级"按照自己的面貌为自己创造出一个世界。……创造的生产力，比过去一切世代创造的全部生产力还要多，还要大"①，使世界成为一个统一的整体。

全球化的历史就是这样发端的，全球化最初的目的不在于实现不同民族国家的文化交流或者互通有无，而在于资本主义生产方式的自我扩张，换言之，即通过剥削实现更大的剩余价值。当然，侵略者和剥削者本身不一定将他们的行为视为侵略或剥削，反而更倾向于把它描述为对文明的传播，不过，无论何种说辞也无法掩盖他们在殖民地所作所为的罪恶本质。在这整个侵略的过程中，我们看到最多的就是种种野蛮，屠杀、劫掠、欺诈等一系列自称为"文明人"的无耻行径。在马克思的笔下，这些"文明人"被称作"把炽热的炮弹射向毫无防御的城市、杀人又强奸妇女的文明贩子们"②。之所以称之为"文明"，马克思或许是出于两方面考虑，一方面，是侵略者对自己的称呼，即在侵略者的视角下，他们的行径或许不是侵略，而是对落后民族的启蒙与教化；另一方面，文明也意味着先进，或许在马克思的视角中，资本主义生产方式的确要比封建社会中的生产方式更加先进，更能够创造出生产力，资本主义国家对亚非拉国家的侵略，若放在更大的历史框架而言，或许也在一定程度上开启了亚非拉国家从古代社会迈向现代社会的进程。

---

① 马克思，恩格斯：《马克思恩格斯文集》第2卷，北京：人民出版社，2009年版，第36页。
② 中共中央马克思、恩格斯、列宁、斯大林著作编译局：《马克思恩格斯论中国》，北京：人民出版社，2015年版，第64页。

应该说，时至21世纪，资本主义全球化的程度相较于之前更加深入，那种野蛮的掠夺方式虽然时有发生，但是相较于全球化初期已经减少很多，这不是因为西方资本主义国家在全球化的过程中放弃了最初的剥削目的，而是剥削的具体方式与方法有了很多明显的变化，剥夺者与被剥夺者的斗争也更加隐蔽，剥削的形式也更加多样。而在这种新的历史语境下，没有改变的是剥削与压迫本身，全球范围内的贫富差距仍在日益拉大，资本主义社会内部的矛盾日益复杂。全球化时代的侵略和传统社会中的侵略模式的共同点或许在于根本目的，那就是从被侵略者那里攫取财富，不过攫取财富的方式已经大不相同。在传统社会的语境中，侵略者可能更直接地掠夺人口、物资等使用价值，并直接用于内部的消费，少量剩余用于再生产，而这种再生产也以自身消费为根本目的。而全球化时代中的侵略，追求的是资本的增值，侵略方式的本质在于将殖民地纳入宗主国资本主义生产方式的一个环节中去，使之为资本的增值（利润）服务。不可否认，这之中也存在着对消费资料的直接剥夺以供消费，但对于侵略者而言，这并不是主要目的。

　　资本主义全球化除了在经济和政治领域对世界造成了上述影响，相对隐蔽地，资本主义的意识形态也在世界范围内传播发展。资本主义意识形态不是凭空产生的，而是脱胎于资产阶级与封建神权相斗争的历史大背景，并伴随着文艺复兴、启蒙运动、宗教改革等一系列社会运动而逐渐概念化、体系化。一般观点认为，启蒙运动是资本主义意识形态走向成熟的标志。的确，启蒙时代出现了一大批科学家、思想家、文学家、艺术家等伟大的历史人物，这些伟大的头脑顺应历史发展的大趋势，顺应资产主义发展的时代需要，构建起了成熟的资本主义意识形态。何为启蒙？这是一个被无数学者广泛研究和探讨的问题，从身处于启蒙时代的康德，一直到诸多当代对启蒙持批判反思态度的思想家，无不对启蒙给出了自己的理解和定义。如果回到18世纪的时代语境中，无论正面或负面的看法，我们似乎能够从诸多思想体系中得到这样一个共识，即"启蒙"就是人敢于并能够使用自己的理性。与这个命题相对应的，实际上是基督教神学给出的结论，即推崇人之外的知识权威与道德教条——明确地规定，人应当如何获得什么样的知识以及人应当如何生活在世俗世界中，而且判定这一切准则的客观标准并不在人自身之内，而是在世俗世界之外的天国世界。很明显，这一系列规范和教条以及支撑着它的价值观念，不利于资本主义生产方式的存在与发展，所以除了在经济领域推动变革甚至革命，意识形态领域内的斗争也是必然要发生的，甚至是先于社会革命发生。与基督教神学的范畴体系相对应，启蒙运动的思想领袖们提出了"自由、平等、民主、博爱、科学"的口号。这种思想的提出，不仅仅取决于资本主义生产方式的发展，同时也受到了自然科学、艺术创造的影响。在那个特殊的时代，自然科学和宗教神学的论战同样是当时思想运动的重要组成部分，因为许多科学问题，例如经典物理学、生物进化论等，直接关涉物种起源、人种繁衍等传统宗教神学的问题，而这些问题又直接关涉天国世界的上帝、世俗世界的教会、封建政权的合法性。所以，当自然科学的发展对上述诸多重要问题提出与宗教神学的不同见解时，毫无疑问，这是对天国权威与世俗权威，归根到底还是世俗权威的挑战。另外，在文化艺术领域，宗教题材的绘画创造也越来越凸显人的本性，这种本性不是其他什么不可言说的抽象概念，而就是世俗生活中人内在的喜怒哀乐与外在的生活方式，这也在很大程度上影响着人们对宗教权威的反思与批判。正是在这样的时代背景下，资产阶级意识形态作为宗教神学观念的否定性因素，逐渐在世俗社会中发展起来。它讴歌人的世俗生活，赞美人的现实生活，鼓励人对生活中美好事物的追求与向往。对于启蒙运动的阶段划分仍旧存在争议，不过不容置疑的是，启蒙精神基本奠定了启蒙时代乃至今后整个资本主义世界意识形态的底色和基调。那个时代的哲学家，自觉或不自觉地把科学领域、文艺领域中的意识形态归纳、总结，并发展出了更为复杂的资产阶级意识形态体系。

不过，随着资本主义的发展、贫富差距的拉大、社会不公的加剧，社会很难持久妥善地满足个体的需要。这时，个体的精神意志必然被"个人主义"原则抽离于民族和国家之外，走向社会的反面。美国人类学家奥斯卡·刘易斯发现，在资本主义发展的一些阶段，贫困者由于很难"有效参与到更大的经济系统中"，所以容易被"贫困文化"支配，"憎恶警察，不信任政府，……非常缺乏对历史的认知"，"尽管对自身所处环境变化十分敏感"，但对自身阶级的普遍境遇漠不关心。[1]黑格尔大致把这种贫困者称为"贱民"，并发现

---

[1] On Understanding Poverty: Perspectives from the Social Sciences. Ed. by Daniel P. Moynihan, New York, Basic Books, 1969, 189−192.

"富裕的贱民同样存在",因为富人视"财富的力量凌驾于权利之上",拥有一种"无法无天"的意识①,破坏整个社会的有序运行,给社会中的他人带来不幸。在"个人主义"原则的影响下,贫困者认为社会的规章制度、价值文化否定着自身渴望生存与发展的现实诉求;富人则认为它否定着自身扩张权力与意志的强烈欲望,所以他们都在精神和实践两个层面,与整个社会伦理进行对抗。所以,"个人主义"价值观念,非但没有实现个人的自由发展、提升社会的道德水平,反而把人们的精神世界引向了虚无主义。如果用马克思的话概括,那就是资本主义生产方式把"宗教虔诚、骑士热忱、小市民伤感这些情感的神圣发作,淹没在利己主义打算的冰水之中。……抹去了一切向来受人尊崇和令人敬畏的职业的神圣光环"②。马克思非常生动客观地描述了资本主义全球扩张中的胜利在意识形态领域的延伸与拓展,而这种"利己主义"也的确为世界上许多国家和民族的价值追求带来了负面效应。

2 资本主义文化局限性的批判与反思

通过此前的论述,我们至少能够从两方面看到资本主义发展为当

---

① G.W.F.Hegel, Die Philosophie des Rechts Vorlesung von 1821/22, Frankfurt am Main, Suhrkamp Verlag, 2005, 222-223.
② 马克思,恩格斯:《马克思恩格斯文集》第2卷,北京:人民出版社,2009年版,第34页。

代世界带来的负面效应。在物质文明层面，以西方资本主义国家主导并推动的全球化，其根本目的并不是增进全人类的福祉，而是资本的扩张与增值，从本质上讲，它恰恰与增进全人类的福利相违背，而历史也已经证明了这一点。因为，世界范围内的贫富差距越来越大，部分区域局势动荡、战争频发，宗教冲突时有发生，人与自然的关系被破坏，生态危机也在许多地方上演。而在精神文明层面，不同民族、国家的文化意识在资本主义意识形态的影响下，都发生了不同程度的虚无主义倾向。

那么，究竟如何超越资本主义给当代世界带来的负面意义呢？面对这样的时代特征，带着这样的时代之问，许多西方思想家都对资本主义全球化进行了深入的批判。例如，查尔斯·泰勒在《两种现代性理论》中，就对启蒙时代以来资本主义的全球扩张及我们对其的理论态度进行了反思。他指出，"理解现代性的兴起有两种理论类型：'文化的与非文化的'"[1]。而所谓"文化的"现代性理论，实际上是指将资本主义的发展及其全球化（"现代性"）理解为某一种新型文化的创生，就其地位而言，它和其他的文化形态处于平等的地位，进而承认人类文化形态的多样化发展。与之相对应，"非文化"式的理解则把资本主义的发展及其全球化理解为一种普遍必然性，理解为一种人类社会必将普遍接受的现代性模式。应该说，泰勒的区分的确清晰概括了18世纪以来，人们对于现代性理解的两种思想倾向，至于他

---

[1] ［加］查尔斯·泰勒：《两种现代性理论》，陈通造译，《哲学分析》2016年第4期。

本人，则倾向于一种"文化式"的解读模式，并看到了这样一个基本事实，即"现代性不是一波单数的浪潮。……因而日本的现代性、印度的现代性，以及众多伊斯兰现代性的变体，可能不会一同进入西方社会的统一模式。西方社会内部也远称不上是完全一致"①。所以泰勒的观点带有这样一种深层次的期待，那就是通过肯定不同种区域文化的独立自主地位，鼓励世界文化的多样发展，破除资本主义文化对整个世界文化发展的绝对性地位，进而消解资本主义文化带给整个人类世界的负面影响。

泰勒的这一结论对于理解今天不同国家、民族的现代化道路具有很深刻的启发意义，对于当代中国社会的发展而言尤其具有吸引力，至少他以自身的视角为现代文化提供了一种新的理论可能，即除了西方资本主义模式以外的其他通向现代文化的道路。但是，他的想法中也有很明显的不足之处。首先，他对"现代性"的理解，主要侧重于启蒙运动以来，不同文明的"信仰、道德、宗教"等意识形态层面，而不是生产方式的层面。所以，对"文化的"与"非文化的"这两种对现代性理解的不同模式，也主要是从启蒙精神与不同国家、民族、地区的宗教、道德体系、价值观念等意识形态层面入手进行分析。不过，意识形态领域的发展变化本身就不与经济基础领域的变革亦步亦趋，一些国家即便从经济基础领域建立起了资本主义生产方式，建立起了以雇佣关系为基础的剥削制度，在意识形态领域它也当然可以在

---

① ［加］查尔斯·泰勒：《两种现代性理论》，陈通造译，《哲学分析》2016 年第 4 期。

一定程度上保留着自己的民族文化特色,例如美国与日本同样都是资本主义制度,但是由于日本文化的独特历史,日本天皇在日本民众心中仍旧是一个重要的精神符号。但是我们却不能因为日本与美国的这一差异,就将这二者理解为不同的文化形态,因为贫富差距拉大、阶级利益冲突等资本主义生产方式带来的矛盾在两个国家中都不同程度地存在。不过泰勒得出的结论恐怕是,日本已经走上与美国极不相同的现代道路了。当然,如果依照泰勒的理解,的确可以得出他的结论,但是,仅仅从意识形态的领域出发理解现代文化的不同模式,会更倾向于忽视经济基础领域变革的重要作用,而生产方式领域的变革,才是社会主要矛盾得以形成和变化的根源。实际上,泰勒的初衷的确是解决资本主义全球化进程中的诸多问题与矛盾,并尝试从其他文明中找到走向现代化的替代性方案。但是很遗憾,如果仅仅从意识形态的领域出发,很难找到超越资本主义现代化的真实路径,他的想法恐怕只能影响人们看待现代文化的某些方式,而不会对资本主义全球化带来的世界性问题给出真正的解决方案。

相比于泰勒等一批当代学者,马克思早已深刻地指出,"不同的文明国度中的不同的国家,不管它们的形式如何纷繁,却有一个共同点:它们都建立在现代资产阶级社会的基础上,只是这种社会的资本主义发展程度不同罢了"[①]。从马克思的论述中,我们能看到,马克思并不仅仅从意识形态等上层建筑的视角出发来理解资本主义的发展

---

① 马克思,恩格斯:《马克思恩格斯文集》第3卷,北京:人民出版社,2009年版,第444页。

及其全球化历程,而是从更深层次的经济基础领域出发,来考量这个问题,判断它在整个人类社会历史发展中的地位和意义。所以在马克思那里,不同地域的现代文明当然"千差万别",这种"千差万别"当然由不同国家、民族的历史、信仰、地域直接导致,但是它们之间最根本的共同之处,却是经济基础领域中资本主义生产方式的发展。换句话说,要想真正超越现代性,超越资本主义在全球范围内的剥削与压迫,必须在经济基础的层面上,转变人类社会发展的文化理念。

3 中国话语世界影响力的提升对文化自信的建构意义

这样的国际背景,为当代中国文化自信的建构起到了重要的助推作用。顾名思义,"自信"是一种自我认知和自我确证,而这种心理状态要在与他者的比较中才能真正建立起来。所以,文化自信作为对本民族文化的认知,对本民族文化道路光明前途的坚定信念,也应当是在与世界其他各国各民族的文化对照中逐步确立。[①]如前文所述,在资本主义世界发展面临诸多问题和困扰时,中国特色社会主义伟大事业的持续推进,与之形成了鲜明的历史对比和时代反差。这背后反映出的实际上是中国特色社会主义文化与资本主义文化的巨大差别,而且很明显,中国特色社会主义文化更具有生机和活力,更能够代表

---

① 邹广文,田书为:《当代中国的文化自信及其建构路径》,《社会主义核心价值观研究》2017年第5期。

现代文化发展的未来方向。所以，我们有深刻的理由对中国特色社会主义文化充满信心。实际上，还不止如此。习近平总书记指出，"世界上越来越多的人开始对当代中国价值观念感兴趣，越来越多的人开始客观看待当代中国价值观念"①。现在来看，世界人民对中国精神、中国故事、中国道路的持续关注与反思，都客观地说明中国文化的世界影响力及其对整个人类社会未来发展的现实意义。

首先要指出的是，在当代世界的语境下，文化交流与融合已经成为一个不可回避的大趋势。古代中国存在着积极与其他民族进行文化沟通交流的尝试，例如"郑和下西洋"等。但是，"郑和下西洋"那样的壮举只是偶然性的，其根本目的也主要是彰显国威，其交流层次也仅仅限于物质层面，几乎不涉及文化观念、意识形态等深层次价值领域，所以中国文化的世界影响力极为有限。不过马克思指出，随着资产阶级开拓世界市场，"各民族的精神产品成了公共的财产。民族的片面性和局限性日益成为不可能，于是由许多种民族和地方的文学形成了一种世界的文学"②。在这里，"公共的财产"并非在其字面的意义上指精神财产的公有化，而是指随着各民族经济领域日益频繁的交流，各民族的价值观念、文化传统等意识形态也发生着相互的影响和渗透。应该说，资本主义全球化不仅为世界各国、各民族的文化交往奠定了重要的物质基础，同时也使这种文化交往成为一种必然。

---

① 中共中央文献研究室：《习近平关于社会主义文化建设论述摘编》，北京：中央文献出版社，2017年版，第199页。
② 马克思，恩格斯：《马克思恩格斯文集》第2卷，北京：人民出版社，2009年版，第35页。

与市场中具体的物质产品不同，精神产品的相互影响往往是潜移默化而深远持久的。随着日积月累，民族间的文化交往能够塑造民族的文化心理、精神追求，而积极传播先进文化，宣传更适宜人类发展需要的思想文化，显然对整个人类社会的发展具有无可替代的重要作用。如前所述，资本主义生产力在普遍地提升了人类社会生产力的同时，也在经济、政治、文化、社会、生态文明等领域，为全人类的发展带来了诸多灾难。很明显，要想通过资本主义的方式解决资本主义发展带来的必然问题是不可能的。因此，我们必须以社会主义的方法、理念、胸怀，实现全球治理，逐步转变资源分配的不合理方式，积极谋求全人类的共同利益。

目前，中国特色社会主义已经进入新时代，中国特色社会主义文化取得了巨大发展。所以，作为当今世界最大的社会主义国家，积极参与国际事务，为世界人民的共同利益谋福祉，提升中国文化的世界影响力和话语权，既是维护国家利益、承担国际责任的必然要求，同时也是提升中国文化软实力、进一步建构文化自信的必然选择。客观地说，当代世界的全球化仍旧处于资本主义的主导之下，所以我国在世界范围内的活动，都要在很大程度上遵循原有的资本主义模式与框架。不过，中国对国际事务的积极参与和科学处理，已经是对旧有资本主义生产方式及其价值理念的挑战和否定，在深层次上，这是由中国的国家利益和国家性质决定的。

2018年，积极"推动构建人类命运共同体"的基本理念被写入宪法，这意味着中国人民要更多地承担起国际责任，履行国际义务。应该说，这是资本主义发展及其全球化以来，社会主义中国对人类社会未来发展的时代省思和重要贡献。总体而言，中国正在从两个基本方面为人类命运共同体的构建奉献自己的智慧、彰显中国话语。首先在经济、政治层面，中国积极开展与不同国家的交流合作。2013年，习近平主席提出了"一带一路"的合作倡议，受到国际社会的广泛响应。在中国和沿线国家的共同努力下，"一带一路"极大地促进了区域间的人才流动，并在经贸、能源、科技等具体合作领域为沿线各国做出了许多重要贡献。在博鳌亚洲论坛上，习近平主席指出，改革开放40年来，"中国人民始终敞开胸襟、拥抱世界，积极做出了中国贡献。……连续多年对世界经济增长贡献率超过30%，成为世界经济增长的主要稳定器和动力源"[1]。这正是中国对世界人民的未来发展做出的坚定努力。另外，在精神文化层面，中国人民也在中国共产党的领导下，积极阐述中国故事，传播中国智慧。例如，世界上许多国家的高等学府、科研院所都成立了孔子学院或汉学院，都与中国的相关机构保持着深度交流，学习中国社会的治理理念、管理方式和运行模式。同时，中国的一些国家机关、社会团体、民间人士也都积极与国外的相关机构、团体或个人保持着文化领域的长期合作关系。应该说，这都为中国文化在世界范围内的传播和发展提供了重要基础和便利条件。实际上，在社会和生态文明建设领域，中国也都积极在国际舞台上发挥着重要作用。例如，中国与东亚包括柬埔寨等国家多次展

---

[1] 习近平：《开放共创繁荣 创新引领未来——在博鳌亚洲论坛2018年年会开幕式上的主旨演讲》，北京：人民出版社，2018年版，第4-5页。

开交流合作，为其他国家在摆脱贫困等问题上出谋划策，并在物质和精神层面提供具体的支持与帮扶。同时，中国也积极履行保护生态环境的国际义务，例如，各省市每年都针对自身的实际发展情况，制定节约资源、环境保护等具体计划，北京市在坚持和强化首都核心功能的同时，有计划地治理一些对环境污染较为严重的企业，实现产业结构调整，并带动京津冀地区的协调发展。

能够看出，中国人民通过自身的实际行动，正在积极为改变世界的原有面貌做出持久的努力。中国秉承的交往理念，已经不是资本主义式的零和博弈，而是合作共赢；中国努力推进的工作，已经不是资本主义式的以邻为壑，而是共谋发展；中国坚持营造的国际环境，已经不是资本主义式的各自为战，而是携手并进。这说明，在中国共产党的领导下，中国人民对本民族的文化有着深刻的时代自信，自信中国文化能够为人类命运共同体的发展做出巨大的积极贡献；另外，中国在国际事务领域的成功实践，正在反过来使当代中国的文化自信得到更进一步的阐释和发展，使中国文化的内涵不断丰富，使中国精神、中国话语的世界历史力量不断彰显。这两方面在具体的社会历史中相互促进、相辅相成。可以说，中国必将随着人类命运共同体的不断繁荣，获得更大的世界话语权，而中国人民的文化自信亦必将同时得到更深入的发展。

第六章 文化自信的路径选择

文化自信在一个民族和国家的发展中有着强烈的感染力和凝聚力，能够使一个民族国家的发展充满持续性、传承性和创造性的动力，让民族的发展经久不衰。坚定文化自信是国家发展文化软实力、实现中国梦、走向世界和振兴中国的前提和基础，习近平也指出："坚定文化自信，是事关国运兴衰、事关文化安全、事关民族精神独立性的大问题。"[①]

　　在当前全球化和网络信息化高度发达的发展环境下，我们需要从以下三个主要途径实现文化自信的建构：首先，要坚持用辩证唯物史观的立场方法看待中华民族优秀的传统文化，传承和学习中华民族传统文化中的积极文化因子，在不断传承发展和学习中激活中国传统文化精华，丰富社会主义先进文化，保证传统文化中积极文化因子的完整性，通过对传统文化的系统学习和认识，增强传统文化中积极文化因子的创造性转换，促进中华民族传统文化自我认同的树立，从而激发文化自信的内在动力。其次，我们要消除文化自卑心理，保持开放发展兼容并包的文化发展姿态，用科学、严谨、客观的态度，彰显中华文化的包容性、开放性、创造性以及中国人民文化发展的自主选择

---

① 习近平：《在中国文联十大、中国作协九大开幕式上的讲话》，《党建》2016年第12期，第7–12页。

性，提高社会各个领域内文化交流的机会，不断吸收外来文化的先进性和科学性，让文化在不断的思想碰撞中取得持续性创新发展，在国际文化交流中实现同步互塑，完善文化现代化发展，让人们从内心感知中国特色社会主义文化和思想的感召力和牵引力，从而建立起文化自信的心理根基。最后，要坚持树立文化理论创新的自觉性，创新中国文化发展，加快文化产业的创新性发展和创造性转化，在国际上建立中国文化交流话语体系，增强国际文化交流发展中的主动权，加强新科技文化产业发展，在增强文化影响力的同时提高文化自觉、坚定文化定力、彰显文化立场、积淀文化底气，真正从社会心理层面上建构起文化自信。

（一）
不忘本来：在传承中激活传统文化

改革开放以来，中国融入世界的步伐日益加快，在全球化的历史进程中不断发展壮大，综合国力显著提升，世界影响持续扩大，民族精神日益振奋。中华文化的伟大复兴是历史发展的必然趋势，也是全体中国人民的共同期待。中国市场经济的飞速发展不断满足着人民群众日益增长的物质需求。然而，随着全球化、西方价值观和多样文化的冲击、竞争与冲突，当下中国的文化矛盾和文化冲突日益复杂。人类现代性文化发展中的自我认知迷失现象也蔓延到我国，人与人、人与社会乃至于人类与自然之间的矛盾冲突也日益凸显。市场至上的实用主义观念泛滥，唯利是图、损人利己的行为呈上升态势，利益最大化成为一些人的唯一价值目标，工具理性主义、实用主义、虚无主义充斥于社会生活各个领域，成为一些人的新生命图景。文化焦虑、无所适从、心态浮躁，人的文化生活也出现种种价值失范。与此同时，人民对传统民族文化认知出现偏差，传统价值体系备受质疑，价值标准多样化，人们逐渐迷失对传统文化的自我认同，导致文化自信缺乏深厚的心理根基。这种现状之下，我们有必要重新审视传统文化，清醒面对传统文化世界，正视传统文化的历史地位和现实价值。我们只有自觉传承和弘扬中国优秀的传统文化，系统学习传统文化中的精华部分，不断激活传统文化中的积极文化因子，才能从几千年优秀的传统文化精髓中不断激发出新的安身立命之活力，在传统文化的传承发展中不断播种智慧之火，以兼容并包的文化自信姿态，有效推进中国传统文化的创造性转化和创新性发展，真正树立起民族文化自信心。

1 理性审视传统文化，把握传统文化的历史定位

一个民族的文化自信，首先应该表现在对民族传统文化的认同上。传统文化是人们进行自我认同、民族认同和国家认同的前提和基础，学习和认识传统文化是实现文化自信的核心，也是构建民族凝聚力和亲和力的源泉，是维系民族团结和国家统一的精神纽带，也是提升文化软实力的内在精神力量。国家的发展和强盛，民族的独立和振

兴，人民的尊严和幸福，都离不开强大的文化支撑。习近平总书记指出："文化是一个国家、一个民族的灵魂。文化兴国运兴，文化强民族强。没有高度的文化自信，没有文化的繁荣兴盛，就没有中华民族伟大复兴。要坚持中国特色社会主义文化发展道路，激发全民族文化创新创造活力，建设社会主义文化强国。"①美国学者约瑟夫·奈也曾指出文化软实力是"民族凝聚力"的"无形的力量资源"②，文化是一个民族存在价值的最本质、最深刻的体现，也是综合国力的重要组成部分。如果失去了作为民族集体无意识③的传统文化支撑，就无法在强手如林的现代世界建立起属于自己的文化优势，就会在国际间的各种交往中处于被动守势，无法捍卫国家的战略利益，也就不可能在激烈的国际竞争中永远立于不败之地。

因此，实现文化自信的核心途径就是传承发展民族优秀的传统文化，如果没有传统文化，民族也会失去自我独立性。习近平指出："历史和现实都表明，一个抛弃了或者背叛了自己历史文化的民族，不仅不可能发展起来，而且很可能上演一场历史悲剧。"④"不忘历史才能开辟未来，善于继承才能善于创新。优秀传统文化是一个

---

① 习近平：《决胜全面建成小康社会 夺取新时代中国特色社会主义伟大胜利——在中国共产党第十九次全国代表大会上的报告》，2017年10月28日。
② ［美］约瑟夫·奈：《美国定能领导世界吗？》，何小东、盖玉云译，北京：军事译文出版社，1992年版，第161页。
③ 荣格说的"集体无意识"指由遗传保留的无数同类型经验在心理最深层积淀的人类普遍性精神。简单地说，就是一种代代相传的无数同类经验在某一种族全体成员心理上的沉淀物，而之所以能够代代相传，正因为有着相应的社会结构作为这种集体无意识的支柱。
④ 习近平：《在全国哲学社会科学工作座谈会上的讲话》，2016年5月17日。

国家、一个民族传承和发展的根本，如果丢掉了，就割断了精神命脉。"①只有坚持弘扬和培育伟大的民族精神，才能把亿万人民紧紧吸引在中国特色社会主义文化的伟大旗帜下，造就一代又一代有理想、有道德、有文化、有纪律的公民，使中华民族的生命力、创造力和凝聚力始终保持昂扬向上的状态，成为推动民族复兴的强大精神动力。要实现民族文化自信，我们就需要对自己民族的传统文化有一个理性清醒的认识，深刻了解中国传统文化中的精华和糟粕，明晰传统文化在当代中国文化发展和国家建设中所处的地位，对传统文化做出理性的历史定位。

首先，鸦片战争之前，中华民族拥有很强的自我文化认同与自信传统。我国春秋战国的百家争鸣，开启了中华民族传统文化发展的辉煌历史。从秦汉至唐宋儒释道文化的三足鼎立，到宋明理学将传统文化学理化为极致，再到明清时期"经世致用"新儒学兴盛，中国文化空前繁荣，形成了一整套中国传统文化价值观。这种价值观成为中国传统文化历时性发展的中轴线，其积极文化因子在不同的历史时代被不断地创造性转化和创新性发展，形成了不同时期具有指导意义的核心价值观，直至现在也是中国传统文化发展的瑰宝。例如，儒道两家为中国文化发展提供了"天下为公，世界大同"的思想精髓。儒家指出："大道之行也，天下为公，选贤与能，讲信修睦。"②道家老子

---

① 习近平：《在纪念孔子诞辰2565周年国际学术研讨会暨国际儒学联合会第五届会员大会开幕会上的讲话》单行本，北京：人民出版社，2014年版，第9页。

② 《礼记·礼运》。

也指出:"天之道,损有余而补不足;人之道,则不然,损不足以奉有余。"①这种天下为公的思想价值一直辅佑着中华民族文化的茁壮成长,更为我们今天创新发展传统文化和建设中国特色社会主义文化提供了优秀的价值资源。另外,儒家所强调的"仁、义、礼、智、信"和中庸之道一直都是历朝历代文化发展的核心价值观,这种崇尚和谐、爱好和平、天人合一、与人为善、讲仁爱、重民本、守诚信的价值诉求也与我们今天所倡导的社会主义核心价值观相契合。这就说明,中华民族传统文化在历史的长期发展中拥有一个"同心结"——传统伦理价值观,它是中华民族建立起稳定性和持续性文化认同的核心,同时也是凝聚每一个时代的中华民族的精神支柱,体现了中华民族传统文化发展的继承性和持续性。

其次,鸦片战争以后中国步入了民族自我文化的价值迷失时期,与之相应,我们的文化也越来越失去自信。闭关锁国导致的科学技术和文化思想的落后逐渐让国民丧失了文化自信的原动力,"满族王朝的声威一遇到英国的枪炮就扫地以尽,天朝帝国万世长存的迷信破了产,野蛮的、闭关自守的、与文明世界隔绝的状态被打破"②,在帝国主义坚船利炮的侵略下中国越来越不自信,虽然也不乏有志之士学习西方先进科学技术,进行变革和革命,但都以失败告终。构筑于小农经济基础上的传统文化在封建宗法制度的强化下,使中国传统社会的发展和自身的发展保持了高度的稳定性、连续性,但也正是这种具

---

① 《道德经》。
② 马克思,恩格斯:《马克思恩格斯文集》第2卷,北京:人民出版社,2009年版,第608页。

有高度稳定性、连续性的传统文化，阻碍了中国社会的现代转型，在与西方文化的较量中败下阵来。在近代以来的东西方文化的碰撞与冲突中，资本主义的民主制度、价值观念、宗教伦理等西方文化都对中国人民产生了强大的吸引力，就连社会主义、共产主义也都是从西方社会传入中国，在以现代性、工业文明为主要特征的西方科技理性文化面前，中国的传统文化显得被动挨打、不堪一击。在此情形之下，中国人开始反思批判自己的文化传统，从五四运动喊出"打倒孔家店"的口号，到中化与西化的激烈争论，再到"文革"对传统文化进行的全面清算，使得中国传统文化的影响力日益式微，民族文化的自信心也遭遇了严重的挫折。

最后，中华人民共和国成立后尤其是改革开放后，中国开始了文化自信的恢复与重建。中国共产党人在中国特色社会主义实践中，在党和人民伟大斗争中孕育的革命文化、社会主义先进文化以及在5000多年文明发展中孕育的中华优秀传统文化的创造性发展和转化的基础上，形成了代表着中华民族独特精神标识的中国特色社会主义先进文化，现已成为我国经济社会发展的强大精神支撑和民族凝聚力、向心力的重要源泉，进一步提升了当前中国人民的文化自信。中国尤其是改革开放之后全社会对传统文化的重视程度逐步提高，传统文化的影响力正在逐步提升，我们开始走上了良性发展的轨道。中国传统文化博大精深、源远流长，在5000年的历史发展积淀中，中华民族形成了以爱国主义为核心的团结统一、爱好和平、勤劳勇敢、自强不息的伟大民族精神，这是维护民族团结发展、实现共同理想、促进社会进步的强大精神动力,成为中国社会的灵魂和精神支柱,主导着人民的精神世界。传统文化中的积极文化因子,不断传承发展,不断塑造和影响着现代人的生活方式,也影响着人们的思维方式。我们今天的社会主义核心价值观也无一不延续着传统文化中核心价值观的积极部分和优异部分,更被当代人视为民族文化的精髓,不断指引着当代人的发展。

需要明确的是,我们在传承传统文化积极文化因子的同时,要扬弃消极文化因子。我们要对传统文化进行科学分析,对有益的东西、好的东西予以继承和发扬,对负面的、不好的东西加以抵御和克服,取其精华、去其糟粕,而不能采取全盘接受或者全盘抛弃的绝对主义态度。正如习近平总书记指出的:"传承中华文化,绝不是简单复古,也不是盲目排外,而是古为今用、洋为中用、辩证取舍、推陈出新,摒弃消极因素,继承积极思想。"[①]这也就是说,继承传统文化,要求我们勇于剔除传统文化和国民意识中的糟粕,承续其精髓,以社会主义核心价值引领多种社会思潮,凝聚价值共识,协调思想行为,推动社会发展,并结合时代需要给予全新的理解和阐释,发挥民族精神对内动员民众力量、对外塑造民族形象的重要功能。总之,我们要全面认识祖国传统文化,取其精华、去其糟粕,古为今用、推陈出新,坚持保护利用、普及弘扬并重,加强对优秀传统文化思想价值的挖掘和阐发,维护民族文化基本元素,使优秀传统文化成为新时代

---

① 习近平:《在文艺工作座谈会上的讲话》,2014年10月15日。

鼓舞人民前进的精神力量。从20世纪80年代以来，我国开始采取各种措施加强了传统文化的学习，到现阶段，优秀传统文化成为社会主义先进文化不可或缺的重要组成部分，传统文化中的积极文化不断地被创造性发展和转化，成为提升民族自我认同和建构文化自信的重要基础。

2 建立传统文化传承发展的学习和认知机制

中国传统文化作为在中国特有的文化母体中孕育、产生、演变、发展的综合体，是中华民族历史上各种思想文化、观念形态的总体表征，是中华民族几千年文明的结晶。中国传统文化特别注重人文精神和社会伦理关系，其思想体系以春秋战国时期的诸子百家为源头，以儒家思想为主体，核心内容包括经、史、子、集等。特别是儒家以"和"为核心的传统价值观，强调和合理念，主张天下为公，推崇不同文化、不同民族之间"美美与共、天下大同"，包括"和而不同"的人际关系、社会关系以及中庸的个人处世原则，这些理念在改善生态环境、摆脱精神和信仰危机、化解国际冲突、医治各种现代化病症等方面都对人类文明的发展提供着有意义的价值指引，内蕴了人类命运共同体的智慧。

从当代视角来看，这种传统思想智慧为构建人类命运共同体提供了强有力的思想支撑，也为实现"中国梦"提供了文化地基。因此，

"重新确认儒家传统为凝聚中华民族灵魂的珍贵资源,是学术、知识和文化界的当务之急"①。习近平总书记强调指出:"文明特别是思想文化是一个国家、一个民族的灵魂。无论哪一个国家、哪一个民族,如果不珍惜自己的思想文化,丢掉了思想文化这个灵魂,这个国家、这个民族是立不起来的。"②在现代文化迷失于自我中心主义的困境之际,我们应该积极开展对中国传统文化中积极价值观和思想智慧的学习和认知,建立传统文化传承、发展和创造性转化的学习和认知机制,传播这些具有普适性的文化价值观念,树立一种文化自觉和文化认同,从心理上建立起中华文化的深层自信,增强中国传统文化的感召力和吸引力,筑牢中国文化软实力的根基,开辟中华民族伟大复兴的光明前景。

传统文化在构建文化自信中起着非常重要的作用,对传统文化的认同和继承,就是要从内心培育文化自信心态,这种文化自信具有持续性和不可动摇性,能够从根本上克服文化上的盲目自大或自卑心理。当前我国在对传统文化的学习和认知方面还有不少不足,最典型表现在中国高校大学生对中国传统文化认知尚缺乏主动兴趣。例如相关机构在对"你对中国传统文化的态度是什么样的?"问题调研中,调查数据显示:62.22%的大学生选择了"兴趣一般";6.67%的人甚至选择了"中国传统文化迂腐过时,自己对中国的传统文化基本没兴

---

① 杜维明:《现代精神与儒家传统》,北京:生活·读书·新知三联书店,1997年版,第478页。
② 习近平:《在纪念孔子诞辰2565周年国际学术研讨会暨国际儒学联合会第五届会员大会开幕会上的讲话》,2014年9月24日。

趣，不想进行深入了解"；只有17.78%的人选择了"有兴趣并想进行深入了解"。这些数据显示，中国传统文化对我国当代大学生所存在的吸引力甚微。① 由此表明，构建传统文化的教育学习和传承机制显得尤为紧迫重要。学习和培养文化自信，需要建立传统文化传承发展的学习和认知机制，深入系统学习和认识传统文化需要从三个方面制定系统性机制：

首先，家庭教育对提高人们对传统文化的认识具有直接性的作用，是传统文化认识和传承的起点。家庭教育是个体受教育的起点，家庭是孩子的第一所学校，父母是孩子的第一任教师；家庭教育指父母对子女进行的教育，即家长通过自身的言传身教和家庭实践活动或家庭成员之间的互动活动，潜移默化地对孩子形成教育目的的行为，它对人的影响最深，时间最长，同时具有传承性，是一种终生性和传承性的教育。因此，家庭教育作为传统文化传承发展的起点，在传承和学习传统文化中起着奠基性作用，要重视通过家庭教育将中国传统文化中的优秀因素传承给孩子，为孩子在成长发展中树立正确的文化观念和价值观念打上底色。

其次，学校是接受传统文化教育的关键场所。我们知道现代大学教育是以知识教育为主体的教育，学科分支精细，缺乏知行合一的综合性教育，即使高校进行传统文化教育，也只是当作一般性知识进行

---

① 郭凤臣：《新时代大学生文化自信现状与培育途径》，《教育理论与实践》第38卷（2018年），第27期。

传播，并没有建立起知识和道德的统一，教育内容的系统性和整体性有待提高。因此，要认识到学校教育中加强中国优秀传统文化教育的重要性和紧迫性，积极引导青少年更加全面准确地认识中华民族的历史传统、文化积淀和基本国情。在党的十九大报告中，习近平总书记强调："青年兴则国家兴，青年强则国家强。青年一代有理想、有本领、有担当，国家就有前途，民族就有希望。中国梦是历史的、现实的，也是未来的；是我们这一代的，更是青年一代的。中华民族伟大复兴的中国梦终将在一代代青年的接力奋斗中变为现实。全党要关心和爱护青年，为他们实现人生出彩搭建舞台。"①正值青年的大学生是传承中华民族优秀传统文化的后继主力，优良的民族文化传统靠青年一代继承发扬。因此，促进国民特别是青年大学生树立文化自信是思想政治教育中的最为重要的任务之一，思想政治教育在青年大学生文化自信的树立过程中起着决定性的作用，形式多样的思想政治教育是青年大学生正确认识中国传统文化发展，辩证看待优秀传统文化当代价值的重要途径和方式，积极引导青年树立文化主体意识和文化创新意识，正确认识当前国际思潮和社会心理的发展，能够有辨别地吸收正确的文化思想，树立社会主义核心价值观和爱国主义精神，增强青年一代的民族文化自信心。

最后，国家要在全社会努力建构传承传统文化发展的环境。国家

---

① 习近平：《决胜全面建成小康社会 夺取新时代中国特色社会主义伟大胜利——在中国共产党第十九次全国代表大会上的报告》，2017 年 10 月 18 日。

是传统文化发展的推动者，对文化发展具有明显的导向性作用和控制性能力。因此，国家应该积极创造继承和学习传统文化的社会环境，积极塑造学习传统文化的浓厚氛围，利用好当前快速发展的大众传媒，提高国民对传统文化的认同感，提高民族文化自信心和凝聚力。具体做法：其一，构建网络文化宣传平台，通过互联网等电子媒体宣扬正确核心价值观。如借助学习强国App、抖音、快手、微信、QQ等各种新传媒工具，营造学习传统文化的氛围，在潜移默化中引导国民建立起正确的文化认同观。其二，继续发挥报纸、电视、广播等传统媒体的引导性作用。通过传统媒体宣传为全社会思想道德的健康发展提供保证。其三，政府可牵头完善公共文化服务体系，通过政策鼓励各种企业和社会组织主动担负起文化发展和宣传的责任，积极主动参与公共文化建设，实施文化惠民工程，提高全民对传统文化学习和认识的力度，营造传统文化全民学习氛围。

3 激活传统文化传承创新，推动开放包容共赢发展

中华民族传统文化历经了几千年的发展，在今天的时代挑战中仍旧具有强大的生命力，主要因为中华民族传统文化具有自我创新能力和开放包容的心态，既能够在不同的历史时期具有不同的特征，也能够随着社会发展不断发展创新，不断为新时期的现代化建设服务。

习近平也多次提出"推动中华优秀传统文化的创造性转化和创新性发展"①,这为激活传统文化的创造性继承和包容开放式发展指明了方向。

首先,古为今用是传统文化价值所在,也是文化创新性发展和创造性转化的历时性特征。当代新文化的建设必定既继承优秀历史文化传统,同时也得符合当代中国改革建设实际。因此,我们要坚持历史唯物主义和辩证唯物主义的立场、观点和方法,"用马克思主义的方法给以批判的总结"②,"剔除其封建性的糟粕,吸收其民主性的精华",进而"发展民族新文化提高民族自信心"③。因此,我们需要深入阐发中国优秀传统文化"讲仁爱、重民本、守诚信、崇正义、尚和合、求大同等思想"和"自强不息、敬业乐群、扶正扬善、扶危济困、见义勇为、孝老爱亲等传统美德"④,激活传统文化的智慧精髓,进行创造性的转化,"按照时代特点和要求,对那些至今仍有借鉴价值的内涵和陈旧的表现形式加以改造,赋予其新的时代内涵和现代表达形式,激活其生命力"⑤。这不仅能够彰显中国优秀传统文化的独特魅力,而且激活了优秀传统文化内在的创造力和生命力,增强了人民对传统文化的自信心。

---

① 习近平:《习近平谈治国理政》,北京:外文出版社,2014年版,第164页。
② 毛泽东:《毛泽东选集》第2卷,北京:人民出版社,1991年版,第533页。
③ 毛泽东:《毛泽东选集》第2卷,北京:人民出版社,1991年版,第707、708页。
④ 习近平:《在文艺工作座谈会上的讲话》,2014年10月15日。
⑤ 习近平:《习近平谈治国理政》,北京:外文出版社,2014年版,第164页。

其次，要努力倡导文化的开放包容。从文化发展进步角度看问题，文化存在与发展本身就是一种开放形态，具有与生俱来的向外扩散和向内吸收的张力。文化的开放包容也是文化进步的内生要求。文化的一个重要品格在于它的开放性，在于它自身发展的动态性。这种开放性和动态性最直接的现实表征，是通过文化交流互鉴来实现的。实际上，真正意义上的文化永远不会静态存在，而是处在永不间断的创造与发展过程中，在这个过程中，任何文化发展都不是独立的，它们的兴起衰落、离散聚合，总是在同其他文化对立统一、冲突融合中展开，在接纳和吸收不同社会文明成果中实现。任何一种活态的文化都有先天的对外吸收和扩展的需求。

最后，开放与交流发展成为文化发展的必然性选择。中国传统文化创新性发展和创造性转化是一个开放性系统。对于如何开放性发展，毛泽东曾指出，"要多多吸收外国的新鲜东西，不但要吸收他们的进步道理，而且要吸收他们的新鲜用语"[1]。一方面，应"尽量吸收进步的外国文化，以为发展中国新文化的借镜"，坚持"以我为主、兼收并蓄"；另一方面，"应当以中国人民的实际需要为基础，批判地吸收外国文化"[2]。当然，文化的开放不仅包含吸收别国文化的开放性和包容性特性，更具有文化向外走出去的特性，因此我们需不断坚持文化走出去战略，为世界发展提供中国智慧和中国方案。

---

[1] 毛泽东：《毛泽东选集》第 3 卷，北京：人民出版社，1991 年版，第 837 页。
[2] 毛泽东：《毛泽东选集》第 3 卷，北京：人民出版社，1991 年版，第 1083 页。

（二）
吸收外来：在开放中完善现代文化

随着全球化的日益加深，不同民族、不同区域之间除了经济和政治等方面的交流之外，更深刻的文化和思想层面的交流也不可避免。如果不持有开放多样、交流互鉴的文化发展心态，那么文化思想领域的冲突必然加剧。实际上，文化的开放和包容是大国文化自信树立的必经之路。中国传统文化之所以能够源远流长，与这一开发包容特质有着决定性的关系。

从中国历史文化发展的轨迹可以看出，中国自古以来倡导开放的民族文化发展，中国文化在儒道本土文化发展的基础上，吸收外来佛教文化，形成了中国儒释道三家并驾齐驱的文化特色。近代以来随着清朝闭关锁国政策，中国在文化交流方面封闭和僵化，最终文化逐渐落后于时代，随之带来政治和经济方面的衰落。随着经济全球化的日趋加剧，21世纪中国文化发展面临更加严峻的挑战，面对这一现实，中华民族文化应该发扬包容开放的优秀品质。一方面要积极融入国际先进文化秩序之中，积极推进国际间不同文化间的交流，学其所长，为我所用，并在此基础上进行创造性发展。另一方面，我们要坚持改革开放的基本国策，积极促进"一带一路"文化发展共同体的建设，"着力打造融通中外的新概念新范畴新表述，讲好中国故事，传播好中国声音，增强在国际上的话语权"①,并通过中华民族的复兴带动周边国家的经济、政治和文化的共同发展,取得共同的进步。习近平指出:"中国要永远做一个学习的大国,不论发展到什么水平都虚心向世界各国人民学习,以更加开放包容的姿态,加强同世界各国互融、互鉴、互通,不断把对外开放提高到新的水平。"②

需要明确的是,文化的开放发展是一个双向互动的过程,需要我们树立正确的开放意识。其一,对当代外来文化要取其优点长处加以利用和发展,而不是完全的拒斥态度;其二,要在激烈的文化冲突中积极推广和宣扬中华民族优秀文化,将中华民族的优秀的价值观、历史观等思想发扬光大,传播到海外,这就是文化开放的双向路径。文化的开放行为一方面丰富了中华民族文化,促进了其发展;另一方面,能够将中国文化弘扬光大,不仅彰显了中华民族文化的独到魅力,更使中华民族文化能够在外部和内部不断的挑战和冲突中获得发展和创新机遇,永远屹立于世界文明发展之林。在建构、实现和坚定文化自信的过程中,纵向即历时性层面,我们需要在不断传承中激活传统文化的精髓,促进文化自信的心理确立;横向即共时性层面,我们需要持有一种开放自信发展的姿态,积极对待外来文化,在不断吸收外来文化的先进成果的基础上,兼容并包、丰富完善时代文化。

---

① 中共中央文献研究室:《习近平关于全面深化改革论述摘编》,北京:中央文献出版社,2016年版,第85页。
② 习近平:《习近平在同外国专家座谈时强调:中国要永远做一个学习大国》,《人民日报》2014年5月24日1版。

1 坚持文化开放包容姿态，推进文化交流互鉴

有学者指出，在经济全球化背景下，人类的一体化互动发展已经是无法回避的趋势，一个国家如果单纯为了保持其文化个性，忽略与其他文化的交流与对话，最终的结果只是权力的假象和自说自话[①]。中国文化建设正面临一个无法回避的问题：我们应该把"经济全球化"看成是新一轮的"外来文化"影响，还是将之看作中国改革开放、经济发展的引擎机制？实际上，伴随着互联网发展，当今全世界进入了全球化时代，各个国家和区域之间的发展不再单纯依赖历时性发展而更多仰仗共时性发展。即全球化使得国家与国家的文化、政治和经济发展交织互联，无论是经济领域还是文化、政治等领域，各个国家都无法将自身发展独立于"他者"而存在。这种背景下，文化发展也必然被带入"人类命运共同体"发展框架之下。

对于发展中国家而言，全球化是一把双刃剑。面对汹涌澎湃的世界经济快速发展潮流，置身事外无疑会永远失去民族生存发展的根基，而毅然进入尽管也会面临这样那样的困难和风险，但总存在寻求到民族经济社会振兴新路的希望。积极参与全球化进程，努力争取在当下世界政治秩序、经济运行和文化发展的全球治理中占据更多的主动权，最大限度地推动全球政治、经济和文化向着于我有利的方向发

---

① 杨俊蕾：《文化全球化中的民族话语权》，《天津社会科学》2002 年第 3 期。

展，这是发展中国家必须时刻铭记的对应策略。也就是说，在多样文化冲突的"战略机遇期"和"矛盾凸显期"双重背景下，如何发扬民族优良文化传统，吸收全人类优秀文明成果，大力开拓创新、与时俱进，走出一条全新的民族文化复兴之路；如何在世界各种文化相互激荡，特别是面临敌对势力"西化""分化"威胁的情况下，深入开掘中华民族文化精华，充分展示中国人民在继承传统基础上创造的新思想、新理念和新文化，靠文化自身的独特魅力提升中华文化的国际认同度和影响力，让古老的中华民族文化在新的时代焕发出更加耀眼的光彩，这对于每一个中国人来说，既是责任，更是义务。具体我们可以从以下三个方面进行分析。

第一，交流是人类文化不断发展的重要前提。从文化定义视角来看，文化是人类的一种社会行为，也是人类社会生存与发展的必然产物。文化交流就是文化信息由个人向他人、由个人向群体、由群体向个人、由一地向他地、由他地向本地的蔓延与传递。交流活动伴随着人类的产生而同时出现。人是一种有思想、会思考的高级动物，人类社会是一个由无数有思想、会思考的个体、群体、种族和国家组成的人类共同体。文化交流就是文化话语形成的过程，即许许多多具有独特个性和各种需求的人聚集在一起，社群、族群、国家哪怕是两人之间都需要进行人际交流、群际交流和组织交流，人类社会就建立在人们利用符码进行交流与互动的基础之上，形成一种社会身份、社会关系、知识和信仰体系的认同。

文化作为社会交流的媒介物，包括语言的表达、手势、动作和各类物质与精神创造物的生产和交换,始终是人类社会生活中必不可少的生活方式,而文化信息交流更是人类社会生活的一个基本特征。从本质上讲,人类生活就是在交流过程中展开创造物质财富和精神财富、创造人类美好新生活的活动,交流作为其中最富有代表性的特征,人类社会的全部发展都依赖于此。"随着人类的不断进步,文化交流的范围也越来越广,完全可以这么说,如果没有文化交流,人类社会就无法进步。"①因此,只要人类还存在,社会还发展,文化的交流与传播就不会终结。19世纪末,马克思、恩格斯就在《共产党宣言》中预言文化将在全世界交流与发展,他们指出:"资产阶级,由于开拓了世界市场,使一切国家的生产和消费都变成世界性的了……过去那种地方的和民族的自给自足的闭关自守状态,被各民族的各方面的互相往来和各方面的互相依赖所代替了。物质的生产是如此,精神的生产也是如此。"②其所谓的精神生产亦是我们所言的文化交流与发展。

进一步而言,文化产生于人类对周围世界的体验、探索和理解之中,它的发展和延续也必然贯穿于人类的全部社会生活之中。与人类伴生的各类文化形态,都是随着人类自我生存发展需求而从事的劳动中产生,带有极强的公共性、目的性指向。而正是这类文化最现实的功利需要,又不断地演化并建立为某种可在人群间沟通与交流的信息

---

① 陶铠,李春林:《季羡林、赵宝煦、罗荣渠谈中外文化交流》,《光明日报》1990年7月20日。
② 马克思,恩格斯:《马克思恩格斯文集》,北京:人民出版社,2009年版,第35页。

符码。不同国家、不同文明在交流和碰撞中不断地重组、频繁运动与交融,此消彼长,这就是当代全球文化发展的过程和趋势。沟通与交流的过程也是文化生产、发展和创造的过程。文化交流不单是文化生成后的扩展形态,同时也促成了文化的最初创造。人类文化的每一个环节无不借助于交流来实施,依赖于交流而完善。交流不仅作为同一族群间文化认同的桥梁,也是建构不同族群和社会之间文化沟通的平台。同时让文化在相互交往、借鉴和融合中得到发展进步。从某种意义上可以说,交流发端于文化的起源并伴随着文化发展的始终。没有交流,也就没有了属于社会意识形态的文化;离开了交流,文化只能是创造者的自我欣赏物,而不是社会的共同财富,更不要说全球意义上人类共有的精神财富了。

第二,从文化发展史的角度看,纵观人类历史,任何一种存继的文化都是在开放交融的过程中保存下来的。文化的迁移、交流、融合是文化得到发展的重要保障。要保持文化的发展,任何一种文化都要以开放的方式兼容并收、创新发展。马克思主义先进文化作为中国特色社会主义文化发展的根基,同样也是文化发展过程中不断继承、扬弃、包容互鉴的产物。列宁指出:"马克思主义这一革命无产阶级的意识形态赢得了世界历史性的意义,是因为它并没有抛弃资产阶级时代最宝贵的成就,相反,却吸收和改造了两千多年来人类思想和文化发展中的一切有价值的东西。只有在这个基础上,按照这个方向,在无产阶级专政(这是无产阶级反对一切剥削的最后的斗争)的实际经验的鼓舞下继续进行工作,才能认为是发展真正的无产阶级的文化。"①换言之,要保持文化的发展,任何一种文化都要以开放的方式走出去。作为一个拥有辉煌成果的文化大国,只有选择更加主动进行文化交流和对话,扩大文化影响力,才能促进文化的发展。

第三,随着未来全球化发展与科学技术的进步,人类的文化交流能力将越来越强,方式、方法、手段、途径也将越来越丰富。由电脑、网络、电话、通信卫星组成的信息高速公路,开始成为现代社会最新交流传播媒介。这种以现代计算机网络技术为基础、以光导纤维为骨干的双向大容量和高速度的电子数据传递系统,把所有通信系统、电脑资料库和电信设施连接起来,融合了现代计算机网络、电话、有线电视、无线电通信系统的所有功能,建立起人类同时、快速和交互传送文字、声音和图像的全新信息网络,从此将人们带入一个全新的"数字化生存"时代。这是一次空前的文化储存和交流方式的革命,标志着人类文化交流进入了一个前所未有的新时代。既往的文化智慧精华在这里得到更充分的承继与弘扬,当下的文化得到更加广泛快捷的扩散,人类掌握和运用的知识从来没有像今天这样丰富,人类从事文化创造的空间从来没有像今天这样广阔,高科技支撑下的现代文化交流开辟了人类文化创造发展的新纪元。

在这种情况下,如果拒绝文化的对外交流与受纳,企图在保守封闭的状态中发展民族文化,这样的文化必然是僵死而毫无生命的,即使勉强存活下来,也只有人类学上的标本意义。如果说封闭的时代文

---

① 列宁:《列宁全集》第 4 卷,北京:人民出版社,2012 年版,第 299 页。

化还可以在自我循环中缓慢发展的话，那么到了信息时代，文化离开了交流则无法发展。也就是说，在人类相互依存的现代时空中，文化交流不仅是民族国家之间增进沟通和理解的重要手段，而且还是展示民族文化品牌、塑造国家形象、建立民族自信心的基础性战略性工程。文化只有交流，才能显示其强大的生命活力和全球话语权，才能增进民族文化的影响力、辐射力和竞争力，才有可能在世界范围内的相互交往中，共同建构起全球文化多极均衡、多样共生的和谐局面。

2 推动中国文化走出去战略，增强文化沟通理解

文化自信的建立除了从内部确立起文化认同感外，还需要在不断的文化交流融合中确立起文化沟通理解。党的十八大报告提出："文化实力和竞争力是国家富强、民族振兴的重要标志。"[①]因此推动中国文化走出去战略，提高本国文化价值观的认同能力和影响力，是提升国家软实力和文化认同的重点。"一个国家的软实力（软权力）取决于其文化的魅力、国内政治和社会价值观的吸引力，以及其外交政策的风格与实质。"[②]一个国家如果能以自己的文化价值观来吸引其他国家，赢得他们的认可，那么这个国家就会在国际社会中拥有较大

---

① 胡锦涛：《坚定不移沿着中国特色社会主义道路前进 为全面建成小康社会而奋斗》，北京：人民出版社，2012年版，第33页。

② 贾海涛：《文化软实力：概念考辨与理论探源》，《红旗文稿》2008年第3期。

的影响力，就会具备较强的软实力。

从文化历史背景来看，中国文化在古代作为"先进文化"对周边的国家曾产生深远持久的影响，例如汉字对韩国、日本等国的影响，这些国家一直使用中国的汉字，直到17、18世纪才慢慢形成现在的文字。至今，在日语中还有汉字的存在。然而自工业革命以来，西方社会的发展速度和发展水平超过其他文明，中国饱受西方帝国主义国家的侵略，他们通过各种手段向我国输入西方文化，相应放缓了我们民族文化的创新和传播，使我国在相当长的时间内步入了以文化输入为主的情境。这种强迫性的中西文化接触，使得中国传统文化受到巨大冲击，人们甚至怀疑以儒家为主导的传统思想文化是否符合时代的发展，以致相当长的时期中，人们将现代化等同于西方化，即认为只有西方文化是先进的文化。为此，很多人失去了对民族文化的自信心，不遗余力地向西方文化寻找真理，并且主张将西方文化全盘接受，强调从制度、生活方式甚至价值观念上模仿西方文化。相应地，我国传统的民族文化价值体系正在逐渐丧失其影响力和号召力，造成了中国民众的价值体系的混乱和价值观的冲突，阻碍了中华民族优秀传统文化的传承，民众对自己的民族文化长期处于失忆的境地。

随着经济全球化大发展，第三世界国家力量的增强，全球化背景下的现代化发展道路已经不再是简单演绎为强势的西方文明对东方文明及其他弱势文明的征服或同化的模式，相反，长期处于边缘地带的第三世界国家开始发出自己国家的文化声音，参与现代化内涵的解释，确立了自己的文化身份，并寻求在现代化的模式中发展自身的文化,并发扬自己文化的优秀精华。也就是说,当前的国际形势下,文化的全球化并不意味着出现一种全球同质的"世界文化"或者"全球文化",恰恰相反,发展中国家的崛起成为新的文化输出的背景力量,发展中国家话语权开始不断增强,文化软实力也不断增强,开始在国际舞台中发挥一定的作用。

我们还需要明确的是,文化在发展、输出和交流的过程中,势必会造成国家、民族间的文化冲突,这主要表现在以下几个方面:首先,经济全球化过程中,中国虽然当前处在经济发展上升期,但是与发达国家相比仍旧处于较为落后的状态,而全球互联网信息快速发展时代,在国际社会思潮互相碰撞之际,人们容易被国外各种社会思潮影响,对自身文化产生价值迷失。其次,全球化发展中西方文化以消费主义文化为核心,重视感性物质消费,对中国人民量入为出、勤劳节俭的生活观念造成一定冲击,由于发达国家在科学及技术发展中占有优势地位,人们出现崇洋媚外的心理状态,却日益忽视中国传统文化。最后,西方国家在资本主义全球化过程中,通过在传媒和文化产品上的优势,通过电影、互联网产品等各种形态的文化产品,强力推行文化价值观,冲击着中国传统文化所孕育的核心价值观。

这种情况下,我们需要从两个方面入手积极建立自身的文化自信与文化认同。一方面,要重视培养民族文化自信心和自豪感。把培育、弘扬和创新民族文化品牌作为构建文化自信的一个核心内容,目的就是在全球文化大交融时代守护好民族的精神家园、延续好民族的文化血脉,创建属于我们自己独特的国家品牌。只要我们不断用创新的思路破解改革发展中遇到的难题，不断以新的姿态化解国际社会的各种误读误解，不断有新的文化产品展现生机勃勃的当代中国社会现实，不断以诚信、友善、负责任的面貌在世人面前展示国家的良好形象，中国就一定能够在世界上树立起真正过硬的"国家品牌"，赢得世界的尊重和信任。通过近年来科学技术的发展，在中国文化产业和文化发展政策的各种支持下，我们的相关文化产品也不断在国际上取得一席之地，不断地将爱国主义、和平发展、美美与共、天下大同以及共建人类命运共同体的文化思想在国际上传递出去，不断地提高着中国文化在国际上的地位，也不断增强中国人民对自身文化的认同。弘扬、传承传统文化的过程中，我们还要不断激活并培育新的民族文化，要大力增强国家意识，使广大人民牢固树立国家利益高于一切的观念。把热爱祖国、忠于祖国作为公民的最基本要求，强化公民对国家的认同感、归属感。要大力增强国家统一、民族团结意识，树立各民族团结和睦、平等互助、共同发展的意识，自觉维护民族团结、国家统一，坚决反对任何形式的民族分裂、危害祖国统一的行为。要大力增强民族自强自励意识，弘扬中华民族独立自主、自强不息的奋斗精神，敢于迎接各种挑战，经受任何风浪考验，艰苦创业，奋发图强。要大力增强民族自尊自信意识，增强民族自豪感、自信心，保持民族气节，维护民族尊严，以热爱祖国、为建设社会主义祖国贡献全部力量为光荣，以损害社会主义祖国利益、尊严和荣誉为耻辱。

另一方面，要树立世界眼光，博采众长为我所用。我们要始终坚持把弘扬中华民族优秀传统文化与学习借鉴国外优秀文化成果相结合的策略，能够"采取学习借鉴的态度，都应该积极吸纳其中的有益成分，使人类创造的一切文明中的优秀文化基因与当代文化相适应、与现代社会相协调，把跨越时空、超越国度、富有永恒魅力、具有当代价值的优秀文化精神弘扬起来"①。面对世界范围内各种思想文化的相互激荡，民族精神的弘扬和培育也必须经受现代意识的洗礼，必须充分吸纳全人类优秀文化的积极养分，既能维护本民族的权益又能充分体现人类社会发展的前进方向。其一，要坚持文明对话，以系统、协调的科学理性为基础，以人际、社会、国家之间的和谐关系为基本原则，重构道德理性，协调世界上各种不同的思想和行为。其二，要坚持正确处理文化冲突与融合的关系。各种文化不断较量冲突，又相互沟通融会，在对立融通中推动人类文化的进步。其三，要坚持正确把握文化开放和文化安全的问题，通过传统文化现代化和外来文化本土化的双向互动，在扩大对外开放、大胆借鉴外来文化的同时，坚持以我为主、为我所用的原则，保持中国文化的民族特色和自主发展。我国社会主义先进文化是以马克思主义为指导的民族的、科学的、大众的文化，是根植于中华优秀传统文化，立足于中国实际和中国实践，批判性吸收了人类社会优秀文明的结果。这就要求一个民族或国家的独立自主发展需要在文化能力上做强自己，提高对民族文化的传扬创新能力以及对外来文化的批判借鉴能力。

---

① 习近平：《在纪念孔子诞辰2565周年国际学术研讨会暨国际儒学联合会第五届会员大会开幕会上的讲话》，2014年9月24日。

3 增强文化间的同步互塑，完善现代文化

在文化开放发展的过程中，我们除了对自己的传统文化有较深刻的信仰和体悟、对自己核心价值观念有一个清晰的认识和把握之外，同时要拥有一个谦虚的心态，主动学习和接受其他国家的先进文化，从而促进自己文化的进一步发展和创新，只有这样，才能在与其他文化的交流、对话和学习过程中实现求同存异、取长补短和彼此包容的目标和境界。

（1）不同文化间的冲突是文化历时性发展的必然结果

中国与西方具有截然不同的文化传统、意识形态和社会制度。在全球化背景下，中西文化交流中面临着难以绕过的深层暗礁，这就是不同文化价值观、社会制度和意识形态的矛盾和挑战。不同价值观、社会制度和政治制度多样并存是客观事实，两种价值观和社会制度之间的冲突与摩擦不可避免，意识形态之间的争论也必将长期存在。葛兰西指出："经济和政治利益的冲突往往通过文化的、意识形态的冲突表现出来。"[1]亨廷顿在《文明的冲突与世界秩序的重建》中指出，"在后冷战的世界中，人民之间最重要的区别不是意识形态的、政治的或经济的，而是文化的区别"[2]。而"西方的价值观和体

---

[1] 段忠桥：《当代国外社会思潮》，北京：中国人民大学出版社，2001年版，第160页。
[2] ［美］塞缪尔·亨廷顿：《文明的冲突与世界秩序的重建》，周琪等译，北京：新华出版社，1998年版，第9页。

制已经吸引了其他文化的人民,因为它们被看作西方财富和权力的源泉"①,即不同的文明之间不可能多样共存,或者激烈冲突,或者融合为一,而最终仍然是优越的文明统一世界,这种论调隐藏着"西方文明优越论",大力宣扬了西方的意识形态和有关西方民主、自由等观念,并且把中国作为将来可能与西方发生文化冲突的潜在对手之一。

可见,以美国为代表的西方国家都自觉且有意识地把推行其价值观视作全球发展战略的重要组成部分②,西方国家在理论上从"主权有限"到"人道主义干预"、从"人权高于主权"到"先发制人",意识形态霸权不断升级,其目的是把自己置于法理和道义的制高点,把西方意识形态作为处理国际关系的标尺,为行使意识形态的霸权提供合理依据。针对西方在意识形态方面实行霸权主义,汉斯·摩根索一针见血地指出,"美国等发达资本主义国家不是通过攻占他国的领土或控制其经济生活,而是征服和控制人的头脑,即通过征服和控制人心,并以此作为改变两国权力关系的工具,改变两国之间的强权关系"③,也就是说,文化霸权"很大程度上是争夺人心的斗争"④,这种文化斗争导致中西文化交流始终受到意识形态霸权的阻挠。

---

① [美]塞缪尔·亨廷顿:《文明的冲突与世界秩序的重建》,周琪等译,北京:新华出版社,1998年版,第89页。
② 范玉刚:《试析文化产业对提升我国文化竞争力的意义》,《学习与实践》2006年第11期。
③ [美]汉斯·摩根索:《国家间政治——为寻求权力与和平的斗争》,杨歧鸣等译,北京:商务印书馆,1993年版,第93页。
④ [美]汉斯·摩根索:《国家间政治——为寻求权力与和平的斗争》,杨歧鸣等译,北京:商务印书馆,1993年版,第115页。

以美国为首的西方国家借助全球化带来的各种便利，极力通过文化输出达到和平演变的目的。首先，他们积极利用资金或者物资援助项目及对外文化教育交流项目，宣传西方的价值观念和意识形态，培植倾向西方的政治代言人，进行文化和意识形态的渗透。其次，凭借连通全球的信息传播体系进行文化扩张和渗透，输出西方的政治意识、政治主张，传播其价值观念。再次，通过大规模地输出精神文化产品，宣扬西方的意识形态、生活方式和价值观念，试图用一种潜移默化、浑然不觉的方式将其意识形态等灌输进来，扰乱中国民族精神，达到资本主义意识形态取代社会主义意识形态的最终目的。上述手段和措施，隐蔽性很强，有的声东击西，有的借尸还魂，不容易被人发觉，不容易引起反感，反倒容易令人由新奇羡慕而逐步接受认可，从而对于中国社会主义意识形态产生很大的消解作用。

（2）不同文化间同步互塑是文化共时性发展的必然结果

全球化弱化了国家控制力，使内部问题国际化。在经济全球化时代，经济交往、信息交流乃至文化产品的扩散都不是一个国家的力量控制得了的，全球市场竞争突破了一切形式的文化壁垒，某种超越国家的国际调控力正在发挥越来越重要的作用，也就是说，经济的全球化一定会导致文化的交融成为一种不可避免的必然趋势。伴随着现代性而来的全球化最初是从资本的扩张开始的，现代资本和技术的逻辑是需要通过全球合作而达到最大化的，全球化的经济合作给不同文化间的交流碰撞提供了前所未有的平台，虽然西方发达国家始终企图通过意识形态和平演变同化中国，但是我们国家在保持中国传统文化核心价值观的同时，也博采众长，积极推动中国文化走出去战略，并不断增强不同文化间的同步互塑。

也就是说，文化的发展交流并不是主张用一种文化取代另一种文化，或者实行文化的霸权或扩张，它要求不同文化之间开展积极开放和学习的态度，所以，文化之间的交流发展是差异性和开放性的统一，是原则性和灵活性的组合。我们在文化交融中既要看到不同文化之间的排斥性、对立性、差异性和独特性，同时也要注意到不同文化之间的包容性、统一性、共同性和普遍性，即坚持求同存异，取长补短，互相包容，和而不同的原则。当年马克思、恩格斯针对资本主义全球扩张就指出："物质的生产是如此，精神的生产也是如此。各民族的精神产品成了公共的财产。民族的片面性和局限性日益成为不可能，于是由许多种民族的和地方的文学形成了一种世界的文学。"①此外，尽管交通与信息技术的发展使得国与国之间能够彼此贴近，但是与此同时，这样的交流也恰恰使得各个国家的自我认同与民族自尊得到加强。这是因为在交流中人们感知到与他国文化上面的差异使其更加确知自己，进而在内心深处更加认同自己的文化。可以说，各种文化在交流中确知了"自我"，进而也更加明晰了作为"他者"的文化与自己之间的差异。如此，文化之间的碰撞、冲突、融合不断激发文化之间的交流互鉴，在不同文化的对话交流中，不断开拓文化创新，增强了文化间的同步互塑，产生了文化发展的协同效应，达到了

---

① 马克思，恩格斯：《马克思恩格斯文集》第2卷，北京：人民出版社，2009年版，第35页。

共赢发展、平等发展的目标,也同步促进完善了现代文化,为人类命运共同体的构建提供了文化基础。

(3)坚定文化开放与文化走出去战略是增强文化间的同步互塑、完善现代文化的必然路径

当代中国的文化走出去战略是在全球化的背景下实施的,并受到它的巨大影响。发达资本主义国家认为,全球化包括扩大思想与信息、商品与服务、技术与资本在国际上的流通,在一些国家专门从事其最擅长的经济活动的情况下,提高全球经济的开放程度和一体化程度。从这点看,全球化从经济全球化走向了思想文化领域。对于中国的文化交流而言,全球化作为不可回避的因素必然要渗透其中,在这样的语境下我们的民族文化却常常失语,中华文明的合法性受到了威胁。现在我们日益被西化了,吃西餐、过洋节,中国散文式的说话方式和感悟式的评点方式也失却魅力,中英文掺杂的说话方式却成为时尚。谁在否定我们过去5000年的文明成果?中国对西方文化的认同,使得几乎整个20世纪中国的命运都与西方中心主义话语相连扯,西方把中国文化当作素材,按其所需去塑造能为西方文化解困的所谓中国文化。这种在历史上形成的被动地位,只能使中国成为被观察的客体而失去了自主性。

长期以来,我国在文化交流上主要采取"文化拿来主义",重输入而轻输出。面对西方文化的强势干扰,中国在文化输出方面亟待加强,我国必须扭转这种文化交流上的不平衡趋势,要注重文化输出,在文化上有所作为。美国学者雷默曾说:"中国要加强与世界的沟通

与了解，多谈谈国家的创新、不断涌现的新思想以及应对诸多问题的新举措。"①我们必须采取主动对外输出的方式向海外输出传播中华文化，塑造有独特魅力的大国形象。中华文化"走出去"既是历史使命，也是时代主题。另外，面对当今世界热议的"中国将成为世界霸主"的说法，中国只有通过文化来说服世界，告诉世界中国的文化是和谐的、内敛的、非侵略性的，中国这个国家也是和谐的、非对抗性的、主张和平共处的。为了重塑中国的大国形象和重拾中国的话语权，占领国际舆论的制高点，我们必须进行文化走出去战略，并提高文化输出的策略。

中国目前已经是全球第二大经济体，与之相对应的文化软实力也在逐步提高。我国有着5000年深厚的文化积淀，在对外文化传播中带有独特的中华印记。将中国文化传播出去，也是将中华文明传递出去。我国进行文化走出去战略，在对外文化项目上取得了丰硕成果。我国与各国互访频繁，开展了多种形式的文化交流、宣传活动，包括开展对外文化合作、举办学术交流会议、对外中国文化教育培训等。这些活动的开展都大大增强了我国文化的影响力和与其他各国的互动，互通有无的过程也使得中国文化更容易走出去、被接受。从巴西的"汉字展"到各国的孔子学院，"今后我国应该进一步规范文化输出的管理体制和运营机制，实现孔子学院从外延式发展向内涵式发展的转变，增强文化输出的出口增长效应，提高我国的国家软

---

① ［美］乔舒亚·库珀·雷默等：《中国形象：外国学者眼里的中国》，沈晓雷等译，北京：社会科学文献出版社，2006年版，第35页。

实力"①。具有中国特色的文化交流让世界不断领略中国文化瑰宝的魅力。

总而言之,面对当今世界经济全球化、政治多极化、文明多样化的发展趋势,我们必须承认:多样文化以及多样化的生活方式早已成为一个既定事实,人类社会存在许多不同甚至相互冲突的文化价值与信仰体系。多样文化的共存与相互冲突是现代开放社会区别于传统封闭社会的一个显著特征。多样文化的冲突充分说明不同文化之间存在不平等关系,基于历史、传统、经济、政治等不同因素的深刻影响,文化之间的不平等关系更能显示于国家与社会的具体文化交流实践中。在和平发展的过程中,文化交流双方之间的包容、合作、交流、借鉴、促进、融合是必不可少的,中国不能夜郎自大,也不能妄自菲薄,要以理性的目光来看待自身的"比较劣势"并不断地提升优化,在多样文化的共同作用下促进文化的繁荣与发展。我们绝对不能忽视对中华文明自身个性特色的承续和开拓,国粹和新知并不冲突,可以和谐共处,共同参与中国文化的现代重建。

要实现文化大繁荣,一方面,需要自觉承接传统文化的血脉,吸收融汇西方文化先进的部分以及东方各民族文化的精华,也只有这样,才能对外确立中国自身的文化品格,构成与异域文化进行对话、交流、互动的基础,进而改变单一的意识形态话语机制,为中国文化走向世界搭建更为宽阔的交流平台。2013年秋,我国提出了"一带一

---

① 谢孟军:《文化能否引致出口:"一带一路"的经验数据》,《国际贸易问题》2016年第1期。

路"国际合作倡议,秉承共商、共建、共享的原则,加强与世界各国的交流与合作,为世界发展贡献中国智慧、中国方案和中国力量。另一方面,为了对内保护我们本民族文化,让世界了解中国文化,我们必须改变"文化拿来主义"的现状,不断增进民族的文化软实力,要不断实现不同利益群体间的相互认同,消解利益分配中可能形成的价值观分化与对立,从而确立一种全社会普遍信守的文化理念,以实现对中国文化精神的集体认同,为社会主义核心价值观构筑坚实的文化根基,在无形文化的建构过程中实现对中国文化核心价值理念的传承与弘扬,使"社会主义文化强国建设基础更加坚实"①。

(三)
着眼将来:在超越中创新中国文化

文化创新是文化发展的内在生命力,也是文化自身内具的特质,一部人类社会文化发展史,说到底就是一部文化发展创新史。"理论的生命力在于创新。创新是引领发展的第一动力。"②文化创新是国家竞争力的核心,是我国应对未来挑战的重大选择,是统领我国未来发展的战略主线,是实现建设创新型国家目标的重要途径。从中华民

---

① 胡锦涛:《坚定不移沿着中国特色社会主义道路前进 为全面建成小康社会而奋斗——在中国共产党第十八次全国代表大会上的报告》,2012年11月8日。

② 中共中央宣传部:《习近平总书记系列重要讲话读本》,北京:人民出版社,2016年版,第133页。

族文化历史底蕴与文化继承创新的角度看，创新文化发展也是时代发展的要求，要建构与提升国家的文化自信心和文化竞争力，就必须提高本土文化自我创新能力。只有创新，才会使民族文化具有强大的传播力和影响力；只有不断创新，才会有高质量的文化产品，才能提高中国文化在国际文化市场上的竞争力。创新永远都是文化艺术创作生产"出奇制胜"的法宝，是社会主义文化发展保持旺盛活力的内在要求和不竭动力。

文化创新主要涉及价值观、科学知识体系、思维模式和文化产业及产品方面的创造和创新，具有三个明显的特征：突破性、革命性和超越性。文化创新不是文化发展的一种量的积累，而是在量的积累和传承的基础上实现了质的飞越。国际上文化竞争的关键在于文化的先进性，文化的先进性取决于文化的创新性，而文化的创新性决定了文化的自信心，只有保持文化发展的先进性和创新性才能从心理根基上建构起坚定的文化自信，并在国际文化竞争发展中掌握主动权和话语权。发展、继承和创新中华民族优秀传统文化首先要处理好继承和创新的关系，重点做好文化科技领域的创造性转化和创新性发展。它一方面是对传统文化中消极文化因子和文化思想的摒弃，另一方面是在传承传统文化思想中的积极因子的同时，不断推进传统文化在内容、形式和思维模式上的创新和发展，从而不断推动科学技术、文化理论以及文化思维模式的发展，同时也促进了传统文化向现代文化的发展和转化，是继承传统、推陈出新的过程。

1 坚持文化的创造性转化和创新性发展

在全球化时代，生产要素的全球配置，促成了经济、科技和文化在全球范围内流动，为发展中国家加快经济社会进步提供了新的机遇和可能。但是，全球化带来文化的激烈竞争，也导致文化的创造性转化和创新性发展成为国际文化交流占有优势的决定性因素。所谓文化的创造性转化，就是指"根据时代要求和时代特点对传统文化的内容和形式进行改造，通过赋予全新的文化内容和表现形式激活它的生命力"①。而传统文化的创新性发展，具体是指"按照时代的新进步和新发展，对中华优秀传统文化的内涵加以补充、拓展、完善，增强其影响力和感召力"②。当前，国家高度重视智库建设，制定一系列发展计划，投入大量经费支持文化的创造性转化和创新性发展。文化创新能力是社会组织内产生的，需要通过有组织的学习和产品开发实践才能获得。因而，加强自主创新，是迫切提升国家竞争力难题的首要战略选择。培育和加强文化的创造性转化和创新性发展，提高文化自信心需要从四个方面进行。

首先，要坚持树立文化创新意识。创新意识是人的主观能动性的表现，文化创新发展首先就要发挥人的主观能动性，即在尊重客观规律的基础上，通过马克思历史唯物主义否定性的辩证思维，勇于批判

---

① 习近平：《习近平谈治国理政》第一卷，北京：外文出版社，2014年版，第164页。
② 习近平：《习近平谈治国理政》第一卷，北京：外文出版社，2014年版，第164页。

和突破旧思想和旧观念，不断地解放思想，寻找新思路，开拓新境界，在不断的否定中促进文化思想创新。

其次，推动文化思想创新。习近平总书记在党的十九大报告中强调指出："时代是思想之母，实践是理论之源。"[1]从这一论述中可以看出，不同的时代承载了不同的文化思想，因此文化思想的创新发展是时代赋予文化的基本特质。理论创新是思维方式和研究框架的创新，但哲学思想、文化理论及其思维模式的创新不能离开实践和时代背景，时代背景的实践活动才是文化创新的先导、前提和基础。因此要推动文化思想创新必须要促进实践活动发展，走出一条中国特色的自主创新之路，让"中国制造"尽快成为"中国创造"，在实践的基础上推动文化理论的发展。

再次，重视文化科技内容的创新。文化的创新性发展并不仅仅是思想的创新，更是生活实践和科学技术的创新性发展和转换。实际上，科技创新是文化创新的内核和驱动力。实现中华民族的文化自信，就必须有强大的科技文化创新作为支撑。"在全球经济一体化背景下，文化产业的强弱直接影响一个国家和民族的文化竞争力。尤其是国内文化市场竞争力和海外文化市场的竞争优势，以及文化创新能力（包括文化资源整合能力和文化遗产保护能力）。"[2]因此，要建构与提升国家的文化软实力和文化竞争力，就必须提高本土文化自我

---

[1] 习近平：《决胜全面建成小康社会 夺取新时代中国特色社会主义伟大胜利——在中国共产党第十九次全国代表大会上的报告》，2017年10月18日。

[2] 范玉刚：《试析文化产业对提升我国文化竞争力的意义》，《学习与实践》2006年第11期。

创新能力。因为创新作为文化交流和传播的基础，只有创新，才会使民族文化具有强大的传播力和影响力；只有不断创新，才会有高质量的文化产品，才能提高中国文化在国际文化市场上的竞争力。选择具有较强技术关联性和产业带动性的重大战略产品，实现关键环节与核心技术的突破与创新，形成具有市场竞争力的核心产业。也就是说，要"创作和研发出大批既代表中国民族文化、又为国际文化市场所欢迎、具有自主知识产权的优秀产品"[1]。

最后，坚持推进文化产业的创造性转化和创新性发展。文化产业是民族文化的承载体，如果没有文化产业，文化自信也很难建立起来，创新发展文化产业就是为了在国际上捍卫自己国家的文化主权。文化的创新和文化产业的发展是一项长期而艰难的事情，文化的自主创新必须建筑在更深层次的技术引进和更广泛的国际合作与交流的基础之上，只有加强先进科技文化的引进与吸收，推进科学技术和文化的结合，才能创造出吸引外国"三高"即高质量、高科技、高效率的文化形态，才能少走弯路，寻求后来居上的创新途径，才能把拿来的先进文化转化为自主的知识资产。这其中，知识创新和科技进步更是文化创新最积极最活跃的构成要素。人类依靠科学告别愚昧，也是依靠科学走向文明。从蒸汽机时代到电气化时代再到信息时代，科学技术所做的贡献，是从"加数效应"到"乘数效应"再到"幂数效应"。2013年我国提出"一带一路"倡议，建立"一带一路"国际科

---

[1] 花建：《发展中国对外文化贸易的战略视野》，《探索与争鸣》2005年第6期。

学组织联盟平台。习近平指出，我们在科技领域的创新要"加强战略对接，开展重大科技合作，提升科技创新水平，为促进民心相通和经济社会可持续发展，为推动建设绿色之路、创新之路，构建人类命运共同体做出贡献"①。

另外，文化的创新性发展和转换不能简单否定传统去完全照抄西方的东西。创新要以继承借鉴为前提，创新的成果应是继承借鉴的必然发展。中华民族文化发展既要坚持不忘初心、弘扬传统，也要勇于探索、积极开放，在继承传承中创新和完善现代文化，要充分发掘传统文化所内蕴的现代价值。任何时候，中国文化都必须植根于民族文化的沃土，都要具有中国风格、中国特色。要从多领域、多学科对传统文化进行系统梳理，汲取民主精华，摒弃封建糟粕，从民族文化遗产中的思想、道德、风俗、制度、政治、科技、艺术和生活方式等方面，吸收有益的、进步的思想文化资源。在此前提之下，我们要大胆吸收外国优秀文化成果，要挖掘社会思潮和社会心理发展中的优秀内容，以我为主，为我所用，提高自觉性，避免盲目性，辩证取舍，择善而从，决不能在文化观念上照抄照搬，在表现形式上一味模仿，不能把外来文化中落后、腐朽的东西当作先进文化加以引进，在不断的碰撞中促进文化的创新。

文化创新要立足于建设中国特色社会主义的伟大实践，着眼于世界科学文化发展的前沿，具有世界眼光，紧跟时代潮流，一切从我国

---

① 习近平：《致"一带一路"国际科学组织联盟成立大会暨第二届"一带一路"科技创新国际研讨会的贺信》，2018年11月4日。

国情出发，一切从我国文化建设的实际出发，运用马克思主义立场、观点和方法，研究解决文化领域的新情况、新问题，形成新认识，开辟新境界，创造新成果，不断发展繁荣社会主义文化。中国特色社会主义文化，源自中华民族5000多年文明历史所孕育的中华优秀传统文化，熔铸于党领导人民在革命、建设、改革中创造的革命文化和社会主义先进文化，植根于中国特色社会主义伟大实践。

2 创造性建构中国文化话语权

法国思想家福柯曾经指出："话语意味着一个社会团体依据某些成规将其意义传播于社会之中，以此确立其社会地位，并为其他团体所认识的过程。"[①]话语基础上形成的话语权则指舆论主导力，国际话语权是指通过话语传播影响舆论，塑造国家形象和主导国际事务的能力。进一步而言，"话语权本质上是试图通过创造、表达、传播和运用话语来表达一定的价值观，影响人的思想和行为的话语主导权，它是文化软实力的重要标识"[②]，是社会关系、社会身份和信仰价值体系的载体，同时也是文化自信的表现形式。当今时代是一个开放的

---

① ［法］米歇尔·福柯：《知识考古学》，谢强、马月译，北京：生活·读书·新知三联书店，2003年版，第56页。
② 骆郁廷，史姗姗：《话语权视域下的中国梦》，《湖北大学学报（哲学社会科学版）》2014年第4期。

时代，而全球化和网络化的显著特征还在不断地加快开放的广度和深度，政治经济层面的基本交流已经成为这个时代背景下推动世界范围内发展的一种强大动力，进而带动文化层面上的深入拓展。

多维度的文化交流与沟通，一方面在更大程度上满足人们日益增长的文化需求，在经济和政治发展中起到更多的促进作用，形成世界发展的强劲驱动力。另一方面，在世界各地思想文化交流频繁交往和对抗的背景下，无论谁占领文化发展的制高点，谁拥有了较强的文化话语权，都能在激烈的国际竞争中赢得主动权。习近平总书记指出："实现我们的发展目标，不仅要在物质上强大起来，而且要在精神上强大起来。"①必须"坚持用发展着的马克思主义指导实践，牢牢掌握意识形态领域的指导权、主动权、话语权"②。认真分析当前中国文化在走向国际融入世界文化的现实发展，显然遭遇的不仅仅是文化认同的问题，更受到来自不同文化的误会并与之产生冲突和摩擦，使得我们的文化的交流与输出障碍重重、肩负挑战。因此，我们必须认真面对并探究承载着中国特质的文化交流与输出方式，创造性建构中国文化话语权，进而推动中华文化走出去，使其更加广阔地展示于世界文化之林。

从综合国力的角度看，21世纪大国间的竞争越来越体现为文化话语权和文化软实力的较量。"文化软实力是国际话语权的内在要素，

---

① 习近平：《习近平谈治国理政》第一卷，北京：外文出版社，2014年版，第46页。
② 中共中央文献研究室：《十六大以来重要文献选编》（下），北京：中央文献出版社，2008年版，第788页。

话语权是软实力的外部表现。国际话语权与国家文化软实力，二者一体两面、不可分割，有机统一于一国的核心价值观。一个拥有强大文化软实力的国家，必定拥有生动凝练的核心价值观念，从而拥有坚实稳固的国际话语权。"①因此，掌握文化话语权，就必须让一国的文化价值与精神内涵成为人类精神世界的共通的声音，能够为其他文化所接纳、认可、融合，并在这一过程中，始终保持这种输出文化的主导基因。也就是说，"提高民族话语权，并不是为了分享话语抑或文化霸权，而是保证我国民族文化持续发展的必要条件。是为保存民族文化的完整性和持续发展的培养基础，避免民族的优良文化被其他文化所'殖民'"②。习近平总书记指出："文化自信是一个国家、一个民族发展中更基本、更深沉、更持久的力量。必须坚持马克思主义，牢固树立共产主义远大理想和中国特色社会主义共同理想，培育和践行社会主义核心价值观，不断增强意识形态领域主导权和话语权，推动中华优秀传统文化创造性转化、创新性发展，继承革命文化，发展社会主义先进文化，不忘本来、吸收外来、面向未来，更好构筑中国精神、中国价值、中国力量，为人民提供精神指引。"③换言之，对外开放的文化战略就是对外讲好中国故事。我们要大力开发文化产品，建设公共文化服务体系，将文化产业发展壮大，促使中国文化迈

---

① 毛跃：《论社会主义核心价值观的国际话语权》，《浙江社会科学》2013年第7期。
② 杨俊蕾：《文化全球化中的民族话语权》，《天津社会科学》2002年第3期。
③ 习近平：《决胜全面建成小康社会 夺取新时代中国特色社会主义伟大胜利——在中国共产党第十九次全国代表大会上的报告》，北京：人民出版社，2017年版，第23页。

出国门,为建设社会主义文化强国,为实现中华民族文化自信打好良好的基础。因此,注重国际话语权的能力提升,赢得国际话语主导权力,是发展中国家维护自身国际权益的重要手段,话语权能力的高低反映了国家文化软实力的高低。与此同时,"文化话语权的确立离不开本土文化的输出"[1],并通过文化的交流与传播来实现,拥有话语权,就意味着拥有了舆论和文化交流的主动权和制高点,可以积极地引导舆论向对自身利益有益的方向发展,从而塑造自己的国际形象,赢得国际社会的认同和支持。

需要明确的是,"话语的权力总是与物质也就是资本主义全球秩序的经济权力连属,二者不可分离"[2]。资本主义文明率先在欧美开花结果,资本主义的发展给欧美带来强大物质文明的同时,也让欧美在精神文明的历史进程中先行一步,引领了早期工业文明、现代文明的道路。毫不夸张地说,近代以来几乎所有伟大的文明成就都发生在欧美发达国家。文明的先行性造就了西方发达国家在国际话语体系中的霸权地位,似乎人们也早已适应了这种话语霸权的存在,西方在文明上的先行性强化了欧美国家的种族、体制和文化的优越感,这种根深蒂固的优越感也加强了发达国家对话语霸权的占有欲。20世纪以来的民族解放和独立运动造就了一大批脱胎于西方殖民地的国家,国际产业分工格局也促进一大批经济上有所发展的新兴国家。新兴的国家日益要求在国际事务中分享话语权。于是,发达国家的话语霸权和新

---

[1] 杨俊蕾:《文化全球化中的民族话语权》,《天津社会科学》2002年第3期。
[2] 汤林森:《文化帝国主义》,冯建三译,上海:上海人民出版社,1999年版,第33页。

兴国家的反霸权的矛盾不断激化。对此，亨廷顿就明确指出："世界秩序重建的根本原因是文明的冲突。文明冲突论把文化软实力的提升等同于是文化霸权的实现。但是，这种做法将西方文明放置于其他文明的对立面，结果却损害西方文明的软实力及其国际影响力。"①

换言之，话语权虽然是软实力，但是话语权的背后却是硬实力为基础。"硬实力（综合国力）是文化软实力的基础，物质上的成功会使文化和意识形态更加具有吸引力"②。约瑟夫·奈是文化"软实力"概念的提出者，他指出了文化软实力和国家硬实力之间的关系，即"一国经济和军事的衰落不仅使其丧失硬力量，也能使其丧失部分影响国际议程的能力，并丧失自身的部分吸引力"③。马克思、恩格斯也指出，"支配着物质生产资料的阶级，同时也支配着精神生产资料，因此，那些没有精神生产资料的人的思想，一般地是隶属这个阶级的。占统治地位的思想不过是占统治地位的物质关系在观念上的表现，不过是以思想形式表现出来的占统治地位的物质关系"④。也就是说，物质发展基础决定了一个国家的话语权利，政治权利、国防力量等硬实力反过来又决定着话语权本身。改革开放以来的快速发展使我国成为经济总量跃居世界第二、综合国力不断增强、经济发展模式

---

① 范宝舟：《文化软实力提升机制原理的辩证解读》，《学习与探索》2015年第8期。
② 贾磊磊：《中国文化软实力提升的策略与路径》，《东岳论丛》2012年第1期。
③ ［美］约瑟夫·奈：《软力量：世界政坛成功之道——哈佛大师系列》，吴晓辉，钱程译，北京：东方出版社，2005年版，第9页。
④ 马克思，恩格斯：《马克思恩格斯文集》第1卷，北京：人民出版社，2009年版，第550-551页。

影响越来越大的新兴社会主义大国。中国的存在直接对西方发达国家的价值观和发展模式形成挑战。在西方国家看来，中国的存在使他们不能随心所欲地安排世界秩序，中国的快速发展造成了既定国际力量的失衡，中国的发展模式是对他们自认为最完美的资本主义市场经济和民主道路的挑战和否定，中国的发展榜样给了其他发展中国家挑战现有不平等的国际政治经济体系的勇气。这些都是发达国家难以容忍的。因此，发达国家始终抱着对中国的警惕与怀疑，总希望按照他们的模式改造、规范、遏制中国，用西方的价值观和民主制度作为标准来衡量和批判中国。

因此，无论西方发达国家在各自利益问题上的争端有多大，一旦面临着与中国相关的问题，都无一例外地站在一起，形成一个声音。这就意味着我国在国际社会上争夺话语权的对手不是某一个西方发达国家，而是发达国家的群体所形成的话语霸权，这对我国的话语权的争取形成了极大的压力。比如近年来在对南海、钓鱼岛等问题的报道中，西方媒体不约而同地对我国采取了大肆丑化的话语攻势。西方国家依据强大的经济实力和科技实力，经过上百年的发展和磨合，已经形成了覆盖全球、无孔不入的庞大媒体网络，凭借这个媒体网络，可以轻而易举地掩盖掉中国在国际社会上的声音，可以完全左右国外民众对中国的印象，可以形成针对中国的、铺天盖地的话语攻势。这种强大的话语霸权是当今中国刚刚起步的文化软实力所难以应对的。从长期来看，西方发达国家对中国的经济、军事、科技、文化优势还将持续下去，甚至部分领域还会进一步扩大，这也就决定了发达国家的话语霸权依然强大，短时间内不会改观，我国的话语权的建设依然步履维艰。

在国际社会当中，掌握国际话语权的一方尽可以利用话语权优势，按自己的利益和标准以及按自己的"话语"定义国际事务、事件，制定国际游戏规则并按自己的利益和逻辑对事物的是非曲直做出解释、评议和裁决，从而获得在国际关系中的优势地位和主动权。从当前文化交流的现状来看，西方的文化话语体系成了国际文化交流的主要判断标准，西方国家实际上操控和主导着中西文化交流的内容、方式、渠道，中国的文化话语体系建设在国际文化发展中总体上处于失语状态。对此，中国需要积极主动地创新和创造符合自身核心利益的话语体系和文化标准，从根本上改变受制于人的被动局面。只有建立自己的文化话语权，才有可能在这场"包装在话语权背后的国家利益之争"中胜出或者成功捍卫自己的利益，才能让人民从内心深处建立起文化自信心。

3 开创发展新局面，增强文化影响力

中国要想在国际文化交流中赢得主动性发展，一方面对外文化推介要强化内功，努力增强民族文化的感染力和吸引力，增强民族文化的品牌意识，从具体的文化产品和文化观念、标识、品牌入手，脚踏实地、循序渐进地开展对外文化交流和文化贸易，任何形式的缺乏文

化底蕴的廉价推销、硬性搭配，或者是不切实际的贪大求全、急于求成的做法，不仅不利于对外文化传播，而且还可能产生适得其反的结果。另一方面，我们要积极参与国际文化交流与竞争，要实行送去主义与拿来主义相结合。我国当前除了学习吸收世界先进文化，还要潜移默化、润物无声地向世界展示自己灿烂的文化，将中国优秀文化输送到国外，展示中国文化的魅力。因此大力加强中国文化对外传播的力度，积极主动地走向世界，也是一种提高文化产品亲和力、竞争力的手段，是营造中国文化崭新魅力的途径。

此外，中国参与国际文化机构组织要坚持独立自主的文化外交原则，把协商合作对话作为调整国际文化外交关系的主要手段，维护与世界各国已形成的正常文化交往关系，努力争取符合我国综合国力的国际文化地位和话语权，尽量排除意识形态和价值观念的差异对国家关系的干扰，抵御和化解美国等西方国家文化输出强势对我国的不良影响，为我国经济建设和社会发展争取良好的国际文化环境。我们要坚持实施"中国文化走出去"战略，除了正常的文化交流，还要利用各种国际会议、国际会展和双边、多边的文化交往搭建的交流平台，积极而又稳妥地加快中国文化走向世界的步伐，向世界展示一个文明、民主、进步的现代中国，进一步提升中国在世界大家庭中的国际形象，从而不断提升我国文化形态和价值观念在全球文化交流和发展中的影响力[1]。

---

[1] 俞可平，黄卫平：《全球化的悖论》，北京：中央编译出版社，1998年版，第15页。

如今面对中华民族全面复兴、世界新文明重塑的历史机遇，处在战略机遇期的当代中国，一方面要唤醒中华民族的文化认同、凝聚民族文化力量、积极树立起文化自觉和文化自信的心理姿态，另一方面，认真实施"中国文化走出去"战略，努力利用国内外两种资源、两个市场，大力发展涉外文化产业，以提供他种文化所不能提供的特殊价值和便利，才能让世人乐意接近并接受中国文化，推动中华文化世界性传播，担负起人类命运共同体及世界文明共同发展的重任。另外，我们应该充分利用政府或民间、与主流文化部门合作或商业运作等方式，进一步搭建起国际文化交流的平台，通过各种途径向世界介绍中国的历史、文化和国家对外方针，介绍中国人的思想、情感和行为方式，介绍中国社会的价值观、审美观，让世人尽可能全面深入地了解中国的过去、现在与未来。还要着眼世界文化前沿，大力发展特色产业，积极参与国际竞争，坚持文化的自主发展战略，用大量的真正富于原创性的文化产品去开拓民族文化品牌的国内国际市场，对内激励体现民族价值观的文化消费，对外提供具有国际竞争力的文化产品和文化服务，解决文化交流中的"逆差"问题，不断增强民族文化在全球市场的竞争力，培养一批懂得国际市场规则，熟悉融资、营销和市场运作的专门人才，推动更多的民族文化精品走向世界，从而不断提高中华民族文化的吸引力、感召力和全球影响力。

第七章 文化自信的实践原则

当前，中国特色社会主义进入了新时代，时代的变化发展对文化自信提出了更高的要求。2016年5月，习近平总书记在哲学社会科学工作座谈会上，重点论述了文化自信的积极作用和重要地位，形成了系统的文化自信观，标志着我国文化建设在认识和格局上正在迈上新的台阶。随着我国经济建设高潮的到来，文化建设的高潮不可避免，我们要将文化自信的系统理论落实到新时代实践中去。文化自信作为"四个自信"中"更基本、更深沉、更持久"的力量，因此坚定文化自信也有着更深厚的时代意义。"如何增强文化自信""如何将文化自信落实到实践中去"成为各国各民族文化发展的必须要回答的时代问题。

习近平总书记在党的十九大报告中指出："要坚持中国特色社会主义文化发展道路，激发全民族文化创新创造活力，建设社会主义文化强国。"[①]这指明了未来文化建设的发展道路、建设主体和根本目标。坚定文化自信是新时代坚持中国特色社会主义文化发展道路、建设社会主义文化强国的前提和基础，这需要明确文化建设的基础和方向，加强在社会主义文化建设中的实践深度和广度。

---

① 习近平：《决胜全面建成小康社会 夺取新时代中国特色社会主义伟大胜利——在中国共产党第十九次全国代表大会上的报告》，2017年10月18日。

（一）
确立多样文化共同发展的新思维

长期以来，由于文化内涵的复杂性，人们对文化有多种划分方法，典型的划分方法为大文化观和小文化观之分，即文化的定义有广义和狭义之分。大文化观是指人类所创造的一切都是文化，涵盖了人类的一切文明成果。在考古学中，学者会将某个时期人类整体的生产工具、生活用具及其附带观念定义为某种文化，比如大汶口文化。小文化观则把文化限制在观念形态上，即我们通常讲的狭义的文化观，是指人的精神活动及其创造的成果，包括伦理道德、观念信仰、审美情趣、风俗习惯等精神领域的东西。大文化观通常对于人类学或者哲学具有较大意义，但要想通过加强文化建设来增强民族文化自信，小文化观有有效的指导实践的作用。

按照唯物史观的观点，文化是相对于政治、经济而言的，是社会结构的一部分。社会构成要素包括政治、经济和文化三个方面，文化可以区分整个社会的结构，小文化观可以区分社会意识、经济基础、上层建筑，其对于在新时代背景下建设先进文化具有实在的指导意义，我们要谈的文化就是作为观念形态的小文化观。文化有其特性，在文化交流与融合不断深入的背景下，"以何种姿态面对多样文化交流""如何面对文化的差异乃至文化冲突"是当代文化发展所必须思考的问题，因此我们必须从文化自身出发，重启产生起源来寻找多样性与相对性的原因，重启发展变化指明民族性和时代性，从而得出多样文化存在的合理性和必要性，因此在面对文化差异时，尊重差异就是文化自信的体现。

1 文化的多样性与相对性

文化是人类在实践中创造的各种思想观念和行为方式的综合体。正如马克思曾指出的："由于人的本质的客观地展开的丰富性，主体的、人的感性的丰富性，如有音乐感的耳朵、能感受形式美的眼睛，总之，那些能成为人的享受的感觉，即确证自己是人的本质力量的感觉，才一部分发展起来，一部分产生出来。"①因此，文化是人的本质力量对外在世界的感觉，是从社会实践中产生出来的，人的感受不同，所产生的文化也不同，因此文化的多样性受人的社会本质的丰富性的影响。

文化观念是人类的精神世界，但文化不是单纯的内心世界，不是独立存在于意识领域，它必然同时也包括文化观指导下的实践以及各种对实践的理论升华。因此文化离不开人对于自然的改造和把握，没有人与自然的关系，人类也就不会产生文化。文化也离不开物质，没有物质载体的文化无法为人们所感知。艺术品展馆中的作品取材于自

---

① 马克思,恩格斯:《马克思恩格斯全集》第42卷,北京:人民出版社,1979年版,第126页。

然世界，它本是一块木头或一抔沙土，之后经过人类的加工创造，在物之上添附了自然界本身没有的东西，这些多出来的东西就是人类的文化观念和文化审美。甚至文化主体在进行文化创造时不需要对自然物质进行改造，可以通过对自然物质的审美形态的理解，赋予自然物质以某种特定的文化含义，使其具有象征意义或者符号化的文化观念。但即使是被赋予了某种人类主观思想感情，文化也是依附于物质的，文化象征作用不能脱离物质而孤立存在。所以自然界不是文化，但文化离不开人对于自然界的把握和改造，物质不是文化，但文化也离不开自然物质作为外化的物质载体。

文化与物质不同，文化是一种内涵，文化不是物质，它属于观念形态，但是文化可以承载在物质之上。物质通过成为文化的载体，自身可以具有文化的内涵。人与动物不同，动物只有对于生存的需要，而人类不仅需要物质基础来满足自己的生存需要，还需要文化生产来满足自己的精神需要。马克思强调，人是按照两种尺度来建造的，结合外在自然尺度和自己内在的尺度，按照美的观念来进行生产，人是一种文化创造，人也是进行文化创造的主体。人具有两个世界，一个是客观的自然世界，这个动物和人类均有，并且都依赖于自然世界所提供的物质条件；另一个是人类自己创造出来的世界，即人化的世界，这个世界中既包括自然，也包括从改造世界中创造出来的文化形态和观念形态。文化虽然是指观念形态和意识领域，但不是纯粹的意识，文化必须承载于物质之上。比如不同场合所穿着衣服的颜色的差异，就体现了一定文化范围内对于衣物颜色所蕴含的内涵的不同理解，同一个颜色在不同国家的象征意义会存在巨大差别。我国人们认为红色是带有喜庆、热烈意味的颜色，因此新娘结婚从内至外要穿红色衣服，而英国则将红色视为残暴与不祥。

文化一旦形成，会达到相对稳定的状态，但某种文化并不是固定不变的，同一种文明中观念的变化说明文化是有差异性的，也是相对的，在不同文化的彼此交流融合中，不会存在完全纯粹的本民族的文化。习近平总书记说："我们灿烂的文化是各民族共同创造的。中华文化是各民族文化的集大成。"[1]各族人民的聪明才智造就了灿烂的中华文化，各民族文化之间存在互鉴和融通，文化差异是相对的，造成不同文化间差异的原因之一在于整体上人类生存的空间在长期内保持相对距离，而且内部文化一旦形成，其他文化的进入很难导致文化的完全颠覆，文化的交流碰撞使得文化会在某些领域表现出融合与吸收，吸收后的文化因为经过了本土化的改造，虽不属于民族传统文化，仍然是其本民族的文化。在西方国家，白色是纯洁美好的象征，因此婚纱多为白色，以此来象征爱情的纯洁与婚姻的忠贞，我国在改革开放之前，较少有人穿着白色婚纱，但随着改革开放与文化对外交流，西式白色婚纱也逐渐为人们所接受。

人们身上单纯的民族血统或者遗传基因并不带有文化因子，文化环境对人们文化观念的形成更具有决定作用。虽然都是华人，但是中国与新加坡的华人所产生的文化并不完全相同。因此也可以看出，任

---

[1] 习近平：《在全国民族团结进步表彰大会上的讲话》，2019年9月27日。

何一个民族的人，在其他民族的文化环境中生产，那么他的价值观念、生活方式和思维方式等，必然带有后一个民族的成长烙印。民族文化的传承，依靠的并不是基因与血统的相对稳定，而是因为这个民族形成了某种社会组织，在一定区域内相对固定地生活，有相同的语言文化，民族中每一代人对于文化的接受和学习，同样是这个民族文化传承和发展的过程。文化的传承与沉淀使得人类可以跨越时间束缚，强化民族信仰，凝聚民族力量，使世世代代生活在同一文化领域内的人有了共同的民族印记。

  文化的产生受制于人类所生存的自然环境，人类在适应和改造自己的生存环境的过程中，伴随劳动产生了精神生产的产物，包括思想观念、行为规范的总和，就是文化。人类将自然环境提供的条件和基于自身劳动的创造相结合，产生了文化。自然环境并不能成为不同文化形态产生的唯一影响因素，但也有着重要作用。由于人类所居住生活的自然环境的不同，产生了发源于海洋和大陆的不同文明，人类的劳动创作受制于自然环境的影响，因此自然环境越恶劣的地方，环境对于人类生产方式的制约和消极影响也就越大。历史上农耕文明发达的地区，往往拥有有利于农耕文明发展的自然环境，例如我国黄河流域。但地理环境仅是基础，它没有阻止中国向工业化发展，事实上，从纵向时间演变来看，不论东方的黄河流域，还是西方两河流域，同一地区的自然环境并没有产生显著变化，但是居住相同地域的社会形态和文化都产生了变化，也说明自然环境的影响作用不可忽视，但是也不能完全决定文化的形态和性质。同一片土地上曾有过的农耕文明，不会影响之后工业文明的蓬勃发展。虽然一个地域内的自然环境短期内很难发生显著变化，但是不同地域之间的人可以进行交流和融合，包括秦代以来的汉民屯边、边民内迁等几次民族大融合，使得不同地域的人口发生一定规模的流动，同时发生的还有文化的融合与发展，可以说作为宝贵遗产的文化财富，是各族人民所共同开拓和创造的。

因为生存条件的差异，每个民族在生存发展中有不同的经历，这些经历体现在文化中，就呈现出多样的文化特点；但不存在哪一种文化能够凌驾于其他民族的文化之上。每个民族的文化的产生、存在和发展，都有其合理性和必要性，否则这种文化没有存在的必要性和可能性。就文化的价值角度而言，正是由于每个民族的文化对于自己的生存条件而言，都有存在的合理性和必要性。我们不能以任何一个民族的文化作为一个标尺来衡量其他民族的文化，也不可能找到一种可以用来衡量其他民族文化价值的普世价值标准，因此，不存在一种绝对优越于其他民族的文化。以某个民族的文化为优越文化的观点是片面的，这种观点忽视了各个民族的文化对于他们本民族而言——存在都是合理的。

文化发展的规律本质上是人对文化进行创造的规律，恩格斯说："政治、法、哲学、宗教、文学、艺术等等的发展是以经济发展为基础的。但是，它们又都互相作用并对经济基础发生作用……这是在归根到底不断为自己开辟道路的经济必然性的基础上的互相作用。"①

---

① 马克思，恩格斯：《马克思恩格斯文集》第10卷，北京：人民出版社，2009年版，第668页。

同时文化也具有相对独立性，"经济上落后的国家在哲学上仍然能够演奏第一小提琴"[①]。所以，文化的发展的主体进行自主选择时，不是完全依靠于主观愿望，而是在决定性所划定的范围内进行。因此不能否定人的主观能动性或者夸大主体选择性。新时代文化建设必须坚守中华文化立场，在文化交流中保持开放包容心态，在文化碰撞中不忘民族初心，继承优秀传统文化，吸收外来优秀文化，促进中华文化历久弥新，实现创造性发展。

文化的价值不是绝对的，而是相对的。承认文化的多样性和相对性，就是承认其他民族有存在与其他民族不同的文化的权利。民族文化是多样的，各个民族之间的文化不存在哪一个是优越文化。文化相对性的观念是反对西方文化中心论，反对通过殖民方式推行本国文化，反对承认在众多文化中存在某个民族的文化具有文化优越性。理解文化相对性，有助于我们认识多民族文化共同存在的事实，在文化的交流碰撞中，主张不同民族文化之间应该宽容平等，互相尊重，交流合作。

在世界范围内存在多样文化，各个民族的文化有其存在的合理性和可取之处，因此我们评价文化的价值不能仅站在自己民族的立场上审视其他民族的文化，而忽略这种文化对产生该文化的民族的作用。如果在评价中国传统文化时，从西方资本主义立场上孤立地评价中国传统文化，那么很容易将其定义为保守封建，因此评价一个民族的文

---

① 马克思，恩格斯：《马克思恩格斯选集》第4卷，北京：人民出版社，1995年版，第704页。

化不能片面孤立地看待，不能将自己的文化观念作为标准评判其他民族的文化，否则可能导致以偏概全。一个完全用自己的文化作为准绳来判断其他文化的人，是一个民族中心主义者。[①]伴随着资本主义市场经济蓬勃发展，"西方中心"论者将西方资本主义的文化价值观和商品一起向世界推广，企图按照自己的面目来塑造世界，特别是针对东方被压迫的殖民地国家。西方资本主义的殖民政策，企图以他们的文化摧毁被殖民地民族的文化，推行所谓的文明，以暴力野蛮的方式，以自己的意志破坏其他民族文化的完整性和稳定性。这种野蛮的殖民方式，必然会遭到被殖民地民族的反抗，文化的斗争就是其中重要一部分。

我们强调文化的重要性，但不能说文化决定一切。文化决定论也不是马克思主义的观点。马克思主义的观点是经济是决定社会产生发展的基础，文化对于社会发展的作用并不是决定性的，"物质生活的生产方式制约着整个社会生活、政治生活和精神生活的过程。不是人们的意识决定人们的存在，相反，是人们的社会存在决定人们的意识"[②]。就中国传统文化而言，不论是19世纪鸦片战争时期还是21世纪中国迈进了新时代，中国传统文化一直在传承发展改变的过程中，中华文明从未中断，这也是四大文明中唯一没有中断过的文明。古今中外世界上有很多优秀的文化，但不论这些文化传承和发展得多么成熟

---

① ［美］C.恩伯，M.恩伯：《文化的变异——现代文化人类学通论》，杜杉杉译，沈阳：辽宁人民出版社，1988年版，第26页。
② 马克思，恩格斯：《马克思恩格斯文集》第2卷，北京：人民出版社，2009年版，第591页。

优越，一旦经济政治落后，不同传统的文化一样会走向衰败。比如有壮观金字塔的埃及和思想家层出不穷的古希腊，都拥有过璀璨的文化成果，但最终文化都出现了中断。目光转向自己，即便是积淀数千年的中国传统文化，也同样阻挡不了西方列强的坚船利炮，经济发展、政治独立才能使得文化在前两者的基础上繁荣创新。现在的中华文明的复兴，是由于中国在经济和政治上复兴了，文化复兴才有了生存的空间。正如西方文艺复兴时期，正是由于生产力的发展，经济开始复苏，城市逐渐兴起，社会民众开始注重追求世俗人生的乐趣，而这与天主教的主张相违背，新兴资产阶级不满教会对于人们精神世界的控制，才高举复兴希腊罗马古典文化的旗帜，实质上是资产阶级对于封建思想的反抗。精神的斗争与反抗是在经济的发展基础上发展起来的，因此文化不是决定性的，但是文化的传承与发展对一个民族乃至世界的作用都不可小觑，文化是信仰，是精神支柱，是凝聚力。

正因为文化的多样性和相对性，并且全球化不断加速，各种文化之间从原本的相对孤立封闭变成了交流、交融和交锋，客观上造成文化之间的矛盾是不可避免的，但是这种矛盾不是不可调和的，并且文化的交流融合是多于矛盾冲突的。再者，文化之间的矛盾可以通过文化之间的相互融合吸收来化解或避免。文化是相对性的、多样的，一种文化很难在思想领域成为占领全球的文化，任何文化对其产生的民族来说，都有其存在的合理性和必然性，但是一个民族的文化内部也有好坏之分和优劣之处，各个民族和国家之间的文化是多样的，并不等于否认一个文化内部不存在先进落后之分。

2 文化的民族性与时代性

习近平总书记说:"发展中国特色社会主义文化就是……发展面向现代化、面向世界、面向未来的,民族的科学的大众的社会主义文化,推动社会主义精神文明和物质文明协调发展。"[①]民族性是文化的基本特征。生活在同一文化环境中的人,他们的思维方式和生活方式会有共同特征,一旦有了别于其他民族文化为本民族特有的文化,便体现了文化的民族特性。一个民族只要在一定范围内存在,它的文化就会被生活在这个范围内的人们一代代传承。在文化存在发展的过程中,会受到社会变化、文化交流、自我反思等内外部变化的影响,文化的内容也会随之发生变化,但文化的吸收融合是必然发生的,原来的文化以不同的方式与历史上的文化存在联系和传承关系,仍是这个民族的文化。

文化之间不是孤立封闭的,也很难存在一种文化可以避免受到其他文化的影响,世界上文化产生之后,便不存在一种文化仍然与产生之初完全一样,纯粹本民族的文化是不可能存在的。一个民族的文化不仅是由本民族内部的不同文化融合而来,而且往往是传承传统文化的基础上,也借鉴吸收了其他民族的文化。文化的民族性并不否认文化会受外来文化的影响,因为纯粹的本民族的文化是不存在的,任何

---

① 习近平:《决胜全面建成小康社会 夺取新时代中国特色社会主义伟大胜利——在中国共产党第十九次全国代表大会上的报告》,2017年10月18日。

民族的文化都会吸收外来文化而融合形成新的文化。任何文化都是由生长于大致相同的区域、使用同种语言、具有相同心理的群体创造的，在文化观念上与其他民族不同的群体所创造的文化会具有区别于其他民族文化的特点。

文化的民族性，是各个民族与其他民族在文化上具有显著的区别，但这个区别不是绝对的，从哲学法律到风俗习惯，从审美情趣到道德伦理，文化的民族性均有体现。例如法学家将具有共同法律传统的若干国家和地区的法律称为法系，它是一种超越国家和地区的法律现象的总称。作为以共同地域或者血缘关系为基础的不同的民族共同体，有着不同的法系，不同的法系之间差异很大，而同一法系内部的各个分支也会各有特色。东方的中华法系不同于西方的英美法系，中华法系以儒家思想为理论基础，目的在于维护封建伦理和家族法规，皇权是立法与司法的核心，存在特定情况下或特定的人减轻甚至免于刑法的制度，也是封建特权的体现。英美法系以英国和美国为代表，大陆法系以德国和法国为典型。英美法系是以英国中世纪以来的法律为基础发展起来的法律的总称，特点是遵循先例，以判例法为主，先前法官的裁判案例会成为其他法官之后裁判类似案件时的重要依据，因此法官在法律发展中有突出作用，变革相对缓慢，具有保守性，强调程序的重要性。属于同一法系的英国法和美国法，均起源于普通法，二者彼此也各有特点。英国法一直以来没有颁布成文宪法，美国法在借鉴已有的英国法时，对英国法的运用带有批判精神，以符合美国国情为前提，不仅颁布了成文宪法，而且进行了大量的法典的编纂和法律的汇编工作。不同法系的法律各有特点，不能绝对地说孰优孰劣。文化的民族性和民族主义在本质上截然不同，民族主义是片面的观点，民族主义者将本民族的文化视为唯一优秀的文化，以消极态度对待其他民族文化，否认其他民族文化成果，割裂了世界文化作为一个整体，与各民族文明是整体与部分之间的关系，没有正确认识到人类文明是由各个民族的文化凝聚而成的，并且以消极排斥的态度对待其他民族文化的优秀成果。

文化的民族性不代表文化具有排他性，现存的各文化的内涵都是动态的，文化之间可以传播和相互吸收。文化的民族性是指不同民族之间文化存在差异，而不是指民族文化内部是绝对固定一致的，民族文化特性不是唯一的，同一民族文化有多样的表现形式和外在特征，即使存在对立或者有差异的文化，其各部分精神之间仍然有共通之处，文化发展也能自成脉络。例如，中国有唐诗宋词、元曲京剧，不同文化表现形式并不影响文化的民族特征。

文化具有时代性，文化自信也反映社会发展和文化发展的规律。人类进入资本主义时代以后，历史转变为世界历史，在进入资本主义时代之前，生产力不够发达，交通工具不够便捷，各个国家和民族的交往较少，各自在特定的地域进行相对独立的活动，历史也表现为国别史。从社会发展规律看，人类社会的历史具有自身发展的客观规律，马克思曾明确指出："宗教、家庭、国家、法、道德、科学、艺术等等，都不过是生产的一些特殊的方式，并且受生产的普遍规律的支配。"①即文化作为上层建筑，由一定的经济基础所决定。因此文化的表现形式如宗教、法律、道德、科学等都受到生产的普遍规律的支配。明代时，中国的综合国力居于世界前列，因此中华文明的影响范围也十分广泛，这一现象随着西方科学和经济发展而逐渐被改变，与西方所创造的丰富文化成果相比，中国发展缓慢，以致到了近代，中国沦为半殖民地半封建社会时，社会中出现了全盘西化的思潮，对本民族文化全盘否定。改革开放之后，伴随政治独立自主、经济繁荣提升、综合国力增强，人们对于文化的自信心发展呈现出积极态势。中国历史的发展过程经历了"由盛转衰再到复兴"的过程，以社会发展为基础的文化自信，也经历了"从自信到自卑再到重建"的发展趋势。因此，文化自信的发展规律和表现形式会受到生产规律的支配，这也符合了上层建筑随经济基础的变化而变化的社会发展规律。

任何一种文化都属于一定的时代，带有时代特点的烙印，这是文化的时代性，时代性也体现了文化自身存在的必然性和合理性。无论哪个社会或者哪个时代，都会产生特定社会或特定时代独有的文化，文化是时代的产物，但特定时代产生的文化并不必然是先进的，文化也有先进与落后之分。例如，从鸦片战争中国沦为半殖民地半封建社会之后，在这一时期的中国出现了国家历史上从未出现过的帝国主义文化、半封建半殖民地文化。这些文化在特定时期的出现，显然是时代的产物，体现了文化的时代性，但这种文化是落后的文化，它没有

---

① 马克思：《1844年经济学哲学手稿》，北京：人民出版社，1979年版，第121页。

站在时代的前列，不符合历史发展的规律，不能代表时代进步的潮流。在社会变革的时代更容易产生多种文化并存的局面，其中符合时代进步要求、能破解时代困境、符合进步要求的文化便是优秀文化，是时代的文化精华。

在加快推进城市化进程中，城市中的人们也明显感受到了现代建设中对传统文化的忽视，一些旧式特色建筑由于"有碍"城市建设而被迫拆除，一些蕴含当地传统风俗的活动被迫停止，一栋建筑是否有碍城市发展和一种活动是否有悖社会主义核心价值观都需要综合客观地去评价而不应草率决定，因为建筑和风俗习惯也是文化的表现形式之一，文化的传承发展需要借助于文化的外在表现形式，若对文化表现形式随意舍弃，何谈坚守"文化自信"？习近平总书记曾在北京老前门东区看望慰问基层群众干部时，说出意味深长的话："一个城市的历史遗迹、文化古迹、人文底蕴，是城市生命的一部分。文化底蕴毁掉了，城市建得再新再好，也是缺乏生命力的……让城市留住记忆，让人们记住乡愁。"① 乡土是中国几千年文化的根脉，乡愁是中国人对故乡山水人文的割舍不断的眷恋，因此城市发展应该因地制宜，处理好传统文化与现代文化、文化继承与发展的关系，而党中央提出的"留住乡愁"便是要在城市发展中留住历史文化底蕴，在文化发展中不忘历史根源，让历史文化和现代生活融为一体。

文化是时代的产物，优秀的文化可以为产生它的时代的进步服

---

① 北京市习近平新时代中国特色社会主义思想研究中心：《让历史文化和现代生活融为一体》，《人民日报》2019年5月14日09版。

务。中国传统文化的主体是儒家文化，因而中国传统文化是以人伦为核心的，它重视人与人之间的各种关系，不同主体之间有严格的等级观念和隶属关系。比如，不论是国家政治生活中的君臣还是家庭生活中的父子、夫妻关系，都强调彼此之间存在隶属或者臣服关系，儒家文化中的保守特点正是由于为了维护大一统的封建统治。因此，它强调不同等级身份的人所享有的权利和应承担的义务。人，各有地位，各有职责，一切行为有礼可循。这种严格的礼法规则对人们的行为提出了明确具体的要求，要求人们不能违背，否则就是犯上作乱、有违礼法。封建统治阶级以强化儒学中尊卑有序的思想来维护统治，而新时代我们倡导弘扬中国传统文化，绝对不是以儒家学说作为社会的稳定器。我们是为了更好地处理改革、发展与稳定之间的关系，稳定是保证有序良性发展的前提，是决定改革是否深化的基础。重视稳定不是一切为了稳定，也不是稳定可以牺牲一切。当今社会的稳定，是要正确处理人民内部的矛盾，并在处理人民内部矛盾的同时推进改革和谋求发展，这个稳定不是消极的，而是为改革提供一个良好安定的社会环境和平和的社会秩序，这与封建社会虚假倡导的仁政截然不同。

文化的时代性不仅存在于抽象意义上，还具体到社会中的个体。每个个体都存在于一定阶级中，这个阶级是相对的而且状态相对稳定，正是由于个体自身存在的差异，文化在阶级社会中也会带有阶级性。并不是所有文化都带有阶级性，比如语言，但从文化的整体上而言，文化的阶级性不可忽视。具体原因在于：第一，作为文化主体的人，本身就属于一定的阶级，这个阶级相对固定，相对稳定的阶级地位会潜移默化地影响他们的思想观念、审美情趣、思维方式等方方面面，因此创造出来的精神产物也会受到阶级地位的制约。第二，文化本质上是一种社会意识形态，其内容仍然是由经济基础决定的，社会中的经济基础是以利益和阶级关系为核心的，因此，也就不难理解作为人文文化形态的哲学、法律、道德的不同学说，总是以公开或者隐蔽的方式来直接或者间接维护社会经济关系中某个阶层的利益。所处阶级的利益所在决定了这个阶层的普遍想法。文化主体所创造的文化维护哪个阶层的利益，关键不在于文化创造者的阶级出身，而是在于他站在什么立场、代表什么利益进行文化创造。某个阶层的文化创造者因为所代表利益的不同，也会产生不同阶层的文化。例如，出生于神圣罗马帝国的马丁·路德，他的父亲是矿主，后来甚至成为城市的议会议员。马丁·路德从小便接受了良好的教育，在取得神学博士学位之后，担任了《圣经》教导的工作。论社会阶层，马丁·路德属于世俗封建主或者市民阶级；但论思想，除了代表市民阶级，他更代表农民阶级。这种思想与阶级的分离，在文化创造中并不罕见。又如俄国伟大的文学家托尔斯泰，他出身贵族，但是列宁却称其为"俄国农民的一面镜子"，究其原因是在于托尔斯泰的思想感情强烈倾向于农民阶层，这与他的出身阶层正好相反，他的思想如实地反映了俄国农民的愿望和要求。再比如，马克思和恩格斯也并非无产阶级，但是他们创造出马克思主义，这种情况说明，是文化创造者本人超越了自身所在的阶级，而不是思想本身是超阶级的。在社会矛盾剧烈的社会变革时期，总会有一部分人放弃自己原本所在的阶级，而为了内心的正义与公平站在被压迫者一方。

文化的阶级性不代表不同阶级社会的文化之间没有共性。宗教是文化表现形式中带有强烈意识形态的一种，无论是何种宗教，都可以被不同阶层的人所信仰，虔诚的教徒可以来自无产阶级也可以来自资产阶级，贫富差别不会影响对宗教的信仰，人的身份地位不同，但信仰可以是共同的。

在阶级社会中，统治阶级的思想还是占据文化思想领域的主流地位，其影响和作用可以遍及社会中的所有阶层。统治阶级的思想会压制被统治阶级的思想，被统治阶级往往只能被迫接受与自己的利益不相符的其他阶级的思想。在资本主义社会中，无产阶级也需要被迫接受资产阶级利己主义、享乐主义的影响。统治者可以用一切手段来迫使被统治阶级接受统治阶级的思想，阶级社会中的现实便是如此。被统治阶级也不会总是一味地顺从，他们的反抗往往发生在矛盾激化，革命主体在思想上成熟起来，有足够的自主意识去摆脱统治阶级的影响时，阶级斗争才会发展起来。

3 文化多样性存在是文化自信的表征

中国学者梁启超曾指出："人之能有自信力，必其气象扩大，其胆识雄远，……故愈自重者愈不敢轻薄天下人，愈坚忍者愈不敢易视天下事。"①拥有自信的人便能真诚地尊重他人，拥有真正自信的国家便是不虚骄守旧，不自恋自闭，保持虚怀如空、开放通达的胸怀，尊重多样文化的存在，这正是文化自信的表现。习近平主席在对外交往中多次倡导尊重文明多样性，推动不同文化和谐共处，共建人类命运共同体，"当今世界，和平合作的潮流滚滚向前，开放融通的潮流滚滚向前，变革创新的潮流滚滚向前。各国人民应该同心协力、携手前行，努力构建人类命运共同体，共创和平、安宁、繁荣、开放、美丽的亚洲和世界"②。

第一，正确认识文化多样性是文化发展的必然结果。在全球化日益深入、多样文化繁荣发展的今天，坚持文化上的唯我独尊是对本民族文化传统与现状的不自信，而排斥外来文化更不利于文化的交流与发展。文化自信是"一个国家、民族或政党等文化主体对自身文化理想和文化价值的高度肯定，对自身文化生命力和创造力的高度信心，并相信自身文化能够激励本民族、社会和国家不断前行"③。文化自信是其他三个自信形成的重要基石。因此要打牢文化基石便需要正确认识文化多样性存在的必然性和必要性，世界范围内的文化交流、互鉴乃至碰撞更加频繁和多样的发展现状，要求我们应该尊重文化差

---

① 梁启超：《梁启超选集》（下），北京：中国文联出版社，2006年版，第545页。
② 习近平：《开放共创繁荣 创新引领未来——习近平出席博鳌亚洲论坛2018年年会开幕式并发表主旨演讲》，2018年4月10日。
③ 朱宗友：《中国文化自信解读》，北京：经济科学出版社，2017年版，第6页。

异,在文化博弈中坚定文化自信,才不会被同化或者迷失自我,才能更好地促进本民族文化的对外交流和传播,我们应该以开放的气度和博大的胸怀对待外来文化中的优秀成果,文化交流中择善而从、含菁咀华为我所用,汲取异质文化的精华,为中华文化的发展和繁荣提供新路径和参考。

第二,正确理解文化的多样性与文化的同一性。文化既有多样性又有同一性,我们要正确理解文化多样性和同一性的关系。文化的多样性,主要表现在内容的丰富和形式的多样两方面。文化的产生会受到所在地域的地理特征的影响,如内陆文化与海洋文化、农耕文化与草原文化,这些文化的差异可以通过所处地域来区分。历史因素是指不同国家在政治、经济等方面的发展历程对文化所起的影响,不同国家或民族发展的具体历程千差万别,而文化会反映这个民族或国家的历史发展中所经历的磨难或取得的成就,从而呈现出独有的文化特色。在当代社会,维护文化多样发展、尊重文化差异已经成为人类的广泛共识,基于这一共识,不仅能尊重差异、理解个性,实现"各美其美,美人之美"的和谐局面,还能相互借鉴、取长补短,实现"美美与共、天下大同"的和谐包容的理想。

文化既有个性又有共性,不同地域和时代的文化符合文化的普遍规律,一定会有文化所共有的特质,也就是说,文化的多样性与同一性相互依存,文化既有共性又有个性。文化的同一性体现在主客观两个方面。主观上,文化的同一性体现在不同主体对于某一事物或现象具有相同或相似的心理反映，南宋心学家陆九渊曾提出过"人共此心，心共此理"的观点，是指人们对于符合情理的事情会有相同的想法，这不仅是指一个国家或民族的主体，也适用于不同国家的主体，"同心""同理"的表现形式包括且不限于价值观念、思维模式、风俗习惯，这些相同或者相近似的部分投射在文化上，就成了文化所具有的共同之处，即体现文化共性的部分。从客观方面来讲，文化作为上层建筑，归根到底是由经济基础所决定的，是社会生活的主观表达。文化的同一性是不同文化所处的自然环境或者生活条件反映出相同或相类似的部分。在经济全球化背景下，各个地区之间政治、经济和文化联系越来越普遍、紧密和深入，但是彼此之间的文化不会完全被同一化，因为从马克思主义哲学的辩证的观点来看，特殊与普遍、多样与同一是相互依存的，文化不会被完全同一，仍会保持各自特色，尊重多样、求同存异是文化多样发展的前提，也是世界范围内文化共同发展的总目标。

马克思在谈及人类历史的发展规律时指出："人们首先必须吃、喝、住、穿，然后才能从事政治、科学、艺术、宗教等等"[①]。因此物质、行为、制度和观念属于文化的不同层面，物质文化是人们的创造及其在物质上的表现，行为文化是人们行为模式所表现出的文化，制度文化是人们创造的规范体系的文化，观念文化是人们创造出的体

---

① 马克思，恩格斯：《马克思恩格斯文集》第3卷，北京：人民出版社，2009年版，第601页。

现审美情趣和思维方式的文化。这四种文化层次是由具体到抽象依次递进的，其中物质文化最为具体，与文化主体接触最为实在和直观，观念文化最为抽象。从不同民族文化之间的关系来看，越是低层次的文化，各个民族在该层次上呈现出来的文化差异越大，与之相反，各民族文化之间越高层次的文化在内容上越容易呈现出相同或相通的现象。①由此可知，不同民族或者国家的文化在具体的表现形式上往往差异巨大，比如风俗习惯、饮食文化、穿着服饰等，而在抽象性较强的文化表现形式上出现相同或相类似的概率更高，比如核心价值观、人与神的关系、人权问题等，这也可能是陆九渊所指的"理"不谋而合。多样文化存在是客观事实，文化的多样性并不等于否定了文化的同一性，文化的多样性与同一性是对立统一的，同一文化内部仍然存在先进与落后之分。

第三，正确对待文化差异。在多种思想交叠、多种文明激荡的国际背景中，文化主体如何以开放包容的心态认识文化差异，并在不同文明的交流和借鉴中保持冷静，坚定自身文化立场，成为坚定文化自信中重要的问题。

早在春秋战国时期，思想家们已有关于不同文明之间的态度。中国古代思想家孟子说过："夫物之不齐，物之情也。"是指不同文明之间没有优劣之分，只有特色之别。2015年3月28日，习近平主席借

---

① 陈新夏：《文化先进性与文化自信和文化建设》，《天津社会科学》2018年第1期。

用该句典故在"博鳌亚洲论坛2015年年会开幕式"上发表了主旨演讲。典故重提的意义在于彰显中国自古以来对待多样文化的态度，中国自古至今对于不同文明的态度一直是兼容并包，不论对待外来文化，还是中华文化内部的各民族文化，开放包容是历史上绝大多数统治者采取的态度。

时代不同、社会制度不同、文化底蕴和历史传统不同，因此中国文化自信的重建，要有别于西方文化的殖民主义的推广模式。当代中国，还有些人不能正确认识中国坚持走自己道路所取得的成果，对于中国文化还是缺乏基本的自信。他们或认为中国应该走世界上大多数国家走过的发展道路，或认为应该直接照搬西方文明发展的道路，认为复兴中华文明无异于恢复中国上千年的封建专制道路，是与世界发展潮流相逆之路。为什么西方资本主义道路就是世界文明道路，是世界人类的共同选择？而一个有着自己历史传统、文化底蕴的中国，为什么不能走符合本国国情的中国道路呢？鞋子是否合适，只有穿在了脚上才知道。站在西方人立场上对中国道路进行全面批判，实际上和让别人来评价鞋子是否合脚一样没有说服力和可信性。中国自古有"郑人买履"的寓言故事，愚人宁愿相信鞋样的大小更符合自己的尺寸，也不相信自己的脚。这个故事教育人们不要过于死板，要分析事物的变化发展，研究事物矛盾的特殊性，不能只是生搬硬套现有的原则来处理问题。如果单纯以西方道路来衡量中国道路，就犯了教条主义的毛病，也一定程度上反映了"西方中心论"的负面影响仍然存在。

（二）
弘扬优秀文化、坚守文化之本

习近平总书记曾强调："不忘历史才能开辟未来，善于继承才能善于创新。"①中华文化中包括优秀传统文化、革命文化以及中国特色社会主义先进文化。其中，中华优秀传统文化是漫长的历史中传承下来的瑰宝，是中华文化的精华所在，文化自信必须以其为本源；革命文化是党领导人民为实现中华民族伟大复兴进行革命、建设和改革过程中形成的，是文化自信的精神支柱；中国特色社会主义先进文化基于中国特色社会主义的伟大实践，指明新时代文化建设的努力方向，是文化自信探索实践。文化自信的建设要求文化主体要以优秀文化为基础，传承经典的同时不断创新，坚持文化的传统与当代相融合，才能让在历史长河中沉淀下的优秀文化不断焕发时代生机。

1 文化自信的内在深沉性

文化自信是"一个包含多方面、多层内容的体系"②。从事物的

---

① 习近平：《习近平：建设社会主义文化强国 着力提高国家文化软实力》，《人民日报》2014年1月1日01版。
② 张岱年：《文化与哲学》，北京：教育科学出版社，1988年版，第31页。

本质属性来看，文化自信是对民族的价值观念、审美追求、思维模式和风俗习惯等意识领域方面的自信，即对本民族的合理的实践活动及其产物的自信。

习近平指出："在5000多年文明发展中孕育的中华优秀传统文化，在党和人民伟大斗争中孕育的革命文化和社会主义先进文化，积淀着中华民族最深层的精神追求，代表着中华民族独特的精神标识。"[①]分析中华民族的文化自信内在深沉性的成因，最重要的便是中华文化源远流长、5000年从未中断。它滋养世世代代生活在华夏土地上的中国人民的心灵。历史上传承下来的文化成就是文化自信的历史积累，文化自信是历史的积淀，如果想全面把握文化自信的历史性，还需要立足现实。

民族精神是文化自信的动力来源。中华文化中包含着中华民族最深沉的精神追求，中华文化的民族精神为"自强不息"和"厚德载物"，中华民族文化自信之所以能够产生持久影响，是因为中华民族文化精神在民族存亡、国家发展、个人行动方面都有深刻影响。在对外文化交流过程中，如果没有足够的文化自信作为支撑，轻则会迷失自我，重则将被同化，都不利于中华文化的传承与发展。

按照历史唯物主义的观点，经济是基础，但是经济并不能独立创造一切，文化的产生还需要人，即文化主体的作用。文化的创新性发展需要从已有的传统文化中找寻灵感和要素，因此，任何民族的文化

---

① 习近平：《习近平：在庆祝中国共产党成立95周年大会上的讲话》，《人民日报》2016年7月2日02版。

发展都离不开传统的思想资源，离不开传统文化。陈先达先生曾说："在今天或者以后，传统文化既不是包袱，也不是负担，而是人类文化继续发展的台阶和垫脚石。"①马克思也曾说过："人们自己创造自己的历史，但是他们并不是随心所欲地创造，并不是在他们自己选定的条件下创造，而是在直接碰到的、既定的、从过去承继下来的条件下创造。"②文化之所以能够不断发展，是因为后人在前人的积累上有所发展和创新，而不是每一代人都需要重新创造文化，历史的积累是宝贵的财富，正是由于文化在继承的基础上不断创新，文化才能不断发展，也可以说没有一种现代文化可以完全摆脱传统力量的影响。当然，文化如果全盘继承也会阻碍文化的发展，文化的生命力在于创新，在于一定程度上吸收传统并再造传统。文化主体如果缺乏创造性、全盘继承、不加创新，那么传统文化会成为文化发展的绊脚石。传统文化的继承帮助文化保留基因，而创新才能探索出文化未来的方向。

文化自信指向的客体包括：以儒家文化为主、道家及其他学说思想为辅的文化，在党的领导下形成的革命文化和新时代的中国特色社会主义先进文化。我们所说的传统文化包括前两者，一个是以儒家思想为主导的文化，是中华民族自古以来形成的文化传统，是文化自信最传统、最古老的来源；另一个是在党的领导下，在中国民主革命过

---

① 陈先达：《文化自信中的传统与当代》，北京：北京师范大学出版社，2017年版，第51页。
② 马克思，恩格斯：《马克思恩格斯文集》第2卷，北京：人民出版社，2009年版，第470-471页。

程中形成的革命文化。中华文化不同于宗教文化中对于异端文化的极端思想，它自古是以儒家思想为主导，没有排异性的特点；相反，有容乃大、和而不同、各美其美是历代中华民族对于文化差异的态度，中华文化也就更容易包容异域文化的差异，并且乐于吸收外来文化的精华，为我所用。

文化具有时代性、阶级性，因此在吸收融合外来文化时，应注意理性分析，结合中国实际情况加以吸收和扬弃。新时代中国特色社会主义先进文化是从新时代中国特色社会主义的伟大实践中发展出的"不忘本来、吸收外来、面向未来"的文化，它的渊源不仅包括中华传统文化，也包括了马克思主义的思想，马克思主义与以儒家文化为核心的中国传统时代不同、阶级不同，但当下都服务于新时代中国特色社会主义的建设。

不同民族之间的文化没有高低之分，但是同一个民族内部的文化是有优劣之分的。我们保持文化自信，不是对本民族文化盲目自信，应对本民族的先进文化和落后文化区分对待，对本民族优秀文化充满自信，剔除文化糟粕。清朝衰落的历史告诉我们，经济上的闭关锁国与全球化发展规律相违背，文化上盲目崇拜自己民族的文化或者否定异域文化或将导致文化沙文主义，为世界和平与发展注入不稳定因素，因此在文化多样发展日益繁荣和文化交流频繁深入的状况下，我们在面对多样文化碰撞时，应该客观认识本民族文化的优劣之处，顺应全球化发展潮流，积极参与跨文化交流互鉴，有助于本民族文化在文化博弈中保持自信。

中国传统文化是以儒家学说为主，以其他学派为辅，我们弘扬中国传统文化，也意味着要弘扬儒家学说中的精华部分。儒学之所以能在今天成为社会主义文化的重要资源，其根源还是在于它所具有的双重性。文化有时代性，特定的时代环境会在同时期的文化上留下深刻烙印。儒家学说是产生于封建社会的思想学说，是带有封建主义时代特征的文化，但不是说儒家学说的内容全部体现了封建主义的思想。文化还有阶级性，文化作为一种意识产物，必然会受到经济基础的影响，文化创造者所属的阶级不同，所产生的文化会体现各自阶级的特征，文化的表现形式比如文学、道德和哲学也会各有差异。儒家学说代表了统治阶级的利益，并且自先秦经两汉到宋明的发展，儒家学说是处于统治地位的文化，同一社会中可以存在多种文化，同一阶级创造的文化也会包含可供继承的不同部分。儒家学说的本质是封建主义的，可仍然能够被另一个社会制度下的主体所接受和继承，反思这一现象的产生，是因为儒家学说在封建时代的长期发展演变过程中，其内容不仅代表了封建统治者的意识形态，同样包含了人伦关系中具有普遍有效性的内容，如互敬互爱，诚信仁义。这些对人们在处理类似社会关系时都可以提供有效参考和借鉴的思想文化，在现在仍有价值，儒学对社会责任的提倡、对道德品质和完善人格的培育、对诚信仁义的赞美等，在今天社会主义市场经济背景下仍有利于精神文明的建设。

2 文化传承的创新性

习近平总书记在党的十九大报告中强调:"要坚持中国特色社会主义文化发展道路,激发全民族文化创新创造活动,建设社会主义文化强国。"①这是文化自信更加系统的阐述,为建设社会主义文化强国和坚定文化自信提供了根本遵循。创新是新时代文化发展的道路,文化创新创造活动离不开全民族文化主体的参与,而我国新时代文化发展的目标便是建设社会主义文化强国。因此,如何在实践层面中进行文化创新便是我们思考的关键问题。

文化创新的关键是处理好文化的传统与当代两个方面的问题:一方面,我们要用先进文化丰富优化优秀传统文化中人文伦理道德部分,使其具有时代性;另一方面,又要发扬传统文化的包容心态,汲取世界文化的精华,对外来文化进行本土化改造,为我所用,有助于当代中国发展。

中华传统文化内涵广阔,糟粕与精华同在,要把其中的文化成果一代代弘扬发展,还需要对文化进行分辨,不能对其全盘否定。习近平总书记说:"古人讲,'万物有所生,而独知守其根'。中华文化绵延至今,正是因为有这种根的意识。现在,很多建设行为表现出对历史文化的无知和轻蔑,做了不少割断历史文脉的蠢事。"②

---

① 《党的十九大报告辅导读本》,北京:人民出版社,2017年版,第40页。
② 习近平:《坚定文化自信,建设社会主义文化强国》,《求是》2019年第12期。

同时，对待历史文化，我们同样不能一味追捧，必须在全面准确评价文化的基础上摒弃落后思想文化。马克思、恩格斯反对和批判落后的文化，他们不认同"把现实社会运动"变为"让一切有产者和统治者可以高枕无忧"的"安逸的、和平的、宁静的、舒适的生活"①。现在各地针对道德滑坡而兴起的"国学热"，其中不仅包括儿童背诵国学经典、评选好儿媳，而且还开办"女德班"，甚至向尚未建立正确人生观、价值观的未成年人宣传束缚女性的封建思想，并且有些教育机构并无办学资格便已经设立多处分校。打着普及思想旗号的教育机构，实际上一定程度上反映了人们盲目追求复古，走入了对新时代文化缺失自信的误区。

文化的是非黑白界限模糊，但是我们一直保持着对文化反思与创新，不仅是百家争鸣时代的文化交流与反思，而且在近两百年中我们一直在对各种文化思潮进行审视。中国共产党领导下的文化发展，一方面包括对传统精神资源的发掘和弘扬；另一方面也要加强对于传统文化实现创造性转化与创新性发展，着力实现传统文化与当代社会的对接。

对历史的回顾，会唤起当代中国人一种对传统文化前所未有的热情，原因就在于国家的进步与发展，这不仅仅是宏观层面的国际地位的提高，更是因为人们切身感受到了生活的变化与幸福感的提升。国家在不断向着好的方向发展，这更加有助于建设文化自信。文化自信

---

① 马克思，恩格斯：《马克思恩格斯选集》第1卷，北京：人民出版社，1972年版，第183页。

包括了对传统文化中先进文化的自信，对国家前途命运的自信，对文化综合能力的自信。我们的文化历经千年风雨洗礼，绝不是捉襟见肘、不堪一击的文化，而是一个更与当代、与世界进行对话的文化，改变与交流并不会使其失去固有特色。核心价值观是传统文化中人们的优秀品格在当代社会的体现，是文化在传统与当代的结合，社会主义核心价值观要比原来的文化更加宽广，封建社会、奴隶社会是很难去以"平等"作为社会的价值取向的，而现在就可以，这说明我们精神生活的空间是向外扩展的，因此即使我们接受了外来文化的内容，也并不能否认这仍然是中国文化的一个有机组成部分。

文化自信的生命力在于创新，创新文化不能脱离时代背景，新时代保持文化活力，应该结合当下的实际背景，与不同民族或国家的文化进行交流，汲取优秀文化成果，创造性地转化文化内容，赋予新的时代含义，增强新时代人们对于文化的归属感和认同感。马克思强调，对于前人留下的文化遗产，不能"简单地抛弃"，需要进行批判。这种对待文化遗产的辩证观点，为打破文化自信建设的现实僵局，提供了探寻建设文化自信的路径与方法。文化自信需要进行创新，创新需要以传统文化为基础，对待传统文化，不能全盘肯定或者否定，应该进行反思和批判，从中筛选出优秀的传统文化，这是振兴文化自信的精神力量源泉。

中华文化强调创新，苟日新、日日新、又日新，这种积极进取、灵活变化的文化精神有助于中华文化在我国改革开放中提高适应能力与自我调整能力，也帮助国家和民族在历史困境中做出正确抉择。正是这种能力，确保了中国进行巨大变革与维持自我稳定的相对同步。在20世纪的最后十几年，全世界的社会主义国家都掀起了改革的浪潮，包括美国国家安全顾问布热津斯基、铁娘子撒切尔夫人在内的一些西方政要都对苏联和东欧的改革持消极态度，认为二国的改革会促使政府的垮台，而早在改革开放初期就看好了中国。事实也证明了这种观点的正确，这种推断产生的部分原因可能就在于中华文化的变化与创新精神。

当然，外部声音一直纷繁复杂，在一部分人看好中国发展、唱衰西方发展的同时，也有人激烈贬低中国方案，否认中国经验。因此，不论外界声音如何嘈杂刺耳或赞美动听，我们都应该保持冷静，不能满足于现状和已有的成就。对本民族文化来说我们坚定文化自信的目标不能动摇，并且"天下大同"一直是中华民族的理想，我们志在对全世界人民做出更大的贡献，希望来自古老中国的思路可以为其他民族的发展提供参照或补充。为了实现这个目标，必须在继承弘扬传统文化的同时，不断学习借鉴外来文化，取其精华，为我所用。

中华文化的创新问题在当代显得尤为迫切，这与我们身处的文化环境有关，在现代化和全球化不可逆的发展过程中，势必会造成相对弱小或者是边缘文化的焦虑，在全球范围内会产生认同危机，对自己的身份、生活方式、宗教信仰乃至语言等产生怀疑，进而容易在全球化发展中迷失自己。对此，我们要予以警惕。

3 文化自信的现实性

文化自信使得中国在世界舞台上能够挺直腰板与他国文化进行平等交流，而进行交流必须要有自己的话语，要向世界传达中华思想。为了向世界传达中国声音，提供中国方案，我们进行了广泛而合理的思想创新，比如从"一带一路"的倡议中我们能找到"己欲立而立人，己欲达而达人"的思想，从"构建人类命运共同体"中能看到"美美与共，天下大同"的落实。文化自信是发展中的自信，是交流学习中的自信，因此在文化的发展和交流过程中，文化自信使得我们保持虚怀若谷、开放洞达的心态，以天下发展为己任。

但是我们也应该注意到，新时代条件下，文化自信也面临着现实困境。这是由于我国正处于社会发展阶段以及社会发展使得人们对于文化需求也逐渐多样化。新时代文化自信的建设面临两个现实问题：其一是我国在国际舞台上的话语权仍然受到西方国家的制约。新时代背景下，中国文化事业蓬勃发展，文化自信也得到了显著提高，但是由于我国正处于社会主义初级阶段，经济发展水平和国家综合实力还有待提高。西方发达国家还对我国存在着制约和限制，文化方面也是如此，中华文化的话语权在国际上并未占据主导地位。其二是社会文化建设与人民日益增长的文化需求不能完全相适应。文化自信想要在现实社会中得到更好的建设，必须要适应社会发展的态势，满足时代提出的新要求。

在国际话语权的建设上,我们永远不能忽视物质的力量,也不能漠视文化的力量。青年恩格斯在《恩斯特·莫里茨·阿伦特》一文中说,法国人"在国外称霸的基础在于他们总是比一切其他民族更容易掌握欧洲的文化形式即文明"①。任何国家的发展都离不开两方面,一方面是物质硬实力,另一方面是文化软实力。只有物质和文化实力都强大了,一个国家或民族才能立于不败之地,才能在世界舞台上有一席之地。文化软实力是文化对一个地区或民族的人们所起的影响和凝聚的力量。美国学者约瑟夫·奈将文化软实力作为影响国家综合实力的重要因素。我国文化软实力的核心便是中华优秀文化,而获得话语权是提升文化软实力的重要途径,文化软实力需要通过宣传来获得和强化国家话语权。当今世界,文化竞争越来越激烈,话语宣传的心理前提是文化自信,文化主体在发挥文化自信宣传使者主体作用时,需要发自内心地认同本民族的优秀文化,进而能够不卑不亢地在多样文化环境中表达本国文化。毋庸置疑的是,中国在提升中国国际话语权方面仍处于劣势地位,这更需要我们坚定文化自信,勇敢表达本国文化。例如"西方中心主义"话语体系下,以美国为首的西方国家大肆推行西方文化和价值观,全球消息的来源及解读几乎被西方几大通讯社垄断。在世界多样文化碰撞与冲突中,我们要坚定维护文化自信,维护国家话语权,积极客观地彰显中华文化,才能使世界认识中国,向世界说明中国文化。自从改革开放以来,中国坚持和平发展

---

① 马克思,恩格斯:《马克思恩格斯全集》第41卷,北京:人民出版社,1969年版,第149页。

的理念，不断探寻对外合作交流与发展的新途径，为全球治理提供中国智慧。这些自主对外活动的开展，无疑在发展中国的同时也与他国共赢，引起国家和社会的广泛关注，极大提升了中国国际话语权。因此，坚定文化自信是中华文化走向世界、提升国家话语权的前提。

在满足人民需求方面，我们更应发掘传统文化的魅力，对其进行创造性转化，使其增添新的时代内涵和现代化的表达形式；同时吸收外来文化的精华，做到理性选择并充分消化，使优秀文化为我所用。而进行两个方面的文化创造活动，必然需要人民群众发挥创造作用，习近平同志强调人民既是历史的创造者、见证者，又是历史的"局中人"。人民群众需要文化，文化发展与文化建设离不开人民的参与，文化的成果更要全体文化主体来分享。

2013年12月，习近平总书记在中共中央政治局第十二次集体学习时强调，要"把跨越时空、超越国度、富有永恒魅力、具有当代价值的文化精神弘扬起来，把继承传统优秀文化又弘扬时代精神、立足本国又面向世界的当代中国文化创新成果传播出去"。中华文化最突出的优势在于具有深厚的文化底蕴，提高中国文化凝聚力，坚定文化自信，就必须固本培元，弘扬优秀文化的精髓。我们有着深厚的历史文化，其中不乏大量具有普遍性的优秀文化，可以跨越时空被当代人们自然接受，因此我们要固本培元，弘扬优秀文化的精髓。

在弘扬和发展传统文化时，必须有所分辨和取舍。纵观我国几千年的悠久历史，精华与糟粕并存，在坚定文化自信的过程中，应该善于挖掘传统文化的精华，不能不加辨别而全盘继承。正确的选择对于弘扬中华优秀文化有着重要意义,任何国家或民族的文化都在坚守传统中加以改变,新鲜血液的融入会增添文化活力。例如,中华文化不仅包含以儒学为核心的传统价值观念,也包含社会主义核心价值观在内的当代最先进的价值观念,只有不断向中华文化中注入新鲜血液,中华文化才能兼具时代特色和历史传统,历久弥新,不断发展。

(三)
在交流互鉴中守护文化多样性

文化具有多样性,而在文化交流的过程中,不同的文化之间必然会出现冲突或者交锋,因此这更加需要我们在文化交流和互鉴中坚持文化多样性。"确认文化多样性是人类的一项基本特性,认识到文化多样性是人类的共同遗产,应当为了全人类的利益对其加以珍爱和维护。"①

1 文化交流
离不开传播与融合

文化的价值不仅来源于国家或者民族内部,其他国家或民族的认同同样体现文化的价值。世界各地的文化从来都是你中有我,我中有

---

① 《保护和促进文化表现形式多样性公约》,于 2005 年 10 月 20 日第 33 届联合国教科文组织大会通过。

你。与本民族传统文化相比,外来文化同样是宝贵的财富,因为文化具有生命力,一旦吸收了外来文化,便可为自己所用,并可能产生新的文化成果。外国列强炮轰中国所用的火药、远洋航行所用的指南针,都是中国人发明的,但被外国人所用之后,他们的发展远超过了中国;同样的,中国人学习马克思列宁主义,结合中国实际情况,产生出毛泽东思想、邓小平理论等一系列文化成果,这些文化成果的产生自然也离不开学习外国的思想。文化的价值既在于民族特性,又在于人类社会的普遍性。

推进文化交流进程中也存在两种质疑的声音,其一是文化交流是否有利于保持对本民族文化的自信,其二是文化交流是否破坏文化的民族性。首先对于第一种质疑,文化主体对本民族文化的自信,不仅形成于在民族内部成员对文化的认同感和归属感,更形成于与其他民族文化进行客观比较后对本民族文化成就和存在的自豪感。文化交流更像是一面镜子,有助于拓宽文化主体的视野,提高文化主体的格局,更加全面认识本民族的文化;而且,"他山之石,可以攻玉",通过客观比较存在的差异,取长补短,为弥补自身不足、促进发展进步提供域外参考路径,也能够充分显露出本民族与其他民族文化存在的优势,更好地提升文化自信。在文化交流中形成的文化自信,往往可以进一步激发文化主体进行文化发展的自主性和使命感,再次以自主自愿的心态来推动文化交流互鉴的过程,从而达到文化自信从比较中产生,自信推动再次交流互鉴的良性循环,最终达到繁荣本民族文化的目的。

其次，有一部分人认为文化交流会破坏文化的民族性，使传承下来的文化失去其民族特色和固有根基，但是我们应该认识到，认识和掌握其他民族的文化，绝不等于否认或者抛弃自己固有的文化立场。同时为了消除跨文化交流带来的障碍，文化主体需要不断调整自己的外在行为方式，以达到传达内心真意，更好地实现文化交流进而完善自身的目的，但是交流并不等于同化。在跨文化交流中，文化主体通常带有目的性对文化进行调整，这是为了适应不同文化环境而做出的调整，为了消除沟通障碍而适当做出的改变并不会动摇文化根基，反而会拉近交流主体的距离，实现充分的文化交流。

如何更好地在对外交流中开放包容且不失民族本色，实践中包括以下方面：首先，应提高文化交流主体的自身能力。在文化交流中，文化主体扮演着重要角色，因此文化主体需要提高自身能力，具体包括文化感知能力、文化适应能力和文化交流能力三个方面。

文化主体如果能在文化交流中及时捕捉到不同文化之间的差异，为减少文化差异带来的阻碍而自觉调整自身的行为，将会有助于文化交流取得良好效果。文化感知能力的提高，不仅有助于快速感知文化差异，而且能帮助文化主体从容应对不同历史文化和意识形态的差异，实现有效交流。文化适应能力是指文化主体在感知到不同文化背景的经济、政治和社会制度的基础上，为达到跨文化交流的目的，通过调整自己的认知结构、心理状态和行为方式来克服文化差异。提升文化适应能力，能够帮助文化主体感知文化差异、克服文化障碍。文化交流能力有助于在跨文化的交流和互鉴中厚植文化自信，文化主体在文化多样背景下的交流能力的提升，有助于跨文化交流实践活动的开展，汲取世界文明发展的先进经验和优秀成果，推动中华文化的发展创新，为文化自信的形成提供机遇和条件。具有良好文化交流能力的文化主体作为文化交流的使者，能够借助文化交流的平台，向世界宣传中华文明，传达中国理念。

其次，文化交流要本着平等开放的心态。随着不同民族和国家文化交流的日益频繁和深入，文化不同层次和深度的碰撞也随之显现，因此如何认知、理解和对待文化差异是文化交流亟待解决的问题。文化是多样的，各个民族的文化有其存在的合理性和必要性，因此我们评价文化的价值不能仅站在自己民族的立场上审视其他民族的文化，而忽略这种文化对产生该文化的民族的作用。承认文化的多样性就是承认文化的价值是相对的，就是承认不同民族都有存在本民族文化的权利。"不同国家、民族的思想文化各有千秋，只有姹紫嫣红之别，而无高低优劣之分。"①评价一个民族的文化时，不能以自己的文化观念作为评价其他民族文化优劣与否的标准，否则就犯了民族中心主义的错误。文化差异是客观存在的，为了减少差异所带来的阻碍。文化主体在进行文化交流时，应对文化差异保持敏锐的文化感知力，自觉调整自身的行为方式和对待差异的心态，减弱文化差异带来的阻力，能够认识到其他民族文化存在的必要性，进而形成一种包容开放

---

① 习近平：《在纪念孔子诞辰 2565 周年国际学术研讨会暨国际儒学联合会第五届会员大会开幕会上的讲话》，2014 年 9 月 24 日。

的心态。文化主体若能在对待异质文化时保持包容平等的心态，往往可以更为积极、从容地化解文化交流时所产生的文化冲突，在理性比较分析不同特征文化的基础上，合理借鉴其他民族文化的优秀成果，为本民族文化发展注入新的活力，同时也能够实现时间范围内多样文化的繁荣，守护文化多样性。

文化主体具有双重身份，既是文化的创造者，又是文化自信的彰显者。文化交流不仅通过承载文化底蕴的物质载体展示，也需要通过文化主体的动态交流进行传播。文化主体在文化交流借鉴中以包容心态认识文化差异，以积极发展的眼光坚定文化立场，以理智客观态度分析文化差异，以实现跨文化高效交流为目标，尽量减少差异带来的交流阻力，进而更好地探寻其他民族文化的可取之处，向其他民族展现中华文化，为新时代文化自信的建立提供新思路和方向。

最后，理智对待文化碰撞。文化碰撞是文化交流中必然产生的一个环节，它伴随文化交流的过程一直存在，是不同文化间相互融合与吸收的更替过程。在全球文化交流融合不可逆转的时代，中华文化必定也会与外来文化进行交流碰撞，中华文化内部也存在摩擦，在这一过程中，中华文化既要尊重文化的多样性，又要与世界文化相互交流、相互学习，坚守中华文化立场，警惕文化殖民主义。就文化实际而言，中西方文化必然存在差异，即使同为东方文明也会有不同之处，但是正是由于文化的多样性，世界文明才会呈现出异彩纷呈的局面。因此，中华文化对任何文化不应有消极排斥心态和轻视心理，要在交流中有所学习，自觉抵制与我国核心价值观相违背的文化。我们要从中华文化出发，再回到中华文明上来，通过正确认识、客观分析西方文化的优劣之处，才能为国内外先进文化融合提供机会和条件，才能使中华文化不断丰富，呈现多样色彩。

我们的文化工作仍然是中国共产党领导的文化事业，是有助于中国特色社会主义发展的文化事业，是立足于新时代的伟大文化实践。加强文化交流必然有利于世界正确客观地认识中华文化，加强对中华文化的尊重和理解，但并不是所有文明都会被尊重和理解，因此在文化交流中也需要注意文化与意识形态的边界。文化不等于意识形态，文化虽然受到意识形态的影响，但二者不能互相取代。我们在文化交流中可以向世界说明我们的传统文化与意识形态的紧密关系，并阐述意识形态在中国存在的合理性和必然性，但我们不能因为意识形态差异而对文化交流持有消极抵制态度，也要警惕通过文化交流而输出意识形态的倾向，这都是难以为人所接受的，也与平等自由的文化交流理念相悖。交流是一面镜子，在了解其他民族文化的同时，更能客观看待自身文明，因此文化交流有助于加强跨文化的理解，积极加强我们的文化交流，有助于向世界展示中华民族尊重历史、爱护传统的品质，有助于吸收国外优秀文明成果为己所用，丰富自己武装自己，同样有助于化解西方人士对我们的偏见与误解。

一个国家的国际地位和国际影响力是由其"硬实力"和"软实力"构成的，软实力主要指文化的影响力，是一个民族或国家的精神文化和物质文明对于世界各族人民的影响，"文化是软实力"是指文化在国际政治上发挥着重要作用，中国在世界舞台提出政治倡议的时候，也伴随着本国文化理想的传播。同时，文化在与各国发生交往时，不仅可以通过展示文明发挥文化交流的作用，而且在政治交往过程中还可以发挥政治引导作用，这二者是紧密联系的，但还是有显著区别。文化交流和政治宣传虽然都带有一定的政治性，是服务于政治的，但相比政治，文化交流的表达方式更加含蓄，宣传广度也更加广泛，同时也更易为人们理解和接受，我们不宜将文化的政治作用放在主要地位，也反对西方国家将我国的一些问题或者现象政治化，相反，可以将一些政治问题适当加以人文化处理，可以以更加柔和、普及的方式去处理较为敏感的问题，即从文化角度加以探讨和交流，保持尊重差异的包容心态，理智对待文化碰撞。

2 文化互相借鉴时应保持理智

在多元文化并存的今天，跨文化交流实践是不可或缺的，也是践行文化自信的途径。文化主体通过丰富的跨文化交流实践活动，保持或增强对本民族文化的认同感，尊重各民族文化之间存在的差异，在丰富本民族文化的同时，以包容互助的心态和气魄推动世界文化的共同繁荣。

作为传承中华文化的中华儿女，在文化交流的同时必须保持理智。首先，要了解中华民族历史，了解文化的发展变化历程。习近平总书记在北京大学师生座谈会上对广大师生说道："我们是中华儿女，要了解中华民族历史，秉承中华文化基因，有民族自豪感和文化自信心。"①外来文化被本民族文化吸收进来之后，必然会与本民族、本地区的文化相融合，吸收的过程是消化的过程，是将外来文化融入本地人民日常表达、行为习惯甚至风俗习惯的过程，即本土化的过程。经历过这个过程的文化，不同于融入之前的外来文化，是属于本民族的文化。唐朝曾有个叫作"苏幕遮"的词牌。"明月楼高休独倚。酒入愁肠，化作相思泪，"就出自范仲淹的《苏幕遮·怀旧》。但这个词牌来自西域，原本是指从古高昌传来的"浑脱"舞，"浑脱"是囊袋的意思，传说是舞者跳舞时用油囊装满水，互相泼洒，跳舞的人为了防止冷水流到脸上，就戴一种涂了油的帽子，高昌语称其为"苏幕遮"。囊袋也就是水袋，因此后来词牌"苏幕遮"被翻译为"waterbag dance"。

文化是变化的，也是发展的。某种文化来源于别处，不影响这种文化经过吸收发展成为属于本民族的文化。文化不像物质，所有权具有唯一性，一旦某个物品归谁所有，则明确禁止其他人的侵犯。文化是可以互相学习，可以共享的，是开放的，这也是文化交流的独特优势。王蒙在谈文化与物质的区别时，将文化比作"做鞋的方法"，某个民族的文化就是某种做鞋的方法，其他人学习了这种做鞋的方法，然后与脚的大小、人们的审美爱好相结合，做出来的鞋就是自己的了。如同学习"做鞋的方法"并"与脚的大小相结合"一样，吸收外

---

① 习近平：《习近平在北京大学师生座谈会上的讲话》，《人民日报》2018年5月3日02版。

来文化并加之以本土化的过程，这样的文化就是本民族的文化，而且文化这种互相的影响非常巨大。

其次，便要树立正确文明观。"我们要树立平等、互鉴、对话、包容的文明观，以文明交流超越文明隔阂，以文明互鉴超越文明冲突，以文明共存超越文明优越。"①中华文化的一个特点就是不排斥外来文化。实践也证明，外来文化的吸收并使其本土化，会丰富本民族的文化成果，如果一味闭关锁国，拒绝与外来文化进行交流，必然导致凋零和衰落。芭蕾舞产生于西方，之后来到中国，在中华大地上不仅有一批优秀的作品被改编成了原创芭蕾舞剧，例如《红色娘子军》《白毛女》等，而且即使是引进的曲目也渗透进了中国元素与中国精神。舞蹈来源于其他民族不会影响《红色娘子军》芭蕾舞剧属于中华民族，文化的表现形式可以多样，而呈现的思想和精神依然带有中国特色，以新形式展现中国特色的文化发展方式是为人民喜闻乐见的，也是文化交流所产生的实在果实。

习近平主席说："我们伟大的祖国，幅员辽阔，文明悠久，中华民族多元一体是先人们留给我们的丰厚遗产，也是我国发展的巨大优势。"②不同民族文化之间、同一民族内部的文化都会呈现多样性，"多样"并不等于冲突，反而是一种宝贵财富。例如中华文化包括以汉文化为主体的中原文化，也同样包括维吾尔文化等各个少数民族的

---

① 习近平：《弘扬"上海精神"构建命运共同体——在上海合作组织成员国元首理事会第十八次会议上的讲话》，2018年6月10日。

② 习近平：《在全国民族团结进步表彰大会上的讲话》，2019年9月27日。

文化。从中华人民共和国成立以来，中国人民经历了巨大的变化，生活在这片土地上的人民，不仅是书同文讲同语，更有了共同的经历与磨难、命运与希望。70年的时光，使得生活在中国的人民有了许多共同的记忆与烙印。各民族文化汇聚成中华文化，有着共同的文化趋向又千姿百态、各有特色，多样文化繁荣发展，同时又互相尊重、各有精彩。文化的多样也造就了文化的迷人之处，包容多样性才能使世人有机会共赏多元文化风采。习近平主席在澳门特别行政区政府欢迎晚宴上致辞时指出："不同族群相互尊重、互助友爱，多元文化共存共生、互融互促，街坊邻里守望相助、和衷共济。"①文化上的和谐包容有助于培养开放平和的心态，增强社会凝聚力。

最后，要创新文化传播方式，丰富文化载体。文化交流讲究的是不同文化之间的你来我往，不仅要学习借鉴其他民族优秀文化成果，更需要将本民族优秀文化传播出去，这便需要文化主体发挥对传播途径及传播方式的创造能力和创新水平。习近平指出："锐意创新，用海内外读者乐于接受的方式、易于理解的语言，讲好中国故事，传播好中国声音。"②文明互鉴需要创新，对于在文化交流中发现的本民族文化存在的不足，不能照搬照抄其他民族文化发展的优秀成果，而应该加以改造创新，使其更适应中国现实状况；同时在文化对外传播的过程中，也要将本民族文化以域外人民更易于接受的方式予以呈

---

① 习近平：《在澳门特别行政区政府欢迎晚宴上的致辞》，2019年12月19日。
② 习近平：《关于人民日报海外版创刊30周年的重要批示》，《人民日报（海外版）》2015年5月22日。

现，尽可能减少文化交流时的他国人民对来自"神秘东方"文化的陌生感。

3 在交流互鉴中探寻文化未来的实践道路

文化之间的矛盾无法避免，但是通过文化的交流吸引，可以使得融合大于冲突、平等尊重大于针锋相对。任何文化对于自己民族的生存条件来说都具有存在和合理性，因此文化是多样的、相对的，在全球范围内不可能形成一个同一的文化，多样性是文化的固有属性。对于一个国家或民族的内部而言，文化是有先进与落后之分的，但传统的不一定都是落后的，现代的也不一定都是先进的，文化自信不仅离不开文化的特殊性，更离不开文化的先进性，文化自信最坚实的来源就是文化的先进性，因此判断文化自信的根本尺度为是否体现文化的先进性，而是否有利于社会进步和人类发展是衡量真正的文化先进性的标准。

从人民立场出发，建设先进文化需要满足人民群众不断增长的文化需要。满足人民大众的文化要求是增强文化软实力的目标和结果，人民大众对于文化的需求不是固定不变的，是随着经济、社会的发展和自身精神境界的提高而不断变化的，在不同时代，人民大众的需求是不同的。人民大众不仅需要坚实的物质基础提供物质保障，同样需要丰富的、高质量的文化产品来满足精神需求。人民大众的文化需求为国家文化的发展提供动力，解决人民大众的文化需求问题也指明了国家文化进步的方向。经历过漫长历史的选择与重建之后，中华文化才会更具有民族凝聚力和归属感，实践证明，人民大众对文化的选择是判断文化优秀与否的重要标识，提升中华文化的凝聚力，就是强基固本，满足人民大众的文化需求。

马克思认为，文化发展为了使"人以一种全面的方式，就是说，作为一个总体的人，占有自己的全面的本质"①。新时代进行文化自信建设的途径包括探寻传统文化成果和文明交流互鉴并举。振兴文化自信需要做到对内和对外两个方面，内外兼修。其中，对中华文化自身来说，以探寻文化本源为目的，重点要求文化创造者正确了解历史和文化，了解自身文化的内核与实质、发展脉络与表现形式，在传承中对优秀传统文化进行创新发展，提升对本民族文化自信的底气；而如何规划现有文化的未来发展道路，则要求文化创造主体应该关注文化的未来发展方向，解决文化向"何处去"、"如何去"的问题，这是文化自信面向未来必须要思考的问题，而不仅仅将自信来源局限于对文化自身的历史认知。

增进文化自信，推动中国特色社会主义文化的当代实践，可以具体从以下三个方面着手：

第一，将物质文化创新和精神文化创新并举，推动政治经济硬实力和文化软实力的共同提升。

---

① 马克思：《1844年经济学哲学手稿》，北京：人民出版社，2000年版，第58页。

习近平总书记指出："古往今来，任何一个大国的发展进程，既是经济总量、军事力量等硬实力提高的进程，也是价值观念、思想文化等软实力提高的进程。"[①]国家强盛离不开物质实力和文化实力的强强联合，文化软实力是相对于政治经济等硬实力而言的，文化在影响人的思维方式、价值追求和行为方式时，手段往往更加柔和。随着国家经济发展和国际政治地位的提升，文化的发展也应与政治、经济发展相协调，而文化创新发展则是提升文化软实力的重要一环。文化的创新性发展，需要坚定中国特色的社会主义文化发展道路，中国特色社会主义文化发展道路是以马克思主义为指导，立足中国现实国情，培育有素质、有纪律的公民为目标。

在世界文化的冲突碰撞中，文化主体要保持自信和清醒，坚定主流文化的主导作用。在世界文化的激荡交融中，纷繁的外来文化不可避免地对中华文化造成一定冲击：一方面，我们要肯定多样文化在中华文化传承发展中起到了积极作用；另一方面，更要始终坚定中华文化的价值主导地位，只有正确定位中华文化的主流文化地位，才能在多样文化发展中固本培元，不失本真。为了更好地引导当代人民大众树立正确的文化价值观，应将社会主义文化核心价值观融入中华优秀文化之中，将民主、和谐、自由、平等的理念深入人心。对于主流价值观，我们应该在思想上强化，在行动中践行，正确处理中外文化的关系。

[①] 中共中央文献研究室：《习近平关于社会主义文化建设论述摘编》，北京：中央文献出版社，2017年版，第198页。

第二，将文化自信扎根中华文化的创新实践。

要想使文化自信更加坚定，则需要扎根于中华文化的创新实践。"全部社会生活在本质上是实践的。"①中国特色社会主义进入新时代，文化自信的建设要融入坚持和发展中国特色社会主义的道路探索中去。文化自信的建设可以为道路创新、制度创新、理论创新、文化创新的创新实践提供更加坚实的现实根基。文化建设探寻未来发展方向可以从文化创新上寻找突破口。

党的十七届六中全会对推动社会主义文化大发展大繁荣做出了全面部署，近些年文化产业逐渐被人们重视。文化产业是文化与政治、经济相结合而言的，不是单纯从文化本身而言的。文化发展应保持经济与文化的平衡，文化可以发展成为一个产业，但是文化更大的价值在于精神层面，精神价值很难用经济利益来衡量，而且不能被经济价值来替代。文化的价值在于对人们精神所产生的影响，虽然不是现实中的真金白银，但对于个人来说价值非金银可比。

文化是人类智慧与经验的结晶。自信的文化必然是敢于并且善于反思、创造和发展的文化。民族的就是世界的，失去了民族性的文化也就失去了自己的身份与独特的存在价值。在文化产业、文化事业的建设过程中，要防止照搬照抄的文化山寨风气，杜绝打着文化的旗号而单纯谋求经济利益的伪文化行为。在我国的很多地方出现一种奇怪的现象，将西方建筑与中国古代建筑强硬融合成为一种四不像的建

---

① 马克思，恩格斯：《马克思恩格斯文集》第1卷，北京：人民出版社，2009年版，第501页。

筑，而这种建筑则作为供人参观的景观。很多人可能见过美国白宫和北京天坛，但二者的结合体若非亲眼所见，可能大多数人难以想象，但这种带有现实魔幻主义特色的建筑却是真实存在的。这样的建筑让人看了之后，有种莫名的诧异之感，全无美感享受。失去自己身份的文化便没有了存在的价值，文化景观的建设若不能达到文化的积累与提升的目的，会对当地民族乃至外地观赏者内心文化自信的建设起到反作用。这种急功近利、不加思考的文化产业建设，正体现了我国文化建设中的不足之处，即文化高端人才与高端成果的缺乏。真正有活力的文化是能够汲取全人类优秀文化成果为我所用并且保持民族特色的文化，也是能够屹立于世界民族之林的文化。文化创新并不是不许犯错，若要经历变成财富，还需要文化创造者保持耻辱之心与历史使命之感。

一旦文化创造者能够保持文化的传承创新与经济之间的良好关系，不急功近利，提升创新文化产品的质量，使得文化产品能够打开更广阔的市场，文化产品的畅销对挖掘传统文化的精华也起到积极的鼓励效果，唤醒人们对于传统文化的喜爱和关注，对于引导尊重文化传统、保护历史遗迹都起到积极作用。故宫是展现中华文明的宝贵文化财富，近些年故宫的工作人员将故宫文化与产品相结合，开发制作了多个系列的故宫文创作品，受到人们尤其是青年一代的追捧，这除了使传统文化发挥经济效益，更是探索多途径文化创新的进步。产品承载着历史文化，使部分看似与当代脱节的文化落地于人们日常生活，拉近历史与现代的关系，培养和强化人们尊重历史、保护历史的意识。文化对人们有巨大影响力,而这种影响力可以通过文化产业实实在在地看到。文化对人的影响力不仅是早已被人们墨守的习惯,而且人们愿意通过经济支出来换取文化产品,带有文化底蕴的产业在市场竞争中有更强大的竞争力。

第三,在高度文化自觉中坚定文化自信,在坚定文化自信中实现文化自强。

文化自觉是"生活在一定文化中的人对其文化有'自知之明',明白它的来历、形成过程、所具有的特色和它发展的趋向"[①],是文化创造者对其文化背景的科学反思和未来方向的正确规划。文化自强指"在继承和借鉴的基础上,培育本国本民族的核心价值观,并在其指导下提升自身文化软实力,引领人类文明发展,它是文化自信和文化自觉的重要保证"[②]。文化自觉和文化自信包含着人们对长期传承下来的民族文化的热爱与维护。文化自信的增强,有助于摆脱照猫画虎的文化自卑和盲从心理。一个民族拥有自信包容的心态,有助于在世界范围的文化交流中,保持对本民族沉淀而来的传统文化的尊重与热爱,不会妄自菲薄,也不会失其本源,能够在文化交流、碰撞乃至冲突中,保持民族文化的特色与本真之所在。文化有多层价值,"文化是软实力"的说法更多是为了与政治经济等"硬实力"相对而产生的,但文化更是瑰宝,是人们精神生活的宝贵财富,是国家发展的精神内核,文化对于个人品格、民族风格特色和国家文化形象都具有决

---

① 费孝通:《文化的生与死》,上海:上海人民出版社,2009年版,第279页。
② 苏星鸿,孙晓琳:《新时代中国特色社会主义文化自信三题》,《党的文献》2018年第2期。

定性作用。

　　"文化上的每一个进步,都是迈向自由的一步。"①坚定文化自信,发挥其在四个自信中"最深沉、最坚定"的作用。中国共产党人为了明确"中国特色社会主义"的定义以及探寻实现路径而进行了深入的探索和思考,辩证阐释的维度也从"三位一体"变为包含文化自信的"四位一体",这种变化的主要原因是如果从道路自信、理论自信和制度自信这三个层面展开探讨,则难以阐述中国特色社会主义的根本由来、现实价值和未来趋势,而文化维度恰恰能弥补这个缺憾,使之在社会制度的广阔实践中加入"中国方案"。中国特色社会主义是在中国共产党的领导之下,生活在中华大地上的人民对文化的选择与再创造,它是将民族特色与世界元素相融合的产物,是传统文化与当代实际相结合的产物,是符合历史发展规律并带有时代特色的产物。因此,在文化思潮涌动更加频繁、社会意识形态斗争比较尖锐的时代,更要坚定文化自信,为"三个自信"提供坚实的基础和持久的动能,为中国特色社会主义优越性的彰显提供推动力,同时也为世界各国探索社会制度提供"中国方案"。

---

① 马克思,恩格斯:《马克思恩格斯文集》第9卷,北京:人民出版社,2009年版,第120页。

第八章 文化自信的制度设计

在新时代发展环境下,中国文化自信的树立是中国以平等主体身份参与全球竞争发展的前提,这不仅关乎着中华文化的复兴与繁荣,更关乎中国的未来发展趋势。而文化自信心的真正培育,首先要突破理论上的难题和扫清观念上的障碍,这既包括如何从传统文化和革命文化、社会主义先进文化中寻找资源;也包括如何构建面向未来的文化自信发展的动力系统和发展路径。在解决了理论上的难题后,更加紧迫的任务就是如何在实践中推动文化自信的发展。正如列宁所说,"理论在变为实践,理论由实践赋予活力,由实践来修正,由实践来检验"[①]。在前一章中,我们讨论了文化自信构建在实践中需要遵守的原则,而在本章中则要进一步讨论在实践中如何通过顶层设计的配合、通过制度层面的切实推进来使得文化自信真正获得实践推进。

总的来说,文化自信在制度层面的实践推进,应包含公共文化体系建设、文化事业发展以及文化产业转型升级三个主要方面。

---

① 列宁:《列宁全集》第33卷,北京:人民出版社,1985年版,第208页。

（一）
以核心价值观增强公共文化体系建设

社会主义核心价值观传承于中国优秀的传统文化、革命文化与先进文化，是中国特色社会主义文化的精髓。"知者行之始，行者知之成。"①如果说社会主义核心价值观是文化自信建设的灵魂，那么公共文化体系就是文化自信建立的有力载体，要想使得社会主义核心价值观在生活中深入人心，就要借助于公共文化体系这一载体，将其具象化并在生活中生动地向人民群众表达；同样，现代公共文化体系作为国家文化建设以及国家治理体系建设的重要组成部分，其内在理念与实践运行必然需要社会主义核心价值观的精神引领与深层驱动。因此，必须以核心价值观增强公共文化体系的建设，同时以公共文化体系的建设促进社会主义核心价值观的生活化、大众化。而核心价值观对于公共文化体系的引领作用，主要体现在以公众参与性为治理导向、以公益性为价值导向、以标准化均等化为实践指南这三个方面。

1 以公众参与性为治理导向

党的十八大提出，"倡导富强、民主、文明、和谐，倡导自由、

---

① 王阳明：《传习录》。

平等、公正、法治，倡导爱国、敬业、诚信、友善，积极培育和践行社会主义核心价值观"。社会主义核心价值观实际上全方位地体现了国家治理在国家层面、社会层面以及个人层面的总体布局，即要形成国家、社会组织及公民个人的多样主体共同参与的现代治理模式，而这一治理理念在公共文化服务体系上则表现为公共文化服务体系的社会性和参与性。

有学者认为，中国的国家治理模式在不断地改革，总体来说经历了三个模式：政治治理、经济治理和文化治理。[①]如果说在计划经济时代，中国的国家治理主要依靠的是政治治理，通过强调政治权威和党政对国家事务的绝对控制权来治理国家的经济、政治以及意识形态等领域，那么改革开放以来，中国国家治理的模式就逐渐向经济治理发展。在"经济治理"的时期，市场竞争机制下"效率优先"的理念成了国家管理的主要方向。然而，随着十九大以来中国国家治理理念的不断完善和发展，中国国家治理走向了文化治理阶段。实际上，这正是新时代中国面对全球经济发展乏力、中国经济亟待转型升级等国内外新形势的应对之策，因为归根到底发展市场经济所需要的市场伦理体系、社会健康发展所需要的公平正义的标准、法制建设所需要的契约精神等，都要归于文化管理的范畴。而文化管理实际上是和以往的文化治理理念相对的。在计划经济时代，国家采取"文化事业单位"的形式对文化领域进行管理，形成了一种自上而下的意识形态培

---

① 胡惠林：《文化治理中国：当代中国文化政策的空间》，《上海文化》2015 年第 2 期。

养体系和文化动员体系。在这一时期，虽然"文化事业单位"也承担了面向社会大众的文化需求的福利事业，但是一方面供给严重不足，另一方面向公众供给的是同质性的、单一的文化产品，文化服务的水平较低。而到了市场经济时代，以营利为目的的文化产业逐步得到发展，打破了"文化事业单位"对大众文化服务的垄断。在利润导向下，文化产业更加贴合公众的需求，从而很大程度上缓解了由政府"垄断"的"文化事业单位"对于大众文化服务供给不足、质量较低、供需错位等现象。至此，我国开始了市场驱动的文化产业和政府驱动的公益性的文化事业共同发展的"双轨"阶段。相比于上一阶段，有了市场参与后的公共文化服务领域更贴近于人民的日常生活需求，而公共文化服务由单一的文化事业单位垄断到文化产业和文化事业单位并行，实际上也体现了政府对于公共文化服务的内涵的认知由意识形态等"上层建筑"逐渐转移到"物质基础"，视域开始逐渐下移，更加注重人民的实际需求。相比于政治治理时期，这一时期我国的文化事业发展不仅在供给量上，而且在供给的形式、内容等多方面都有着显著的创新，人民群众的文化生活日趋丰富。

但是，这种模式并没有完全解决我国人民对于公共文化服务的需求。在引入市场机制的前提下，文化产业是利润导向的行业，其优点在于能够更敏锐地判断消费者对于文化产品的需求，生产更符合个人偏好的文化产品，但是对于公共文化服务，文化产业往往并不涉及；而在政府主导下的文化事业单位则由于其行政导向，难以真正满足公众对于大众文化服务的需求，这就导致了大众文化服务领域相对发展空白。同时，由于城市和农村居民之间收入差距较大且消费习惯不同，城乡之间的文化产业的发展差距也逐渐加大，进而使得人民能享受到的文化服务出现了很大差别，文化权利保障问题和文化民生问题成了亟待解决的问题。因此，国家对于文化事业发展的总体规划视域再次下移，开始聚焦于"公共文化服务体系"这一理念。"公共文化服务体系"的概念最初在2005年召开的党的十六届五中全会第一次提出；到了2007年，国家开始全面部署建设公共文化服务体系，并将公共文化服务体系列为全面建设小康社会的重要目标之一；2012年，党的十八大报告中提出要完善公共文化服务体系，提高公共文化服务效能；而到了党的十八届三中全会，"构建现代公共文化服务体系"的理念则首次被提出；在2017年召开的党的十九大则明确提出要完善公共文化服务体系，深入实施文化惠民工程，丰富群众性文化活动。至此，国家公共文化服务体系建构的战略规划基本形成。而国家之所以不断强化"公共文化服务体系"这一理念，同时将"国家治理体系和治理能力现代化"的理念不断渗透到公共文化领域，其目的就是要增强公共文化服务体系的社会性和参与性，在公共文化服务领域同样形成国家、企业、社会组织及公民个人的多样主体共同参与的现代治理模式。

而在国家现代化治理体系的大框架下，公共文化服务的公众参与性集中体现为以下几点：

第一，供给主体不再呈现线性结构。以往公共文化服务的实施往往是通过政府发布指令，文化事业单位完成任务这样的线性结构而完成的。在这一过程中，既缺少社会力量的参与，也缺少受众群体的反馈，因而形成了一个难以与时俱进、同时也难以反映群众需求的封闭的流程。而现代化的公共文化服务体系则应当包含着三个方面的同时参与和互动：政府作为主导者，政府的公共文化服务部门是主导力量；同时，相关文化事业单位是政府指令和计划的具体操作者；社会上的文化企业以及非营利性的文化组织等，在政府的引导下，在政府难以发挥作用的文化市场中根据消费者的偏好提供更加人性化的文化服务；最后，在新的公共文化服务体系下，公民要发挥其主体性，实际上公共文化服务体系的要点就在于让公民广泛地参与到文化活动中来，从需求调查——文化产品生产——文化产品消费的整个生产链的每个环节中，都需要公民的参与和反馈。

第二，公共服务体系的结构不再自上而下决定。以往的公共文化服务体系其服务的目的是实现国家对意识形态培育的职能，而随着市场经济的发展，中外不同的思想、不同的价值观也如同潮水一样向国民涌来，而相比于表达形式多样的各类思想浪潮，传统的公共文化服务中这种类似"训导"的功能逐渐脱离了公众的需求。而从文化管理到文化治理的转变，正体现了公共服务体系的结构的改变：文化管理中，公共服务体系的结构是自上而下决定的，国家通过建立一系列规章制度对人、社会和国家文化行为进行规范化；而在文化治理当中，公共服务体系的结构是自下而上，结构和功能的制定是源自对民生需求的反映，国家在其中通过政策制度的直接安排，或者是对社会团体和企业的引导扶持，从而借助于文化的教育服务功能克服与解决国家发展中的问题，主体是国家+社会+人民，在国家的主导下，反映人民需要，三方进行共治。

总的来说，我国公共文化服务体系的建设导向和我国国家治理的方略的调整是同步的。我国国家治理体系经历了由行政治理、经济治理到文化治理的演变，相应地，我国公共文化服务体系的建设也经历了从文化管理到文化治理的演变，而十九大以来现代化国家治理体系的理念更是不断渗透到公共文化服务体系的发展中。要在我国的公共文化服务体系中形成国家、企业组织、社会组织及公民个人的多样主体共同参与的现代治理模式，就要求社会各界的广泛参与，形成在政府引导下的、以人民为中心的、社会企业和社会非营利组织共同治理的局面，改变过去从上而下的、单一的治理结构，这是我国公共文化服务体系发展的内在要求，更是中国特色社会主义核心价值观为公共文化服务体系发展指明的道路。而在这种模式下，人民自身文化需求的表达就格外重要，政府要鼓励人民参与社会各种文化组织和团体，借由社会团体的力量表达自身的文化需求，鼓励人民积极实现自身的文化权益，从而形成政府和人民交流沟通的有效中介。

2 以公益性为价值导向

社会主义核心价值观体现在公共文化体系建设上的价值内核，就是要以人民的利益为出发点，注重公共文化体系建设的公共性和公益性，这一点和公共文化体系建设的本质内涵是相一致的。

首先，从内容形式上来说，公共文化服务体系是一种面向大众的公益性的文化服务体系，是一种特殊的文化产品，主要包括先进文化理论研究服务体系、文艺精品创作服务体系、文化知识传授服务体系、文化传播服务体系、文化娱乐服务体系、文化传承服务体系、农村文化服务体系等多个方面。而与一般商品不同，公共文化产品从内容规定上就具有非排他性和非竞争性：第一，公共文化服务产品及服务一般包括图书馆、博物馆、文化馆、广播电视、出版发行、网络数字文化、大众文化活动等形式，因此，一般情况下一部分人对公共文化服务产品的消费不会影响另一些人对该产品的消费，同时一些人从这一产品中受益不会影响其他人从这一产品中受益，受益对象之间不存在利益冲突；第二，公共文化服务的根本目的在于以公益的方式实现公民基本文化权益，公共文化服务体系的建设下，个人的文化需求和公共的文化需求逐渐融合，因此，公共文化服务是一种面向集体的产品，这一产品在消费过程中所产生的利益不能为某个人或某些人所专有，要将一些人排斥在消费过程之外、不让他们享受这一产品的利益是不可能的。因此，从内容形式上来说，公共文化服务具有公共物品的特性，公益性是其本质特征。

其次，从供给方式上来说，公共服务产品应以政府供给为主，市场供给为辅，建立公私混合性的供给方式。正如上文所述，公共服务产品是一种准公共产品，一方面，大部分公共服务产品，例如广播电视、网络数字文化等，有着纯公共产品的特征，即具有非竞争性和非排他性，还因为产品本身的不可分割而能够同时供给多人享用，因此，公共服务产品应该以政府供给为主；另一方面，由于公共服务产品还在很大程度上影响了一个国家国民的精神状态和价值信仰，从这一点出发，也决定了公共文化服务必须由国家作为主要的供应者，从而保证国民价值观的健康发展。但是，公共文化服务并非纯公共物品，尤其是对于图书馆、博物馆等具有实体的服务设施以及受众数量受到限制的文化活动来说，一些公共文化服务属于"准公共物品"。总的来说，在公共文化服务领域虽然需要以政府的供给为主，但传统的政府主导的供给模式存在供给数量不足、质量不高和效率低下以及难以适应民众多样化以及个性化的文化产品消费需求等问题。因此，我国应在坚持公共文化服务公益性的前提下在其供给中引入市场机制，构建公益导向与市场导向协同配合和兼容平衡的供给模式。而在《中共中央关于构建社会主义和谐社会若干重大问题的决定》中也明确提出，要"加强公益性文化设施建设，鼓励社会力量捐助和兴办公益性文化事业，加快建立覆盖全社会的公共文化服务体系"。因此，总的来说，公共文化服务体系的建设一方面应面向社会大众和基层，充分发挥公共财政的支撑作用，同时也应当鼓励社会力量，建立适应社会主义市场经济的公共文化服务事业的混合主体。

可见，公共文化服务体系提供了纯公共物品和准公共物品两种类型的产品，是一种集公益性和营利性为一体，但是以公共性、营利性为主的服务体系，相应地，在产品的提供方式上，也以政府和市场两种模式相结合，但是以政府供应为主导。不过，要注意的是，正如习近平总书记在2018年的全国宣传思想工作会议上所指出的："在推进文化体制改革、繁荣发展文化事业和文化产业的过程中，要把握好意识形态属性和产业属性、社会效益和经济效益的关系，始终坚持社会主义先进文化前进方向，始终把社会效益放在首位。无论改什么、怎么改，导向不能改，阵地不能丢。"①公共文化服务产品归根到底不能脱离公益性，因此，在这一领域内引入市场机制也存在着一定的风险，不能够完全将公共文化服务商品化是这一领域公私合营的底线，否则将造成公共文化产品消费的过度差异化，不利于缩小城乡贫富差距。具体来说，可以根据文化产品的具体形式来进行分类处理，最基础的分类方式包括将公共文化服务产品分为纯公共物品和准公共物品。对于纯公共物品，包括基础教育、博物馆、文化馆等，因为成本高、收益相对较低且回报周期较长，因此私人资本的投资意愿较小，这类产品的投资应该由政府主导；还有一些公共文化服务产品，例如一些文化宣传活动、创意性文化产品等，具有较高的回报率且投入成本较小，属于准公共物品，则可在坚持公益原则的前提下允许民间社会资本参与，政府则进行相应的监管或给予一定的补助。为了明晰市场和政府各自的职责，需要相关部门出台进一步的实施细则，规定社会资本可以参与供给的公共文化服务领域范围。尤其对于人民的意识形态和价值观有着重要影响和塑造作用的公共文化服务机构，要明确地限制和规定社会资本的影响范围，着重突出其公益性职能，提

---

① 范鹏：《统筹推进"五位一体"总体布局》，北京：人民出版社，2017年版，第52页。

高新闻媒体在出版物中的直接教育宣传作用，明确公益性出版单位以及相关媒体的职责，建立有利于其社会发展的管理方式、经营地位和扶持政策，深化公益性新闻出版单位的人事管理模式，健全激励和约束机制，增强社会供给能力，提高价值观生活融入的服务力度，以此来真正发挥公共文化服务体系正本清源、构建和谐社会的公益职能，最大限度地减少不和谐的因素。

公共文化产品及服务在内容形式以及供给方式上的本质特征，都决定了这一特殊产品的提供和中国的国情息息相关，正是由于其具有公益性的本质特征，才使得政府天然地在这一领域的产品供给中占据主导地位，也意味着公共文化服务体系在中国特殊的经济、政治制度下生产、提供更加具有优越性，从而必然会遵循社会主义核心价值观而进行文化创造与生产。而与此同时，公共文化服务体系凭借其公共性和公益性的本质特征，又将不断地促进社会主义核心价值观能够由上至下传播渗透，在和群众的互动中加强了群众对于社会主义核心价值观的认可，增强了民族的文化自信和文化凝聚力。

3 以标准化均等化为实践指南

如果说社会参与性是现代化公共文化服务体系构建的治理导向，那么在具体的实践和政策落地的过程中，社会主义核心价值观赋予现代化公共文化服务体系构建的实践指南就是标准化和均等化。

（1）标准化。

现代化文化服务体系构建的一个重要的问题在于如何将过去松散的服务系统整合为一个完整的"体系"，针对这一问题，最重要的就是要遵守"标准化"这一实践指南。"体系"一词，既表现为文化服务的提供者具有多样性和协作性，同时也体现为服务内容方式的多样性，而由于大众文化服务涉及的受众分布在不同的地区，需要的服务差异化较大，因此，想要构建现代化文化服务体系，还需要各个部门之间的合作协调。

截至目前，同世界上发达国家相比，中国的公共文化服务最大的短板就是体系化的程度比较低。一方面，政府管理下的文化服务类部门和事业单位体系层次分明，但是其服务内容单一；另一方面，市场中的文化企业虽然服务内容多样，但是都是作为独立的个体存在，难以形成体系。这就造成了目前我国的公共文化服务虽然在不断地进步，但是往往产生的是点的突破，产生的是针对某类人群、某个地区的文化服务类产品的爆发式的进步，而难以取得整体上的成功。尤其是由于不同的企事业单位以及相关部门缺乏在资源调配上的配合，使得一些资源重复投入，造成资源的浪费。

因此在进一步的发展中，必须明确政府与公共文化机构、社会组织以及营利性机构之间的职能分工，形成具有较强的层次性、体系性、协调性、整体性的文化服务体系。而要想形成体系化的公共文化服务系统，最具有实践可行性的方法就是以"标准化"为原则，对公共文化服务部门的职能进行重新划分。"标准"这个概念源自工业管理，原指对重复性事物和概念所做的统一规定，后来"标准"一词被引入了政府管理和社会治理领域，而在这里，公共文化服务的标准化则是强调通过对基本公共服务的不同维度给出一个量纲值，从而用技术手段传达公平性、公益性等价值属性，提升公共服务的品质。[1]只有在公共文化服务实施的各个步骤、各个环节上都做出可以量化的明确规定，在基层各部门进行建设之前就做出明确的统筹规划，才能够在实践的过程中有章可依。

具体来说，标准化意味着：第一，公共文化服务体系构成的标准化。从硬件构成来说，要对公共文化服务部门的场地设施、服务半径等做出标准化的规定；从软件服务来说，要对相关部门的服务种类、服务步骤、操作流程等进行规范化规定，同时，还应该标准化公共文化服务体系的财政保障，区分地方和中央、政府和社会组织之间的责任。第二，要明晰公共文化服务的评价标准体系，从而才能清楚定位目前我国公共文化服务所处的发展阶段，以及确定进一步的发展策略。对此，实际上我国已经有了比较明确的规定。我国在2015年颁布的《国家基本公共文化服务指导标准（2015—2020年）》中，实际上已经非常具体地对于公共文化服务的22个方面做出了详细的规定：首先，在基本服务项目大类中，规定了包括看电视、看电影、听广播、读书看报、文体活动、送地方戏、设施开放七个方面，一共12条内容；其次是硬件设施方面，规定了包括体育设施、广电设施、文

---

[1] 郁建兴，秦上人：《论基本公共服务的标准化》，《中国行政管理》2015年第4期。

化设施、流动设施、辅助设施五个方面,一共七条内容;在人员配备方面,规定了人员编制、业务培训的具体要求。而标准体系进一步的发展就要求不仅对公共文化服务的各个方面的发展状况制定衡量的标准,更要制定一个能够衡量执行标准、提升标准的标准体系,使得公共文化服务标准体系成为一个开放的、螺旋上升的体系,使得我国的公共文化服务能够根据实践进行灵活的调整并取得进步。第三,标准化的一个重要的实现途径就是法治化。现代化的政府必须是法治的政府,现代化的国家治理理念也必须通过法治化的治理途径实现,而在公共文化服务领域,法治化的实现不仅促进了相关标准的顺利推行,更是确保我国公民享受平等的文化权利的必要手段。但是,目前我国在这一领域的发展尚且比较薄弱,应当加快健全相关法律,如公共文化服务保障法、公共图书馆法等法律法规的出台,为现代公共文化服务体系建设提供法律支撑。

(2)均等化。

如果说"标准化"的实践指南保证了文化服务体系的现代化和系统化,那么"均等化"的要求则保证了文化服务体系的公益性原则,实现了社会主义核心价值观中公平正义的原则。

从内涵上来说,公共文化服务属于公共服务的范畴,是一种由政府主导的、保障全体公民生存和发展基本需要、与经济社会发展水平相适应的服务活动。正如前文所论述的,这种公共服务的最重要的价值内涵就是公益性和公共性,而在实践层面和政策落实层面,这种公益性和公共性则应当表现为不仅保障人民群众得到基本公共文化服务的机会，而且全体公民都能公平地获得大致均等的基本公共文化服务。因此，这种均等化更多的是指机会均等，是在保证全国各地区基本公共文化服务水平平均的基础上，对各地区的公共文化服务发展水平进行差异化规划和发展，而不是绝对的平均化。但是从现实发展现状来看，我国目前文化服务体系发展并不均衡。这具体表现为：第一，城市和乡村之间的文化服务存在着较大的差距；第二，不同地区，根据其发展程度不同，其能够享受到的公共文化服务的水平也不同，边远地区和欠发达地区的公共文化服务体系发展程度较低；第三，针对残疾人士和弱势群体的文化服务体系尚不充分。

而对于文化服务体系均等化构建的发展方针，党和政府一直高度重视。在党的第十六届六中全会上，就首次提出了"公共服务均等化"的目标；而到了2012年，则提出了《国家基本公共服务体系"十二五"规划》；到了党的十八大，则提出"至2020年实现基本公共服务均等化的总体目标"；2017年国务院印发的《"十三五"推进基本公共服务均等化规划》，则是进一步从增强人民获得感、实现中国梦的战略高度对文化服务体系均等化发展进行了部署；党的十九大则将"基本公共服务均等化基本实现"作为基本实现社会主义现代化的目标之一。就政策落实情况来说，"'十二五'以来，我国已初步构建起覆盖全民的国家基本公共服务制度体系，各级各类基本公共服务设施不断改善，国家基本公共服务项目和标准得到全面落实，保障能力和群众满意度进一步提升"①。

　　总的来说，国家一直以来对于公共文化服务体系的"均等化"建设都给予高度的关注，但是截至目前，我国仍然没有完全实现十八大报告中"全覆盖""均衡化"的预期目标，供给总量不足、供给结构不平衡等问题仍然大量存在。如何推进各基层部门发挥引导作用、促进社会企业和组织均等化发展面向不同地区、不同收入阶层、不同需求的人民群众的文化服务，仍需要进一步制定相关计划。

　　想要实现公共文化服务体系的均等化发展，从实践方针的具体制定来说，需要注意以下几点：第一，制定目标不能操之过急、好高骛远。根据我国目前的经济发展水平以及公共文化服务体系的发育程度，目前，我国首先需要做到的是保障不同发展程度的地区以及城乡都享受到同样的公共文化基本服务，在此基础上尽量补齐偏远地区、农村地区的发展短板。而想要真正做到使不同区域、不同的发展程度、不同人口结构的居民享受同样的公共文化服务，目前言之尚早。但是，这并不意味着单纯的平均化政策导向——对于残疾群体、弱势群体，绝对的平均化就意味着本质上的不平等，优先考虑这些群体的需求，有针对性地向这些地区和人群提供精准的公共文化服务，是公共文化服务体系建设的题中之义。第二，我国目前所提供的公共文化服务，应当首先考虑各地区人民的刚性需求，首先提供人民急需的服务，而不要急于和国际化标准进行比较。以目前我国的公共文化服务

---

① 国务院：《"十三五"推进基本公共服务均等化规划》，国发〔2017〕第9号。

体系的发展水平来说，尚不能够提供国际化标准的文化服务，过高的标准无疑是揠苗助长。

"标准化"和"均等化"代表了我国公共文化服务体系发展的公平和正义的重要维度，两者之间是相辅相成的，要以"标准化"促进"均等化"的发展，以公共文化服务体系的现代化和体系化，促进其对于每个公民的均等性、正义性。其中，在实践的过程中，"标准化"的实现路径是通过将取得的成果和预期达到的目标量化，从而使得在公共文化服务体系建设的每一个步骤都能够精确考核，是一种以量化为标尺、以绩效为激励手段的发展策略；而"均等化"则是借助于这一手段，通过政府财力、物力的均等化分配，使得标准化的措施得以实现。而在具体的实施过程中，两个手段相辅相成，也只有通过对中央政府以及地方政府的权责、财政负担进行明确的规定，才能促进诸如对贫困地区公共文化服务发展财政转移、对口支援等政策高效率并且合理透明地进行。

总的来说，改革开放以来，经济的发展成果已经惠及中国的每一位公民，但是几十年来我国文化产品的发展并没有真正地惠及人民大众的文化生活。享有基本公共文化服务是公民的基本权利，保障人人能够享受基本公共文化服务是政府的重要职责，而推进我国公共文化服务体系的建设，正是实现公民文化权益的最基本的途径。正如《"十三五"规划》中所论述的——"推进基本公共服务均等化，是全面建成小康社会的应有之义，对于促进社会公平正义、增进人民福祉、增强全体人民在共建共享发展中的获得感、实现中华民族伟大复兴的中国梦，都具有十分重要的意义。"①而在国家现代化治理体系的大框架下，公共文化服务体系建设的主旨，正是以公益性为核心，通过标准化、体系化的现代化建设手段，将我国文化的发展成果惠及每一位公民，让公民在公共文化服务体系当中真正实现自己的文化诉求，保障每一位公民的文化权利。这样的主旨正是中国特色社会主义核心价值观的题中之义，而通过公共文化服务体系的建设，中国特色社会主义核心价值观也将在真正融入人民生活、在和人民群众的交流互动中深入人心，从而真正让人民确立积极的价值观，并从根本上培育人民的文化自信。

（二）
以文化体制改革提升文化事业发展

文化事业的繁荣是文化自信的重要源泉。而纵观改革开放以来中国文化事业发展的历史，可以发现中国文化事业发展经历了三个阶段：

第一阶段是起步阶段，从20世纪80年代到21世纪初期。这一阶段的改革是以艺术表演团体改革为起点的，在新中国成立初期，我国的艺术表演都以统包统管的形式进行统筹，虽然在资源较为匮乏的情况下，一定程度上解决了人民对文化活动的需求，但是也存在着供需结

---

① 国务院：《"十三五"推进基本公共服务均等化规划》，国发〔2017〕第9号。

构不一致、空间布局不合理、平均主义严重等现象。在党中央的支持下，福建、上海等地的艺术团体最早开始尝试"承包责任制"的改革，由此拉开了文化体制改革的大幕。这一阶段改革的成功主要是突破了计划经济体制下文化事业发展受到的束缚。

第二阶段从20世纪90年代开始，这一阶段我国文化体制的发展开始逐步引入市场机制，并且建立起了相关的管理机制。上一阶段的改革促进了艺术表演团体的市场化，而从20世纪90年代开始，通过推进表演艺术团体的多种所有制形式和经营方式，带动了新闻、出版、广播影视等多个领域的改革。20世纪90年代，有一批国有文化事业单位开始向市场转型，形成了最初的一批影视集团、娱乐传媒集团，从而开始形成多样化文化市场主体。而与此同时，国家也开始制定相应的文化市场管理机制。1988年，文化部、国家工商行政管理局联合发布了《关于加强文化市场管理工作的通知》；中共十四大后，中共中央做出《关于建立社会主义市场经济体制若干问题的决定》，强调"深化文化体制改革，完善文化经济政策，依法加强文化市场管理"；[①]随后，又陆续出台了《营业性演出管理条例》《娱乐场所管理条例》《印刷业管理条例》《音像制品管理条例》《电影管理条例》《出版管理条例》以及《互联网上网服务营业场所管理条例》等制度管理办法。

[①] 中共中央文献研究室：《十四大以来重要文献选编》（上），北京：中央文献出版社，2011年版，第476页。

我国文化体制改革的第三阶段开始于党的十六大，这一阶段是文化体制改革全面推进的阶段。在这一阶段，我国国有经营性文化单位转企改制已经基本完成，全面实现了出版发行、电影电视剧制作、广电传播等单位的转企改制，基本完成一般文艺院团、非时政类报刊出版等单位的转企改制，市场机制在我国文化体制中占据了基础性的地位。尤其是在十八大召开之后，政府在文化体制之中的职能大幅度转向，从"办文化"逐步转向"管文化"，由主要管理直属单位向社会管理转变，由行政管理为主向行政、法规、经济等综合管理转变。如果说在上一阶段中，文化体制的改革重点在于在政府的管制下引入市场机制增加了文化体制活力，那么这一阶段的改革逐渐明确了市场在文化体制中的基础地位，明确了政府和市场之间的分工。

因此，从我国文化事业改革的历程来看，我国文化事业改革很大程度上取决于市场机制的引入和公私合营的文化体制改革，而通过文化体制的改革，我国的文化事业也逐渐充满了活力。但是，尽管我国在十八大之后，文化体制改革已经取得了很大的成果，目前仍然存在着例如多数国有文化企业缺乏竞争力、对转制后的国有文化企业意识形态管理力度不足等问题，阻碍了我国文化事业的进一步发展。而这些问题存在的根本原因，就在于文化制度改革发展的过程中，政府和市场的关系及作用没有得到进一步的明确。因此，如何以文化体制改革促进文化事业发展，便成为我们增强文化自信的重要实践内涵。

1 健全文化管理体制

文化体制的继续深化改革需要和国家行政管理体制的改革同步，这首先就需要健全文化管理体制，遵循转变职能、简政放权的原则，促进政府职能由"办文化"真正转变为"管文化"，一方面在政府的引导下释放市场活力，但与此同时也要对舆论导向进行正确引导。具体来说，文化管理体制的建设发展应当从宏观和微观两个方面入手：

（1）宏观层面。

我们在宏观层面要做好制度设计，明确市场政府的分工，从而按照政企分开、政事分开原则，推动党政部门与其所属的文化企事业单位进一步理顺关系。

首先，要明确划分中央和地方各级政府，以及同级政府不同部门的职责内容和职责边界。目前，我国存在着文化管理职能混乱、管理范围交叉的现象，宣传、编制、文化、教育、人力资源和社会保障、广播电视新闻出版、财政、发展和改革等部门都在某种程度上担负着文化管理的具体职责，这就导致对于同一文化政策和文化现象，不同的部门从不同的角度出发可能做出并不相容的政策指令，从而在政策实施的过程中造成混乱，同时也使得地区性文化事业的发展缺乏统一的战略部署。为了解决这一问题，需要对各个文化管理部门进行整合，并对其职能范围进行明确的划分。对此，我国已经初步进行了改革。在2013年的"两会"期间，国务院公布了机构改革和职能转变的方案，在这份方案中，国家广电总局和新闻出版总署不再作为单独的机构存在，而是整合为国家新闻出版广电总局。此后，省级新闻出版和广电机构也都进行了重组整合：副省级以下文化、广电、新闻出版三个部门实现了整合，解决了职能重叠的问题，从而能够有效提高各部门的行政效率，有利于这些行业的管理部门更好地履行政策调节、行业监管、公共服务的职能。但是，部门的整合仅仅是改革的第一步，在划分了管理部门职能范围之后，更重要的是处理好各个管理部门和市场企业之间的关系。在机构的重整之后，简政放权是文化管理体制宏观战略下一个要攻克的难题。从2013年开始，新闻出版广电总局逐步取消了"设立出版物全国连锁经营单位审批"等15项行政审批事项，下放"音像复制单位设立审批"等5项行政审批事项[①]。实际上，经过五年的改革，目前文化部仅仅保留了《中外合资经营、中外合作经营的演出经纪机构设立审批》《互联网文化单位进口互联网文化产品内容审查》4项行政许可项目[②]。对于此外的文化事业发展，则给市场留出了自主抉择、自由竞争的空间，从而调动了企业和个人的积极性。可以看到，在简政放权，激活文化市场活力的政策层面上，我国已经进行了深入的改革。而进一步的改革要点就在于把握好管理的方向和尺度：对于人民价值观构建起到重要影响、关乎社会

---

① 国务院审改办：《2013年以来国务院已公布的取消和下放国务院部门行政审批事项》，《人民日报》2017年2月9日09版。

② 《中华人民共和国文化部行政审批事项清单》[EB/OL].http://spgk.scopsr.gov.cn/bmspx/show Bmspx List/19。

安全和民族安定团结的产业,要坚持国家管控,要建立正确舆论导向的体制机制,健全基础管理、内容管理、行业管理联动机制,健全网络突发事件处置机制,形成正面引导和依法管理相结合的网络舆论工作格局。而对于其他一些非命脉性的领域,则交给市场,通过市场竞争机制形成符合消费者偏好的、形式丰富的文化产品,促进文化事业发展。

其次,文化管理宏观战略的实施还需要法律的保驾护航。完善相关法律法规,推动文化事业发展与依法治国原则相互促进,是文化事业发展的重要保障。文化立法的进程在党的十八大之后不断推进,《网络安全法》《电影产业促进法》《公共文化服务保障法》等文化法规相继出台,文化事业的发展环境得到了很大提升。特别是由于近年来互联网技术突飞猛进发展,互联网文化无论在传播速度还是受众数量上都呈现井喷式的增长,但随之而来的就是互联网文化产品质量参差不齐,不仅存在一些网络文化产品传播消极价值观的问题,更有些网络"大V"利用网络造谣、传播色情和违法信息,而作为新兴事物的互联网文化尚处于法律的空白范围,因而在过去相当一段时间内造成了乱象。而随着2016年11月《中华人民共和国网络安全法》的通过,关于网络信息安全、网络运行安全及相关法律责任的认定都得到了较为明确的规定,网络文化领域的发展得到了有效的规范。而文化治理领域中,相关法律法规仍然存在着空白地带,对这些空白地带的弥补,将有效促进文化管理体制的完善。

（2）微观层面。

除了宏观的制度设计，微观的实施机制也是文化管理体制发展的一个重要抓手，宏观上重新整合机构、划分政府和市场职能，是为了达到简政放权、激活市场活力的目的，而宏观战略还需要微观的具体政策落实来配合，从而综合统筹国有文化资产和文化市场的发展。

首先，在财政支持方面需要开源节流，要加大公共财政支持公共文化服务建设的比重。要进一步调整和优化公共财政支出结构，在进一步提高公共文化服务支出的比重的同时，保证公共文化服务预算支出增长幅度高于财政经常性支出增长幅度。

其次，要通过人员管理办法的改革来增强文化事业的活力。要做到"以人为本"，这在几个层面上都应当有所体现：一方面，要保障基层员工解决社会保障的问题，另一方面，要不断引进高级人才，促进产业科学发展。而对于文化企业单位的人员管理，则要加强人员资质审核，并建立党委和政府监管国有文化资产的管理机构，实行管人管事管资产管导向相统一。尤其要注意的是，对待如同雨后春笋般不断创新发展的新媒体领域，要严格新闻工作者职业资格制度，重视新型媒介运用和管理，规范传播秩序。

再次，改革需要从资金来源和服务方式等多个方面进行。政府对于公共文化项目要改变以往大包大揽的模式，对于不关涉社会安全和价值形成的文化项目，可以采取向社会资本融资，从而使得公共财政在文化事业上的投入能够达到四两拨千斤的效果。同时，对于政府难以完成的项目，可以采取公开招标、将服务进行外包、委托经营、国有民办、民办国助等多种途径，提高公共文化服务的质量和效率。

最后，对文化服务的改良不仅涉及增加文化事业单位以及文化企业对于文化产品供给数量上的增加，还包括如何建立健全公民文化需求表达和文化决策的参与机制问题。政府相关部门可以通过召开人民代表大会、接触群众代表、进行入户调查、发布匿名问卷等多种方式，让人民的需求能够有效得到表达和传递，把保障人民群众知情权、参与权、监督权贯彻于"文化惠民"全过程中。

总之，文化管理体制的改革，其目的在于从宏观和微观两个层面推动政府在文化领域职能的转型，推动在文化事业发展中政府和市场职能的重新规划。而在建立了完善的文化管理体制框架的前提下，才能进一步对国有文化资产和文化市场的进一步发展，进行科学的规划。

2 国有文化资产的改革

依据简政放权、激活市场活力的原则，国有文化资产应当对文化产业的发展起到主导作用，但不应当对文化事业的发展大包大揽。具体来说，应当根据国有文化资产的性质和功能不同，制定不同的改革方向，从而真正实现"推动国有文化企业把社会效益放在首位、实现社会效益和经济效益相统一"[①]。

---

① 习近平：《在党的十八届五中全会第一次全体会议上关于中央政治局工作的报告》，2015年10月26日。

（1）对于国有经营性文化事业单位，要继续推动其进行转制改革。

经营性文化事业单位包括尚未改制的使用事业编制的电影电视制片、销售、发行、电影放映的事业单位，尚未改制的使用事业编制的广播电视运营服务单位，以及尚未改制的使用事业编制的图书、报纸、期刊、音像制品、电子出版物出版制作和销售等事业单位。这些经营性事业单位随着事业单位改革的推进，将逐步在相关部门注销事业编制并在工商部门登记、和员工签订劳动合同，改制为企业。国有经营性文化事业单位的改革，是我国文化体制改革和文化事业发展的一大成果。到2012年为止，我国已经完成了包括出版发行、电影电视剧制作、广电传播等几大领域的转企改制，基本完成大部分文艺院团、非时政类报刊出版等单位的转企改制，同时，针对重点新闻网站的转企改制也在不断发展深化之中[①]。《国家"十二五"时期文化改革发展规划纲要》提出，到2015年要全部完成经营性文化事业单位转企改制的任务，但目前看来，国有经营性文化企业转制的任务已经基本完成。

但是，国有经营性企业完成转制仅仅是国有企业改革的第一步，真正重要的是让转制后的国有企业在市场中生存下去，并且做大做强，成为市场中文化企业的领头人。国有企业在转制之后，往往面临着以下两个难题：第一，在转制之后，企业往往从事的是分业经营的项目，也就是说往往专注于一项文化事业，做书籍出版的专职于出版，做电影的专

---

① 曹光章：《新一届党中央推进文化体制改革的新发展》，《毛泽东邓小平理论研究》2017年第9期。

职于电影，而反观市场中各大文化企业往往进行的是混业经营，从而形成庞大的文化集团，整体盘活企业的经营领域。第二，转制之后仍然带有事业单位的特点，在经营理念、公司结构等方面都还有着以前的影子，这就导致其在市场竞争中效率较低，从而使得很多转制后的国有文化企业不仅规模较小，而且往往成为一些行政机构的附属品，即仅仅实现了形式转制，而没有实现经营转制。

对于这样的问题，必须进一步推动进行转制的国有文化企业公司制、股份制改造，完善其法人治理结构，并且鼓励公司进一步探索符合现代企业制度要求、体现文化企业特点的资产组织形式和经营管理模式。对此，国家主要从税收领域对进行改制的国有文化企业进行扶持，规定从2009年1月1日至2013年12月31日，经营性文化事业单位转制为企业，自转制注册之日起免征企业所得税。而2014年4月2日，国务院办公厅印发，中宣部等有关部门又拟定了《文化体制改革中经营性文化事业单位转制为企业的规定》和《进一步支持文化企业发展的规定》，把原定延续到2013年的文化单位转企改制扶持政策又延长5年，适用于所有改制文化单位，继续为转制企业提供扶持政策。而除了行政扶持，为了使得转制后的企业尽快摆脱原有行政资金支持的局面，还应该推动国有文化企业的上市，使得这些转制后的企业通过公开公司业绩的形式受到社会各界的监督，并且获得社会资本的投资，从而促进优秀的企业继续壮大，淘汰掉经营不善的企业。除了对经营性国有企业进行转制改革外，对于一些关于舆论导向的特殊经营性国有企业，可以按规定探索实行特殊管理股制度，即通过特殊股权结构设计，使国有文化企业在股份制改造和融资过程中，既能够引进社会资本，又能够有效防止恶意收购，并始终保有最大决策权和控制权，从而对文化舆论导向始终具有控制的能力，并且实现股权多样化，完善转制后的国有文化企业的现代企业制度。

（2）对于公益性国有文化资产，需要通过改革法人治理结构、推动政事分开来提升运营效率。

法人治理结构改革是公益性国有文化资产改革的重要途径。自从2003年以来，我国政府确立了公益性文化事业单位和经营性文化事业单位发展相区别的政策框架，针对公益性文化事业单位，提出了"增加投入、转换机制、增强活力、改善服务"①的要求。而在十八届三中全会通过的《中共中央关于全面深化改革若干重大问题的决定》中，则提出了继续深化文化事业单位改革的要求，指出要根据不同文化事业单位功能定位，建立法人治理结构，完善绩效考核机制。此后，为了保证《中共中央关于全面深化改革若干重大问题的决定》在实践工作中的落实，文化部制定了公共文化机构法人治理结构的试点工作方案，而在2014年9月，文化部则公布了包括南京图书馆、浙江图书馆、重庆图书馆、山东省济南市群众艺术馆、广西壮族自治区桂林市临桂区文化馆等10家单位为法人治理结构改革试点单位。其中南京图书馆在试点改革期间成立了理事会和监事会，理事会由14名理事组成，监事会由5人组成，理事会和监事会的成员除了南京图书馆内

---

① 《中共中央、国务院关于深化文化体制改革的若干意见》，中办发［2005］第14号。

部的员工之外,还面向社会公开招募了6名理事和2名监事,而理事会和监事会的形成正是为了摆脱以往政事不分的管理体制,推动形成党委会和理事会、监事会、管理层"四位一体"的管理体制。通过这样的体制改革,国有文化事业单位才能够完善法人治理结构,确立法人自主权,从而形成明晰的激励机制和决策机制,解决公益性文化事业单位运行机制不畅、服务水平较低等问题。

但是,法人治理机制试点的成功并不意味着公益性国有文化资产的改革的结束,如何将改革的经验由试点单位传导到各个国有文化事业单位,仍需要进一步的探索,其中很重要的问题就在于如何进一步明晰文化事业单位的激励机制,这还有赖于理事会、监事会、管理层和党委会进一步的集体决策。而在制定绩效考核标准的过程中,要注意的是公益性的文化事业单位不能够单纯地以企业盈利为绩效考核的唯一标准,除了财务方面的考核,还需要包括客户满意程度、政府满意程度、市场占有率等多方面的考量,从而确保文化事业单位在提高运行效率和服务质量的同时,完成积极引导社会文化风气、推动政府文化产业发展的职能。

而除了进行法人治理结构改革外,如何制定人才的选拔任用机制也是文化事业单位发展的一大难题。目前,我国的公益性文化事业单位仍存在着用人制度僵硬、人员薪酬体系混乱的问题。一方面,在员工的聘用方面,虽然各文化事业单位在国务院和各级政府的引导下完成了人员聘用制度和岗位管理制度的改革,但并没有形成有效的人员流动机制,员工吃"大锅饭"的平均主义现象仍然存在;另一方面,一些公益性文化事业单位并没有明确地分清自身和经营性国有文化企业的区别，在薪酬分配制度上，一些承担着政治性、公益性任务的文化事业单位，如党报党刊、出版社、电视台、通讯社、重点新闻网站和时政类报刊等新闻媒体，在进行人员薪酬分配时将经济效益放在了过于重要的位置上，形成了按照事业单位人员标准分配的同时又按照企业标准分配，并且以经济效益为主的双重分配机制。所以在用人机制上，公益性文化事业单位同样应当秉承着以行政性任务为根本任务，以市场机制、经济效益促进效率发展为辅助手段的理念，对人员的任用、流动和工资分配做出改革。

因此，简政放权并不意味着国有文化企业要盲目地进行市场化改革，只有清晰划分经营性国有文化资产和公益性文化事业单位，才能更加清晰地确立二者进行进一步改革的差别，从而在激活国有文化企业活力和效率的同时，保障其与群众文化需求有效对接，使得国有文化资产起到有效引导文化市场发展、树立良好文化风气的作用。

3 发展现代文化市场

现代化的文化事业的发展需要国有文化企业对于文化风气的引导，需要国家对于公共舆论和大众媒体的有效规范，但是要想实现真正的文化繁荣，仅仅依靠国有文化资产的力量是不够的，与此同时必须确立文化市场的主体地位，促进文化市场的蓬勃发展。但是，我国文化市场起步较晚,在相当长的一段时间内文化事业的发展被国有文化企业垄断,因此,想要促进现代化的文化市场发育,必须要从市场准入机制入手,完善文化市场的准入和退出机制,以社会评论"软约束"和法治监管"硬约束"的双重约束完成对文化市场的管理。同时,还需要将文化市场的发展和我国发展的整体战略相结合,推动文化企业国际化,促进中国文化在世界范围内的传播。

(1)要完善文化市场准入和退出机制。

要给予市场主体更多自主权选择的权利,鼓励各类市场主体公平竞争、优胜劣汰,配套发展相应的监管机制和文化市场法律体系。改革开放的经验让我们见证了市场的活力,在市场机制的自作用下,文化创意能够以更贴近人民生活、更符合人民群众需求的方式表达自己,而在我国以往的发展体系中,行政指令在文化事业中占据了较大的比重。当然,近年来国家在不断推动文化产业的市场化发展,在《中共中央关于全面深化改革若干重大问题的决定》中,就提出了完善文化市场准入机制的目标,各级地方政府也出台了相关政策,详细制定了文化市场各领域降低门槛的具体准则。进一步的改革还要给予市场主体更多自主权选择的权利,鼓励各类市场主体公平竞争、优胜劣汰,配套发展相应的监管机制和文化市场法律体系。

但是,在制定文化市场发展战略的时候,应当注意文化市场的开放不应当采取平均政策,由于有的领域更多涉及意识形态和社会风气的形成,因此不应当过快地实现降低门槛,自由进入;而一些领域则多为营利性质的文化服务,对于这类不具备政治性和社会舆论导向性的文化市场领域，则应当先行降低准入门槛。总的来说，应当从意识形态性弱、影响范围较小、传播速度较慢的文化市场领域开始开放准入门槛，从而在市场机制和监管机制逐步成熟后，逐渐部分开放意识形态性较强、传播速度较快、影响范围大的文化市场的准入门槛——当然，后一领域在未来的开放并不意味着完全放松监管，而是在政府引导的前提下更多引入市场机制。而从政策制定的角度来看，开放的顺序应当是印刷媒体行业在广电媒体行业之前；图书出版行业的开放在报刊出版之前；电影电视剧频道的开放在新闻频道之前。由于篇幅所限，这里仅仅给出了一个较为粗略的发展建议，进一步的开放顺序以及行业门槛降低的具体实施准则还需要进一步的研究。

当然，文化事业的市场化发展以及文化市场准入标准的放开，也催生了一批低俗的文化产品，这些文化产品不仅传播了消极的、负面的文化风气，一些文化产品在传播过程中甚至涉及违法行为，而对于这样的现象，一方面我们不能因噎废食，要理解市场机制是一把双刃剑，而在良好的社会风气下，在人民有理想、国家有希望的发展大潮流下，文化市场虽然会存在一些害群之马，但是其活力的释放能够在很大程度上推动精品文化产品的发展。

不过，国有文化企业和文化事业单位对于社会风气的引导并不能完全杜绝低俗文化产品的出现，因此，要想促进文化市场有序发展，就必须将文化市场的发展放到制度的笼子里，通过"硬约束"和"软约束"同时对文化市场的发展进行监管。所谓"软约束"，就是引入专家批评机制，形成关于文化现象的公开论坛，在文化领域专家的主持下，鼓励公众参与文化现象的讨论和批评，同时对文化政策的制定和落实提出意见，从而动用社会舆论的约束力量，规范文化市场的发展。而所谓"硬约束"，就是建立和完善文化市场监管法，以法律作为市场发展的保障线，完善文化市场的退出机制，对于文化企业的监管要日常化，而一旦发现违规操作，就要立刻进行进一步审查，并且明确规定对于触犯不同法律条文的企业应当采取产品下架、企业查封或者追究相关人员民事、刑事责任的具体条例。当然，随着《网络安全法》《电影产业促进法》《公共文化服务保障法》等一系列规范文化市场发展的法律的出台，文化市场的发展在很大程度上已经得到了有序的监管，但是目前我国文化市场监管领域仍存在着监管不全面、紧急事件反应机制不健全等问题。从近年来对于文化企业的监管也可以看到，对文化企业，尤其是对于企业领导人员以及部分娱乐企业中的明星的监管审查仍然没有体系化，很多违法违规的行为都是通过匿名检举而得到重视，监管系统的定期审查并没有起到应有的监管作用。因此，如何以文化市场各个领域监管法律的完善推动监管系统的系统化发展，是文化市场进一步繁荣的重要制度保障。

（2）要注意中国文化市场的发展和中国发展的整体战略相契合。

作为人口大国，中国具有广阔的文化市场，具有不同层次的文化需求阶层，因此，中国的文化市场是各国文化企业和文化娱乐集团的必争之地。而面对强势来袭的世界文化企业和文化潮流的冲击，我国应当对国际上的先进文化成果进行吸收，鼓励文化企业引进有利于我国文化发展的人才、技术、经营管理经验，并在引进人才的待遇上给予政策和资金支持。而在促进国内文化企业进行发展的同时，我国还要促进文化企业走出去，要推动文化企业跨地区、跨行业、跨所有制兼并重组，提高文化产业规模化、集约化、专业化水平。中华民族伟大复兴的实现离不开世界对中国的理解和支持，而中国文化获得支持最好的途径就是通过让中国的文化企业走出去，让世界人民了解中国文化发展、感受中国文化魅力、认同中国发展理念，从而真正地树立中国的文化自信。因此，要促进国际化文化企业的培育，支持重点文化媒体和优势文化企业面向国际化发展。同时，还应当鼓励社会组织、中资机构等参与孔子学院和海外文化中心建设，承担人文交流项目。

实际上，文化事业的发展体现的正是思想的解放和发展。随着改革开放的不断深化，中国的国家治理理念也在不断发展，随之而来的是市场和政府的分工的不断变化。而在这一大背景下，文化体制改革领域同样体现了简政放权的国家治理理念，文化事业的发展逐步由行政指令垄断，演变为国家在具有意识形态性的文化事业当中起到主导作用，而在非意识形态性的文化事业的发展中，国家和国有文化资产应起到引导的职能，释放市场活力，增加文化市场的服务质量和服务种类。以文化体制改革促进文化事业发展的下一目标就是推动中国的文化企业走向世界，使得中国从文化输入的大国逐渐演变为文化输出的大国。通过中国的文化企业走向世界，世界人民将进一步了解中国这一文明大国的历史与底蕴、理念与发展，这不仅有助于中国在世界舞台中真正树立文化自信，更有助于让世界理解中国的发展理念，为世界发展贡献中国方案。

（三）
以创新创意引领文化产业转型升级

文化创意产业在全球各发达国家都占据着重要地位，而在各国政府的大力扶植下，文创企业对其国内经济、文化等多方面的发展也做出了显著的贡献：丹麦通过政府采购和基金投入等顶层设计，促进产业文创增值模式快速成长；英国则通过系统规划创意城市发展与区域创意产业集聚，使得文化创意文化产业集约式增长，而早在2000年，文化创意产业已经成为英国国内第二大产业，约占GDP的8%；德国的文化产业主要以自由职业者或者自营业者经营为主，针对这一情况德国政府出台了推动中小文化创意企业创新发展的扶植政策；美国则为文创企业创造了以版权产业为核心的良好产业发展环境；韩国由于国内市场狭窄，则推动了以海外市场为目标的文创企业发展支持策略。国际经验启示我们，全球化背景下文化创意产业已经成为一国文化产业转型升级、走向世界的重要推动力。

近年来，在"创新驱动发展"的国家发展战略大背景下，我国文化创意领域也已经呈现了百花齐放的盛景，人民的文化创造思维正在不断地被激活，中国悠久的历史底蕴正在重新被唤醒，中国具有的广阔的文化市场正在被不断发掘。从2013年到2017年，中国文化产业增加值占GDP的比重不断上升,从3.63%上涨至4.20%,创意设计服务在文化及相关产业中的占比也从17.2%上涨至19%。但需要正视的是,虽然中国的文化创意产业已经获得了长足的进步,但是,相比于发达国家,仍存在着文化需求的文化产品太少,产品分布不均衡,作品多而不精的问题。以电影业为例,从2011年到2016年,我国年均生产约850部影片,然而从观众的反应上来看,每年获得认可的电影不超过20部,而大量粗制滥造的影片甚至连上映机会都没有。同样,在网络文学、游戏动漫等内容领域也存在这一问题。网络文学近年来获得了很大进步,目前全国网络签约作者已超过300万人,形成了标准化的流水线生产模式,文学网站日更新1.5亿字。但是,网络文学之中缺少精品,体量大而IP少,内容模式化、同质化严重,同时存在大量抄袭、剽窃、涉及色情暴力情节等问题,创新较少且文化品位亟待提升。而我国文化产业质量较低、竞争力较差的根本原因,就在于创新驱动力不足。正如习近平总书记在2014年的文艺工作座谈会上的讲话中所指出的:"文艺创作是观念和手段相结合、内容和形式相融合的深度创新,是各种艺术要素和技术要素的集成,是胸怀和创意的对接。要把创新精神贯穿文艺创作生产全过程,增强文艺原创能力。"[1]文化创新要在吸收中国优秀的文化传统的基础上进行内容的创新,并结合互联网科技等新手段实现传播形式的创新,最后再加上制度层面的保障才能够真正落地。因此,当前我国文化产业的改革,需要从"文化+"和

---

[1] 习近平:《在文艺工作座谈会上的讲话》,北京:人民出版社,2015年版,第11页。

"互联网+"的创新理念入手,并结合"万众创新"的政策推动,才有望实现产业的全面升级。

1 以"文化+"激活文化资源

中国5000年灿烂的历史留下了无数文化瑰宝,在其发展过程中,既形成了底蕴深厚的优秀传统文化,也留下了不惧艰险、艰苦奋斗的革命文化,而在改革开放以来的不断探索中,更是形成了具有中国特色的社会主义先进文化。但长期以来,我国优秀的文化传统并没有很好地融入文化产业的发展中去,大多停留在理论研究、文化探讨、艺术创作等层面。这种学术化的研究方式虽然深化了我们对中国优秀文化传统的理性认识和核心价值判断,却使得其难以在公众之中有效进行传播,而这同样是传统的文化产业发展遇到的困难——缺少文化内涵的文化产品,在市场上始终缺乏竞争力;而试图将中国优秀的文化传统融入其中,则往往会陷入阳春白雪、曲高和寡的困境之中。

因此,要想真正将"文化+"的理念融入文化产业的发展,一方面应当通过深入挖掘中国文化的内涵,增加文化产品的内在竞争力;另一方面,应当发掘优秀文化传统的大众化表达形式,从而增加文化产品对公众的吸引力;同时,在经济全球化的时代背景下,还要通过中国文化与世界文化的沟通、融合来促进文化产业的国际化。

首先,文化内涵是文化创意产品最核心的竞争力。观察一些文化大国，例如日本、韩国、英国、美国等国家，可以发现这些国家之所以能够成为强大的文化输出国，是因为其文化产品之中无不包含着本国优秀的文化传统。例如，日本的动漫产业无论从体量还是影响范围来说都位列世界前沿，而在日本的动漫产品之中，既包含着日本传统的神话、风俗、信念和价值观，也包含了现代化的日本文化理念，如"御宅文化""极简主义"等；美国的影视作品更是在各个国家都十分畅销，而在这些影视作品中，往往都充斥着"美国精神"，充满了对自由、对个人主义的崇拜。美国依托于庞大的电影工业、强悍且持续的电视内容制作能力在全球文化创意产业中独占43%的市场份额，整个欧洲紧随其后占34%，而如果不计算日本和韩国，中国和亚洲其他国家及地区合起来只占该产业的4%。这些文化强国文化产业的发展，都建立在本国优秀的文化传统之上，而中国的文化要想在世界市场上获得真正的竞争力，就必须明晰其文化内涵。中国文化传统是以儒家文化为主脉的，而儒家传统可以概括为"贵和持中"。一方面，儒家文化将"中庸"视为道德评判的最高标准。孔子的中庸思想就是反对"过"和"不及"，即反对偏见和偏执，主张在事物的两端之中保持适度的平衡。实际上，中庸思想本质上就是强调超越极端、超越两级对立的一种思想，不论是对外的实践，还是对内的自省，都要求在情感和理智之中保持张力，从而达到身心和谐的状态。而儒家文化的另一个内核，则表现在对于"和"的追求之上。"和"的思维体现在各个方面，既是一种"刚柔相济""阴阳互补"的辩证思维方法，又是一种"天人合一"，要求人因循自然节律变化，追求天人合一的自然观，更是一种"君子和而不同"，强调兼容并包、美美与共的交往方式。因此，中国文化从本质上讲是一种开放的、包容的文化，在中国文化产业的发展中，这一鲜明的文化内涵必须得到明确。

其次，传播方式的多样化和表达方式的大众化是传统文化产业摆脱"曲高和寡"困境的重要途径。仅仅对中国优秀的文化传统进行挖掘、明晰其内涵，还不能完成由传统文化产业向创新创意类文化产业转变升级的过程，而说到将中国优秀文化传统进行鲜活的表达，就不得不提到依托于故宫博物院的文创产品的发展。首先，在文化周边产品上，故宫博物院取材故宫精品藏品，制作了"萌萌哒"故宫御猫、戴墨镜的乾隆、比着剪刀手的雍正、花式朝珠耳机等周边产品，故宫淘宝店和天猫旗舰店里各种文创产品被网友盛赞，仅2017年一年，故宫文创产品的销售额就达到15亿元人民币。同时，故宫还将文创产品发展的目光投向了电影和电视产业——从电影《我在故宫修文物》到综艺《国家宝藏》《上新了，故宫》，都让故宫这一拥有海量价值的文化IP焕发新的生机。而在故宫文创产品大卖的背后，一方面是严谨的开发流程。故宫一款文创产品平均的设计周期是半年，并且审核严格，细到包装盒上一小段文案、花纹都有可能经过多次修改。而另一方面则是故宫博物院鲜活的设计理念，使得这些文创真正跟民众的生活建立起密切联系，让故宫文化"活"在了当下。而故宫文创产业的热卖，向中国传统文化产业展示了一条将文化内涵生活化的转型升级的可行之路。

而针对不同的文化领域，总体上来说文化内涵表达大众化的途径主要包括以下几类：第一，文化创意和工业产业发展相结合。要积极探索产业发展新业态，将文化和创意元素融入工业设计、装备制造产业，从而推动工匠精神的发展，实现产品从"制造"到"智造"的转变。第二，运用传统节庆、文化遗产与城市纪念日等文化资源创造文化活动发展体验经济，将一些保留较为完整的传统历史文化建筑、文化节庆活动的地区逐渐转型为具有生产、生活、生态功能的观光休闲产业，为文化创意提供生产、消费的平台。第三，将蕴含我国传统特色的文化或生活方式整合运用于手工业、工业、农业、文化、生态等资源，开发有特色的产品和服务，配合文化观光旅游，推动传统产业向精细化服务业转型。

再次，要注意在中外文化的碰撞和融合中，使得中国文化产业焕发新的生机。文化本身正是在冲突与融合之中进步的，因此，文化创意产业的发展不能闭关自守。"一带一路"倡议涉及沿线国家超过44亿人口，经济总量达到21万亿美元，而借助于"一带一路"，中国在和沿线国家进行经济、贸易往来的同时也必然会带来文化上的交流和进一步的文化融合，这也为我国文化产业的发展提供了广袤的空间。在交往中，我国文化创意行业应丰富文化创意的理念层次，在传播中国文化内核的同时注重同本土文化以及当地群众对于文化产品的需求进行融合，从而满足沿线44亿人口的文化产品需求，并借此机会逐步打开海外市场。而针对"一带一路"沿线国家文化产业发展程度的不同，文化创意产业在沿线各国的发展力度也应当有所不同。拥有文化创意产业上市公司的"一带一路"沿线国家和地区按地理区域可以分别归属为东亚、南亚、东南亚、西亚、东欧、中欧、南欧等不同区域，其中南亚、东欧、南欧等国家中，文创上市企业数量不超过30家，且没有领头国家，区域内各个国家普遍还有很大提升空间，是中国文创企业进入的首选。西亚及中欧区域整体文化产业发展较不发达，但存在个别国家和地区上市公司数量较高，文化创意产业发展较成熟的现象，因此可以作为中国文化企业进军的第二选择。东亚和东南亚地区在文化创意产业上市公司数量上遥遥领先于其他地区，产业链较为成熟，因而我国文化创意产业在东亚地区的发展需要进行充分调查之后再展开。但总体来看，"一带一路"沿线国家和地区间发展极不均衡，大多数"一带一路"沿线国家和地区的文化创意产业发展仍有很大提升空间。在同这些国家进行经济贸易交往的同时，中国的文化创意企业应抓住机会，将文化融合的成果及时转换成文化创意产业链。

因此，文化创意产业的内核就在于文化内涵的挖掘和表达方式的生动化、生活化，而在此基础上，还要不断推动中国文化和世界文化之间的融合，从而推动中国文化产业面向世界市场进行转型升级。

2 以"互联网+"增加附加价值

在信息化高度发展的今天，互联网技术的迅速发展推动人类社会快速进入"互联网+"的时代，人们的衣食住行逐渐都和互联网的发展紧密地结合在了一起。而正如习近平总书记指出的："我们要大力发展科技事业，通过科技进步和创新，认识自我，认识世界，改造社会，使人们在持续的天工开物中更好掌握科技知识和技能，让科技为人类造福。我们要大力推动文化事业发展，通过文化交流，沟通心灵，开阔眼界，增进共识，让人们在持续的以文化人中提升素养，让文化为人类进步助力。"①在这样一个互联网时代，文化创意产业的发展必然离不开科技的带动，文化创意和互联网的结合，不仅能够加快传统文化产业向文化创意类产业转型，激活传统文化产业的内在活力，还有助于形成完整的产业链，增加文化产品的附加价值。

首先，以互联网为媒介，文化产业将获得更广阔的市场。和传统文化传播方式，如图书、影视节目等方式相比，数字文化产业化具有便捷化、便利化、个性化、差异化等消费特点，因而在青年一代之中更受欢迎，而借助于"互联网+"的模式，各种传统的文化产业也有望重新恢复生机。同时，互联网本身巨大的用户市场也为文化产业的发展提供了更为广阔的空间。《中国互联网络发展状况统计报告》显示，截至2018年6月30日，我国网民规模已经达到了8.02亿，互联网普及率为57.7%，超过半数的国民在使用互联网，而随着传播快、影响大、覆盖广、社会动员能力强的社交网络以及即时通信工具用户的快速增长，依托于互联网的动漫游戏产业、网络文学产业、网络音乐产业、网络视频产业等文化产业也必将越来越融入人民的日常生活

---

① 习近平：《出席第三届核安全峰会并访问欧洲四国和联合国教科文组织总部、欧盟总部时的演讲》，北京：人民出版社，2014年版，第16页。

中。同时，随着互联网技术的不断发展，一方面，国家与国家之间文化的壁垒在不断减小，另一方面一国对于国外文化产品的需求也在不断增加。数字文化产业提高了中国文化产品的传播力度和亲和力，而进一步地走向国际市场，则要求文化资产的发展聚焦于文化轻资产，也就是聚焦于文化精品。

其次，互联网的介入除了能够帮助文化产业拓宽市场外，也有助于增加文化产品的附加价值，促进文化产业链的形成。互联网技术的应用使得文化产品的提供者和消费者之间的距离拉近了，进而使得文化产品的提供者能够及时针对消费者的需求对产品进行改良，同时还能够从一个文化产品、一个创意开始进行研发，发展包括线上线下、虚拟实体文化产品在内的文化产业链。例如，在2015年热播的电视剧《花千骨》正是阅文集团成功推出的网络小说产业化的代表作。《花千骨》是该集团旗下作家的一个网络作品，而通过成功的影视化和游戏化，《花千骨》已经被打造成一个现象级的文化作品。《花千骨》电视剧为湖南台带来净利润1.2亿元，而《花千骨》游戏在一个月内就收益2亿元。阅文集团旗下有500万名作者，凭借IP泛娱乐开发，该集团不断提升作家作品的附加值，创造了完整的产业链。目前，我国已经有相当一部分企业借助于互联网技术而形成了完整的产业链，例如百度、阿里巴巴、腾讯等，借助于互联网媒介成了大型平台企业，通过广告、网络游戏和电子商务模式等创造收入和价值，盈利模式日渐清晰。但与此同时，大部分企业规模较小，没有完整产业链，然而这些小微企业也具有自己所专长的领域，会发挥"小而精"的优势围绕在平台企业周围，形成网络化的生产组织体系和生态化的产业系统。因此，完整的产业链的形成，有赖于统筹大型文化企业和小微企业之间的协调发展以及线上线下资源的共同整合，从而打造文化产业的生态共生系统。

最后，数字技术的溢出效应使得文化产业不仅仅能够和互联网产业相融合，还推动了文化产业同其他产业和部门之间的融合，促进其他产业的升级和转型。第一，"互联网+"和"文化+"应当同实体制造业相结合，以提升实体制造业产品的附加价值，增强其在市场中的不可替代性，从而增强议价能力。一方面，在"文化+"的引导下，实体制造业的产品不仅能够在外观上进行改良，在对于消费者的服务宗旨上也能够得到不断发展；而另一方面，互联网技术的发展同文化创造相结合，将全新体验的人文享受带给消费者，提升了民众生活品质，体现了"中国智造"的能力，提升了"中国创造"的国际竞争力，进而促进了中国经济形态的高端化、高级化。第二，在"互联网+"的背景下，文化产业的发展还应当不断同最前沿的技术相融合。在产业布局方面，应加快虚拟现实、交互娱乐引擎开发、文化资源数字化处理等核心技术的突破，开拓超感影院、混合现实娱乐等消费新领域，积极研究、应对人工智能、物联网、5G网络等前沿科技对文化产业带来的变化和机遇，通过文化产业和高校以及各大研究所的积极合作，实现产业之间的融合和互相推动。

在互联网技术和文化创意融合的背景下，文化产业的发展不仅能够拓宽市场，实现文化载体的多样化和文化业态的多样化，还能够实现产业结构的转型、促进产业链的完善。这不仅体现在随着数字技术和文化产业的融合，文化产业将逐渐从封闭式、小而全的小生产格局，转为社会化大生产，不断提升专业化、集约化程度，同时，文化产业的生机和活力也将逐渐渗透到其他领域之中，通过和制造业、旅游业、建筑设计业、信息业、包装业以及体育、教育相融合，使得产业价值链不断延伸，同时也使得中国的文化产业同实体制造业一起发展为一个能够创造大量就业的产业群。

但是，目前我国数字文化产品的发展仍存在诸多问题，这主要表现为：

其一，缺少真正的创意产品，很多网剧和视频、综艺类产品都存在着对国外文化产品一定程度的抄袭，而缺乏创意的文化产品注定难以走向国际市场。

其二，目前数字文化产品的质量参差不齐。进一步的拓展市场要求在数字文化产业的政府监管和企业管理模式上都进行进一步的改进，促进"匠人精神"在数字文化产业中的形成。

其三，我国和发达国家在数字技术方面也有不小的差距。除了由于我国文化产业起步较晚，从而在文化创意方面有所差距外，如何兼顾文化产品的创造性和科技含量，是我国文化产业走向世界所必须克服的障碍。在西方宣传的经济发展模式下，各个国家只需要遵循"比较优势"，即通过输出自己比较擅长制作、具有优势的商品，就能够获得经济增长，而中国的比较优势就在于人口优势，能够提供廉价的劳动力，所以以往我国发展的模式都是通过对外输出低端制造业产品，成为各个国家的代工厂来实现国际分工。但是，要想在国际分工中真正占据优势地位，就必须摆脱"比较优势"的错误思维，通过集中力量发展"科技比优势"，才能获得高附加值，促进中国产业结构的整体升级，从"中国制造"逐步发展为"中国智造"。

因此，进一步促进文化产业和互联网技术融合，需要我们在保有审美眼光和文化情怀的前提下，积极探索多种形式的商业模式。而随着互联网技术的不断发展以及互联网的普及程度不断增加，如何能够在提升线上流量的同时提升消费者的线下体验，是新的商业模式探索的基本方向。这里要注意的是，随着互联网流量的不断扩大，互联网文化产品注重于迎合消费者而缺乏优质文化内容的现象会逐渐明显。如何促进数字文化产业回到文化产业的核心，即促进主流价值观的形成，就成了文化企业和政府共同努力才能够完成的事情。而促进文化价值的融入，需要政府的强势引导和审美规制，也需要文化企业将投资目光放长远，专注于技术的发展和文化的积累，寻找真正的增长点和痛点，而不是将目光投放于短期盈利，这样只会带来技术的无序和资本的狂舞。只有政府补齐了市场盲目、短视的短板，对企业进行正确的引导和适当的规制，才能够促进互联网技术和文化产业真正融合、健康发展。

3 以"万众创新"提供发展动力

在2015年的政府工作报告中，"大众创业、万众创新"首次被纳入了国家战略。这份政府工作报告论述创新创业文化时，强调要"让人们在创造财富的过程中，更好地实现精神追求和自身价值"，这一观点的核心直指"文化创意产业"在创造经济价值的同时实现人的精神价值的双重诉求。而文化创意产业的发展过程就是思想解放的过程，也是创造力解放的过程，其发展的活力之源就是"万众创新"。因此，不论是从政策的制定理念上，还是文化创意产业发展的内在动力上分析，在文化风气良好的社会中，只有充分释放人民群众的文化创造力，才能够真正满足人民日益增长的美好生活的需要。

文化创意产业是一种以创造力为核心的新兴产业，在本质上，它是强调一种主体文化或文化因素通过技术、创意和产业化的方式开发、营销知识产权的行业。文化创意产业的发展往往依赖于创意的相互刺激以及完整的产业链增加其文化附加价值，因此，文化创意产业需要集群式的发展模式。在国外的发展经验中，普遍都建立了文创产业的孵化器和产业园区。而除了这两者，我国特别提出了"众创空间"这一新型孵化器的概念，有效利用国家自主创新示范区、国家高新区、大学科技园和高校、科研院所的有利条件，盘活政策工具、仪器设备、闲置厂房等资源，进一步降低创业成本和门槛，因此，相比于国外采取的"孵化器"的产业模式，"众创空间"利用了原有设备和技术，进一步节约了成本。在2016年颁布的《关于加快众创空间发展服务实体经济转型升级的指导意见》（国办发〔2016〕7号）中，对"众创空间"的场地使用、运营成本作了较具体要求，同时还规定了相关的办公服务、金融服务、政策服务、知识产权服务等，力求做到"低成本、便利化"。"众创空间"及其配套实施的进一步发展完善，必将推动文化创意产业产生井喷式的发展。

文化创意产业不仅仅需要生产的空间和场地，由于其本质上是创意在现代化产业链中的发挥，要想使得文化创意产业获得持久的发展，就必须加快文化创意的产权保护。以美国为例，美国政府不仅早在1976年就修订了联邦著作权法，民间企业对于版权也十分注重，历史上版权企业曾联合推动了多项知识产权的保护谈判。美国的国际知识产权联盟就是美国版权产业的民间组织，该联盟成员有1900多家企业，这一民间组织承担了每年向美国贸易代表提交《特别301条款的审查》，审查是否有任何国家的行为、政策或做法违反了知识产权的保护及对美国存在不公正的市场准入条件的任务，同时还推动美国加入《伯尔尼公约》，推动美国知识产权保护的国际化进程；参加区域和双边自由贸易协定的谈判，这些协议可强制主要贸易伙伴执行版权法、加强版权执法程序，有助于美国版权产业在国外市场的公平竞争。可以看到，美国的知识产权体系发展得相当完善，是一个包含政府立法和民间反馈推动的完整的、能够及时发展的司法体系。而美国对于产权的保护也获得了丰厚的回报——2017年美国核心版权产业增加值12356万亿美元，占GDP的6.88%，整体版权产业增加值2.1万亿美元，占GDP的11%以上，是无可争议的美国支柱产业。①

相比于发达国家，我国不仅文化产业以及产权保护的相关法律存

---

① International Intellectual Property Alliance. Copyright Industries in the U.S. Economy：The 2016 Report[EB/OL].（2016-11-18）[2017-12-10].

在数量不足、内容不完善、法律层次较低等问题，同时，在我国文化产业发展的历史上，民间对于文化产品的产权意识也一直比较薄弱，盗版产品的猖獗一直是阻碍文化产业发展的重大障碍。因此，一方面，对内应当借鉴发达国家的发展经验，完善我国的文化创意产品的产权保护法律，成立专门的文化产业版权管理和服务机构。针对目前民间的产权保护意识薄弱的情况，政府不仅应当向文化企业提供版权保护的专业咨询服务，还要在群众中积极传播产权保护的重要性。而由于在互联网的传播媒介下，文化创意产品的产权格外难以获得保障，因此在立法时应突出网络环境下有关网络图书、文案创意、影视媒体的创意产权立法。另一方面，还应在海外加强对我国文化创意产品的产权保护。在国际上，我国应当积极加入、推动有利于我国文化创意产业发展的国际条约，同时开展同世界各国的版权保护合作，从而减少我国文化产品的市场非法流通问题。

促进万众创新的另一个重要的制度保障就是降低文化创意类行业的行业门槛。在过去的体制下，我国文化产品大多由文化事业单位承建，文化企业创立门槛高、同时文化领域从业人员的标准也存在着一定的不合理规定，而要想以"万众创新"推动文化创意类企业的发展，很重要的一个步骤就是降低文化创意类产业的准入门槛。在前文已经论述了降低文化市场入门门槛的总体战略，即从意识形态性弱的行业到意识形态性强的行业逐步改革，而不应当在短期内实施全面化的改革，而在这里，针对创新创意类的文化产品如何降低行业门槛将进行进一步的研究和论述。首先，对于文化创意类产品准入门槛，国家制定了相关规定，地方政府无权更改。这些规定针对于两大类文化市场，一是传统的新闻出版、文化艺术领域，国家目前有包括《出版管理条例》《音像制品管理条例》《印刷业管理条例》《广播电视管理条例》《电影管理条例》《互联网视听节目服务管理规定》《营业性演出管理条例》《营业性演出管理条例实施细则》等二十余条行政许可；二是互联网文化、娱乐文化等不仅涉及居民消费，更关乎信息安全等问题的文化产业，对此国家则制定了更为严格的《娱乐场所管理办法》《互联网上网服务营业场所管理条例》《互联网文化管理暂行规定》《网络游戏管理暂行办法》等准入许可前置条件。而在《中共中央关于全面深化改革若干重大问题的决定》出台后，各级地方政府相继出台了相关政策。以北京市这一全国文化、政治中心的改革为例。在《中共中央关于全面深化改革若干重大问题的决定》出台后，2006年，北京市政府出台了《北京市文化创意产业投资指导目录》，这是全国最早的一批文化产业领域投资的指导文件，而在2016年，北京市发改委又对其进行修改，制定了《北京市文化创意产业发展指导目录（2016年版）》。该修改后的目录以北京市文化创意产业重点发展的文艺演出、出版发行和版权贸易、影视节目制作和交易、动漫和网络游戏研发制作、广告会展、古玩艺术品交易、设计创意、文化旅游等八个行业为重点，将其投资准入程度分为鼓励类、限制类和禁止类三项。鼓励类优先享受文化创意产业相关优惠政策；限制类业态在限定区域内或限定条件下不享受文化创意产业相关优惠政策，在限定区域和限定条件之外且符合首都功能定位的，可享受文化创意产业相关优惠政策；禁止类产业不享受文化创意产业相关优惠政策。可以看到的是，北京市在降低文化创意类行业的准入门槛上做出了很大的改进。

但是从全国来看，仍然存在着以下问题：第一，国家对于全国的文化创意类行业准入门槛的要求在实际的操作中有着很多僵硬、不合理的地方。第二，近年来，在"简政放权"理念的指导下，政府对行业准入的政策导向已经由"哪些能够做"的行政许可模式向"哪些不能做"的负面清单模式过渡，在这一背景下，一些省市区的文化政策显然使得文化产业的准入机制发展落后于其他领域。因此，在下一步的改革中，中央政府如何给予地方政府以更大的自主权，并积极引导地方政府开始引进"负面清单"的政策制定模式，成了亟待解决的问题。

因此，尽管我国在以"万众创新"推动文化创意产业发展的过程中，对于产权保护、降低准入门槛、规范行业秩序等方面已经做出了很大的努力，但是和发达国家相比，还有很大的差距。下一步的改革需要在国家"简政放权"的治理理念下，一方面学习发达国家对文化创意市场的激励机制，另一方面发挥政府的力量，提供有力的制度保障，从而真正实现文化创意产业的万众创新、蓬勃发展。

可以看到，文化产业是一个特殊的行业，其发展不仅仅依托于先进的科技、完善的制度、健全的产权法律保护，还承载了一个国家、一代人的审美和文化情怀；其不仅是经济发展的重要组成部分，还是国民树立文化自信的现实载体。因此，文化产业同其他产业既有相似的地方，也有着特殊之处。一方面，文化产业同其他一切产业相同，都需要发挥市场的活力，激活效率、提升竞争力；但另一方面，政府对于文化产业的发展要投以格外的关注，要规范文化产业的价值导向，帮助其确立正确的价值观、挖掘文化内涵，从而在释放文化企业活力的同时，完成文化企业传播正确价值观、帮助国民树立文化自信的根本任务。

主要参考文献

（一）中文著作

[1] 《马克思恩格斯文集》（第1-10卷）［M］.北京：人民出版社，2009.

[2] 《马克思恩格斯全集》（第7卷）［M］.北京：人民出版社，1959.

[3] 《马克思恩格斯全集》（第30卷）［M］.北京：人民出版社，1995.

[4] 《列宁选集》（第1卷）［M］.北京：人民出版社，1972.

[5] 《毛泽东选集》（第1-4卷）［M］.北京：人民出版社，1991.

[6] 《毛泽东文集》（第5卷）［M］.北京：人民出版社，1996.

[7] 《毛泽东文集》（第7卷）［M］.北京：人民出版社，1999.

[8] 中共中央文献研究室编：《毛泽东年谱》（一九四九——一九七六）（第5卷）［M］.北京：中央文献出版社，2013.

[9] 《邓小平文选》（第1-3卷）［M］.北京：人民出版社，1993.

[10] 《习近平谈治国理政》［M］.北京：外文出版社，2016.

[11] 《习近平谈治国理政》（第2卷）［M］.北京：外文出版社，2017.

[12] 习近平：《在庆祝中国共产党成立95周年大会上的讲话》［M］.北京：人民出版社，2016.

[13] 习近平：《决胜全面建成小康社会 夺取新时代中国特色社会主义伟大胜利》［M］.北京：人民出版社，2017.

[14] 中共中央中宣部：《习近平总书记系列重要讲话读本》［M］.北京：人民出版社，2016.

[15] 中共中央文献研究室：《习近平关于社会主义文化建设论述摘编》［M］.北京：中央文献出版社，2014.

[16] 中共中央文献研究室：《十一届三中全会以来党的历次全国代表大会中央全会重要文件选编》（上）［G］.北京：中央文献出版社，1997.

[17] 梁启超：《梁启超论中国文化史》[M].北京：商务印书馆，2012.

[18] 鲁迅：《鲁迅全集》（第6卷）[M].北京：人民文学出版社，2015.

[19] 冯友兰：《中国哲学简史》[M].北京：北京大学出版社，2013.

[20] 张君劢：《明日之中国文化》[M].济南：山东人民出版社，1998.

[21] 钱穆：《中国文化史导论》[M].台北：中正书局，1951.

[22] 梁漱溟：《东西文化及其哲学》[M].北京：商务印书馆，1999.

[23] 费孝通：《乡土中国》[M].上海：上海人民出版社，2013.

[24] 朱谦之：《文化哲学》[M].北京：商务印书馆，1990.

[25] 张岱年，方克立主编：《中国文化概论》[M].北京：北京师范大学出版社，2004.

[26] 张岱年：《中国文化与文化争论》[M].北京：中国人民大学出版社，1990.

[27] 楼宇烈：《中国文化的根本精神》[M].北京：中华书局，2016.

[28] 汤一介：《新轴心时代与中国文化的建构》[M].南昌：江西人民出版社，2007.

[29] 庞朴：《文化的民族性与时代性》[M].北京：中国和平出版社，1988.

[30] 费孝通：《文化和文化自觉》，北京：群言出版社，2016.

[31] 李泽厚：《中国现代思想史论》[M].北京：生活·读书·新知三联书店，2011.

[32] 陈来：《传统与现代》[M].北京：生活·读书·新知三联书店，2009.

[33] 陈来：《中华文明的核心价值观》[M].北京：生活·读书·新知三联书店，2015.

[34] 陈序经：《中国文化的出路》[M].北京：中国人民大学出版社，2004.

[35] 胡绳：《从鸦片战争到五四运动》[M].北京：人民出版社，1997.

[36] 王蒙：《王蒙谈文化自信》[M].北京：人民出版社，2017.

[37] 冯天瑜等：《中国文化史》[M].北京：高等教育出版社，2005.

[38] 曾仕强：《中华文化自信》，北京：中央编译出版社，2016.

[39] 邵汉明：《中国文化精神》[M].北京：商务印书馆，2000.

[40] 《学习时报》编辑部：《落日的辉煌——17、18世纪全球变局中的"康乾盛世"》[M].北京：中共中央党校出版社，2001.

[41] 许全兴：《毛泽东与孔夫子》[M].北京：人民出版社，2003.

[42] 许全兴：《毛泽东晚年的社会主义探索与试验》[M].昆明：云南人民出版社，2004.

[43] 陈松编：《五四前后东西文化问题论战文选》[M].北京：中国社会科学出版社，1985.

[44] 陈先达：《文化自信与中华民族的伟大复兴》[M].北京：人民出版社，2017.

[45] 陈先达：《文化自信——做理想信念坚定的中国人》[M].长春：吉林人民出版社，2017.

[46] 徐伟新：《社会主义社会发展动力观》[M].北京：中国社会科学出版社，1991.

[47] 衣俊卿、胡长栓：《马克思主义文化理论研究》[M].北京：北京师范大学出版社，2012.

[48] 杨信礼等：《中国特色社会主义核心价值体系研究》[M].北京：中共中央党校出版社，2014.

[49] 孙成武：《中国共产党文化建设史论》[M].北京：人民出版社，2013.

[50] 周熙明：《中央党校学员关注的文化问题》[M].北京：中共中央党校出版社，2010.

[51] 贺培育：《制度学：走向理性与文明的必然审视》，长沙：湖南人民出版社，2004.

（二）外文译著

[1] ［英］塞缪尔·斯迈尔斯：《品格的力量》，北京：北京图书馆出版社，1999.

[2] ［英］罗伯特·罗素：《中国问题》，秦悦译，上海：学林出版社，1996.

[3] ［美］尼克松：《真正的和平》，北京：世界知识出版社，1984.

[4] ［美］伊恩·罗伯逊：《社会学》，北京：商务印书馆，1994.

[5] ［德］马克斯·韦伯：《新教伦理与资本主义精神》，于晓，陈维刚译，北京：生活·读书·新知三联书店，1987.

[6] ［美］布莱特利·沃马克，詹姆斯·R.汤森：《中国政治》，董方，顾速译，南京：江苏人民出版社，2010.

[7] ［匈］卢卡奇：《历史与阶级意识》，北京：商务印书馆，1992.

[8] ［法］蒲鲁东：《什么是所有权》，北京：商务印书馆，1963.

[9] ［美］约瑟夫·奈：《美国定能领导世界吗？》，何小东，盖玉云译，北京：军事译文出版社，1992.

[10] ［美］塞缪尔·亨廷顿：《文明的冲突与世界秩序的重建》，北京：新华出版社，1998.

[11] ［美］汉斯·摩根索：《国际纵横策论》，上海：上海译文出版社，1995.

[12] ［美］汉斯·摩根索：《国家间政治——为寻求权力与和平的斗争》，杨歧鸣等译，北京：商务印书馆，1993.

[13] 乔舒亚·库珀·雷默等：《中国形象：外国学者眼里的中国》，沈晓雷等译，北京：社会科学文献出版社，2006.

[14] 米歇尔·福柯：《知识考古学》，谢强，马月译，北京：生活·读书·新知三联书店，2003.

[15] ［英］汤林森：《文化帝国主义》，冯建三译，上海：上海人民出版社，1999.

[16] ［美］约瑟夫·奈：《软力量：世界政坛成功之道——哈佛大师系列》，吴晓辉，钱程译，北京：东方出版社，2005.

[17] ［美］恩伯：《文化的变异——现代文化人类学通论》，沈阳：辽宁人民出版社，1988.

后 记

本书是我主持的北京市中国特色社会主义理论体系研究中心2017年度重大项目暨北京市社会科学基金重大项目《中国特色社会主义文化自信研究》（项目编号：17ZDAL01）、清华大学自主科研计划《文化自信与中华文化繁荣兴盛》（项目编号：20185080023）的结题成果。

在本项目的开题论证会上，中国人民大学哲学院马俊峰教授、中共中央党校韩庆祥教授、北京市社科规划办主任崔新建教授、北京市社科联李翠玲副主席、《教学与研究》杂志社孔伟编审、清华大学马克思主义学院肖贵清教授、刘敬东教授等专家学者从不同角度对课题的研究开展提出了很好的建议。这对于之后课题的顺利开展具有重要帮助，在这里谨致以诚挚的谢意！

感谢参与此项目研究的团队各位成员的大力配合，使本课题及其书稿能够如期完成，他们分别是中共中央党校哲学教研部的王纵横博士，清华大学访问学者、烟台大学马克思主义学院副院长王毅副教授，清华大学马克思主义学院博士后张九童博士、张梅艳博士，清华大学马克思主义学院博士研究生沈丹丹、田书为、郑宇博；另外，中国社会科学院乔瑞华博士、北京市委党校杨晓曦博士也参与了课题前期的讨论与相关工作。

本书的顺利出版，还与中国青年出版社王瑞先生的大力支持分不开。在此致以衷心的谢忱！

邹广文
2020年春节于京北寓所

图书在版编目（CIP）数据

当代中国文化自信研究论纲/邹广文等著. — 北京：中国青年出版社，2020.11

ISBN 978-7-5153-6218-2

Ⅰ.①当… Ⅱ.①邹… Ⅲ.①中国特色社会主义—文化事业—研究 Ⅳ.① G12

中国版本图书馆 CIP 数据核字（2020）第 199772 号

责任编辑：彭岩

*

中国青年出版社 出版 发行

社址：北京东四十二条 21 号　邮政编码：100708

网址：www.cyp.com.cn

编辑部电话：（010）57350407　门市部电话：（010）57350370

三河市君旺印务有限公司印刷　新华书店经销

*

700×1000　1/16　26 印张　280 千字

2020 年 11 月北京第 1 版　2020 年 11 月河北第 1 次印刷

定价：68.00 元

本书如有印装质量问题，请凭购书发票与质检部联系调换

联系电话：（010）57350337